21세기 관리감독자의

현장경영 리더십 패러다임

미들 업다운 리더십

Middle up-down Leadership

21세기 관리감독자의

현장경영 리더십 패러다임

미들 업다운 리더십

Middle up-down Leadership

오 성 환 저

비즈프라임

미들 업다운 리더십

초　　판 1쇄 인쇄 : 2008년 9월 01일
초　　판 1쇄 발행 : 2008년 9월 05일

지 은 이 : 오 성 환
펴 낸 이 : 전 두 표
펴 낸 곳 : 도서출판 두남
주　　소 : 서울시 강동구 성내 1동 455-12 두남빌딩
등　　록 : 제2-624호(1988.7.21)
전화번호 : 478-2066/2067/2311
팩스번호 : 478-2068
전자우편 : dunam1@unitel.co.kr
홈페이지 : http://www.dunam.co.kr

가격 : 12,000원

ISBN 978-89-8404-969-7　　13320

관·리·감·독·자

"미들 업다운 리더십"

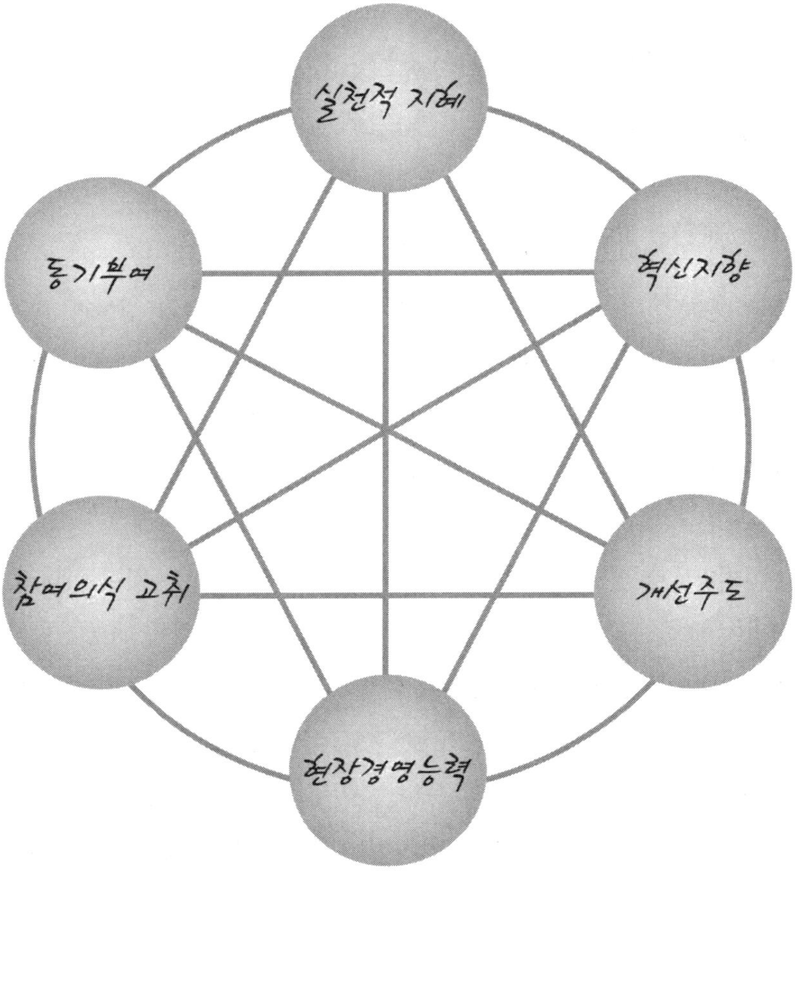

저자 서문

"미들 업다운 리더십으로 위기극복을"

기업들은 21세기 초일류기업의 슬로건을 내걸고 경영혁신에 매진을 가하고 있다. 디지털 경영시대의 기업들은 전통적인 생산과 효율성의 개념을 뛰어넘어 영속적 확대 성장을 위한 기반 다지기가 더없이 요구된다. 환경의 급변기에 살아남는 기업은 한결같이 타사가 쉽게 모방을 하거나 흉내를 낼 수 없는 '자기 회사만의 강점'을 확보하고 있다.

이러한 강점은 경영자나 실무자에 의하여 만들어지는 것이 아니라, 현장에서 몸으로 부딪치며 리더십을 발휘하는 관리감독자의 자발적인 참여와 창의적 활동을 통하여 이루어진다. 또한 단기간에 확보된 것이 아니고 부단한 개선의 노력이 이루어낸 결과이다.

지식경영의 대가인 일본의 노나카 이쿠지로(히토쓰바시대 국제기업전략연구과) 교수는 '일본 기업의 혁신은 어디서 비롯될까?'에 대하여 생산현장에서 미들매니저의 '미들 업다운(Middle up-down) 리더십'에서 창조된다고 단언하였다. 즉 미들매니저가 경영자는 물론, 작업자와의 끊임없는 대화와 실천을 통하여 이노베이션을 체계적으로 일으킨다는 것이다.

일본은 현장이 강한 나라이다. 달리 말하면, 현장에서 일하는 관리감독자부터 말단 작업자까지의 '허리 아래' 하체(下體)가 세계 최강인 나라가 일본이다. '개선(가이젠)'을 중심으로 한 도요타 생산방식도 현장의 개미 작업자들의 지혜를 최대한으로 짜내 혁신을 일으키는 토털 시스템인 것이다.

한편 경영혁신 분야에서 한국의 잭 웰치, 경영품질 혁신의 선각자로 불리는 손욱(농심그룹) 회장도 저서 「변화의 중심에 서라」에서 혁신을 추진하는 주요 동력이 미들 업다운 형태였다는 점을 강조하고 있다. 즉 관리감독자와 같은 현업의 허리(미들)들이 각자 파트를 맡아서 변화를 추진하는 것만이 지속적으로 성공적인 결과를 가져왔다는 것이다. 리더만 혁신하자고 혼자 외치는 톱다운(Top-down) 방식, 그리고 현장의 작업자들이 회사를 변화하고자 요구하는 보텀업(Bottom-up) 방식과는 다르다.

세계 초일류기업들이 변화의 물결을 향하여 거세게 질주하고 있는 지금, 관리감독자가 해야 할 일은 무엇인가? 그것은 오직 기업의 체질 강화와 생산성 향상에 기여하고 자기혁신을 주도하는 것이다. 관리감독자라는 직위는 사회적으로 확립된 지위도 아니고 관리자처럼 뚜렷한 권위의 상징도 아니다. 그러나 기업의 생산현장에서는 보배로운 존재이다. 그동안 우리 기업들의 관리감독자에 대한 인재육성은 긍정적인 측면과 부정적인 측면을 그대로 노출시켜 왔었다.

초일류 생산현장의 혁신활동에는 머리가 훌륭한 관리감독자보다 튼튼한 행동력과 실행력이 우수한 관리감독자가 최우선이다. 관리감독자가 과거의 지식 · 기능 · 경험에 얽매여서는 창의적인 지혜를 발휘하거나 초일류 생산현장의 모습을 만들어낼 수가 없다.

이 책은 관리감독자의 실력주의 시대를 맞이하여 기존의 정형화된 과정에서 다루고 체득하였던 지식 · 기능과 관리감독자의 경험을 철저하게 기본으로 재정립시켰다. 그리고 관리감독자에게 저비용 – 고효율의 방향을 제시하여 실천적인 행동을 유도하는 데 좋은 가이드가 될 것이다. 마지막으로 이 책이 나오기까지 물심양면으로 도움을 아끼지 않았던 도서출판 두남의 전두표 사장님과 편집부 여러분에게 진심으로 감사를 드린다.

2008년 7월 5일

저 자

CONTENTS

Part 5 자신만의 핵심가치를 개발하라

Middle up-down Leadership

PART 1

위기의 시대가 요구하는 리더가 되어라

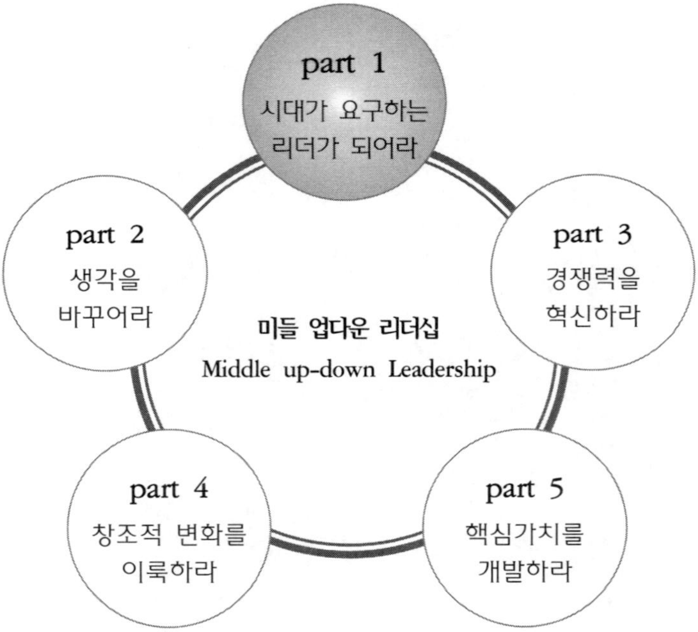
part 1
시대가 요구하는
리더가 되어라
part 2
생각을
바꾸어라
part 3
경쟁력을
혁신하라
미들 업다운 리더십
Middle up-down Leadership
part 4
창조적 변화를
이룩하라
part 5
핵심가치를
개발하라

01 초일류기업으로 가는 길

∷ 세계화와 초국적기업

뉴욕타임스의 칼럼니스트 프리드먼은 그의 저서 「지구는 평평하다」에서 수십억 인구와 기업들이 지리적 위치나 거리・언어・문화에 상관없이 동시에 경쟁하는 무한경쟁의 시대를 소개하였다. 그리고 지구를 평평하게 만든 10가지 힘을 베를린 장벽의 붕괴, 인터넷 브라우저 넷스케이프 출시, 인터넷과 컴퓨터 프로그램의 호환성, 생산기지 해외이전, 리눅스 같은 공개 컴퓨터 프로그램, 아웃소싱, 물품 공급체계 혁신, 인소싱(생산・판매 등에서 기업 간의 연계), 인포밍(야후, 구글 등 정보검색 엔진 이용), 디지털과 무선화 개인정보기기로 설명하였다.

한편 미래학 분야의 존 나이스비트는 1982년에 '세상을 변화시키는 거대한 흐름'을 뜻하는 메가트렌드 개념을 들고 나와 세계적 화제를 모았다. 그가 제시한 지식·서비스 사회, 글로벌 경제, 분권화, 네트워크 조직사회 등의 예측은 지금 대부분 현실화가 되었다.

프리드먼의 세계화 3단계

세계화 시대구분	시 기	상 징	내 용
세계화 1.0	1492년 이후	국가의 세계화	신대륙 발견과 강대국의 세계진출 개막
세계화 2.0	1800~2000년	기업의 세계화	다국적기업의 등장과 세계적 통신망 구축
세계화 3.0	2000년 이후	개인의 세계화	개인의 전 세계적인 협력과 경쟁시대

왜 미국 기업들은 과거 본국에서만 행해지던 연구개발·비즈니스 서비스 등의 고부가가치 분야까지 해외로 이전시키고 있는가? 그 해답은 글로벌 경쟁의 심화에 대응하기 위하여 다국적기업에서 초국적기업으로 변신하려는 노력에서 찾아야 할 것이다.

다국적기업은 본국에서 창출한 기술이나 브랜드 등을 바탕으로 해외시장에서 경쟁을 한다. 본사에서 해외 자회사로 기술·인력·자금 등의 자원을 일방적으로 이전시켜 해외시장에서의 불리점을 극복하였다. 하지만 초국적기업에서는 더 이상 본국만이 경쟁상 가치 있는 자원의 유일한 원천이 아니다. 해외 주요 거점이 본국보다 우수한 자원을 제공하는 경우, 이를 적극적으로 소싱한다. 본국에서 창출한 경쟁우위와 글로벌 네트워크 상에서 창출한 경쟁우위의 결합을 통해 범세계적인 경쟁우위를 확보하고자 한다.

초국적기업은 몇 가지 특징으로 설명할 수 있다.

첫째, 초국적기업은 글로벌 네트워크 상에서 최적의 위치를 찾아

기업활동을 재배치하고 최적의 자원을 조달한다. 예를 들어 소프트웨어 개발센터는 인도에, 콜센터는 필리핀에, 생산기지는 중국에 재배치하는 식이다.

둘째, 초국적기업은 인재도 글로벌 소싱을 적극 추구한다. 지식자산이 가장 중요한 경쟁력의 원천이 되고 있는 지식기반경제에서 국적·성별·인종을 불문하고, 전 세계에서 인재를 확보해 중용하는 것이 글로벌 경쟁력 강화의 관건임을 잘 인식하고 있는 것이다.

셋째, 초국적기업은 기술분야의 '글로벌 소싱'도 부쩍 강화하고 있다. 연구개발 활동은 일반적으로 기업이 해외이전을 가장 꺼리는 부분이다. 하지만 초국적기업은 망설임 없이 글로벌 연구개발 네트워크를 구축하고 해외에서 혁신활동을 적극 전개하고 있다.

마지막으로 초국적기업은 일부 사업·기능에 한정된 것이긴 하지만 본부 또는 본사 기능도 최적의 해외입지로 이전하고 있다. IMF 외환위기 직후 삼성중공업의 건설기계 부문을 인수한 볼보그룹은 한국 자회사의 인력·기술력의 우수성을 인정해, 스웨덴 공장을 폐쇄하고 굴착기 부문 본사 및 연구소를 한국으로 옮겨왔다.

글로벌 기업들은 이와 같은 초국적 기업화를 통해 세계 시장점유율을 급속히 높여가고 있다. 초국적 기업화한 글로벌 기업들은 정부 규제가 심하거나 기업환경이 나쁜 국가에서는 투자를 회피하거나 기존 거점을 폐쇄하는 경향을 보인다. 반면 기업하기 좋은 환경을 조성해주면서 인력·기술력·인프라 측면에서 세계 수준에 오른 국가에는 연구개발 등 지식집약적이고 고부가가치인 사업부문 투자를 집중시키고 있다.

∷ 초일류 생산시스템

초일류기업이란 비록 모든 부문에서 '세계 최고'는 아니라 할지라도, 적어도 기업의 전략적 핵심분야에서는 최고의 경쟁기업보다 우수하거나 적어도 동등한 수준에 있는 기업을 말한다. 일반적으로 초일류기업은 여섯 가지의 주요 핵심요소인 기둥에 의해 지탱되는 건물로 표현될 수 있다. 즉 고객중심경영, 지속적인 개선과 경영혁신, 창조적인 인적자원관리, 유연한 조직관리, 인간존중경영과 기업윤리, 정보통신기술의 지원이다.

기업활동의 핵심으로서 생산시스템이 차지하는 위치를 통해 한 기업이 초일류기업으로 성장해 가는 데 있어서 생산시스템의 역할을 규정할 수 있다. 핵심 기업활동으로서 생산시스템의 위치는 기업을 초일류기업으로 변모시키는 데 있어서도 핵심적인 역할을 담당해야 한다는 것을 말해 준다.

바꾸어 말하면 생산시스템이 초일류로 운영이 되느냐 그렇지 않느냐의 문제는 기업의 초일류를 규정하는 척도가 된다. 인간존중의 경영과 기업윤리를 갖추고, 고객중심의 경영전략 하에서 인적 자원을 창조적으로 관리하고 끊임없이 개선과 혁신을 추구하는 초일류기업은 이러한 요건이 기업활동의 핵심인 생산시스템에서 그대로 구현될 때 탄생될 수 있다. 초일류 생산시스템의 구성요소가 어떻게 설정되고 실천될 수 있는가를 살펴보면 다음과 같다.[1)]

글로벌 생산전략

가속화하는 세계경제의 글로벌화는 초일류기업을 지향하는 기업에게 생산시스템의 글로벌화를 요구하고 있다. 글로벌 환경 하에서는 글로벌 고객과 특정지역의 고객을 동시에 만족시킬 수 있는 글로벌 전략이 수립되고 실천되어야 한다.

글로벌 생산전략을 성공적으로 수행하기 위해서는 글로벌 소싱(Global Sourcing)이 필요하다. 즉 글로벌 고객이 요구하는 제품과 서비스를 제공하기 위하여 전세계를 대상으로 최고의 자원을 찾아내어서 이를 활용하는 생산전략이다.

고객중심의 생산전략

생산조직을 구성하고 운영하며 생산인력을 대우하는 등의 생산시스템에서 고객중심의 생산전략이 구체적으로 실천되어야 한다. 고객중심의 생산전략은 어떻게 설정될 수 있는 것인가? 우선 기업차원에서 고객의 목소리를 정확히 파악하여야 할 것이다.

생산조직과 생산방식

보편적으로 생산조직의 조직화에는 두 가지 방법이 있다. 하나는 생산되는 제품이나 시장의 종류에 따라 각 생산단위에 특정제품을 전담 생산하게 하는 제품 및 시장위주의 조직화이다. 다른 하나는 생산공정을 중심으로 각 생산단위에 특정 생산공장을 전담하게 하는 생산공정별 조직화 방법이다.

고객중심의 생산전략을 추구하는 기업은 공정중심보다 제품위주로 생산조직을 조직화하고, 각 생산조직을 별도의 독립적인 이윤중심적으로 운영하는 것이 효과적이다. 한편 초일류 생산시스템에서 요구되는 생산방식은 다음과 같다. 첫째, 공정시간, 공정과 공정 간의 이동시간, 가동준비시간, 재생산시간 등을 가급적 줄인다. 둘째, 고객의 요구에 맞게 생산량을 조절한다.

생산제품의 디자인

생산시스템의 성공여부는 고객과 생산기업의 관점에서 제품의 디자인이 어떻게 성공적으로 이루어지는가에서부터 출발한다. 디자인의 복잡성은 부품수와 해당 생산라인의 구축에 소요되는 요소의 수에 따라 좌우된다. 따라서 제품 디자인의 복잡성을 줄이는 것은 제품의 품질개선과 생산성향상에 더없이 중요한 요소이다.

생산시스템의 운영

생산부서의 책임과 권한, 작업조직의 운영방식, 공급업자와의 관계, 경영진의 관점 등에 따라서 생산시스템은 생산력의 차이를 나타낸다.

생산인력 관리

생산조직의 생산력은 궁극적으로 인력에 의해 좌우된다. 생산인력의 기술수준, 문제해결능력, 생산하고자 하는 의지, 학습능력 등에 의하여 실질적인 경쟁력은 결정된다.

통합 시스템의 운영

제품과 서비스의 생산활동은 기업의 모든 관련부서가 공통된 목표를 향해 어우러져 있을 때 효과적으로 이루어질 수 있다. 즉 현장의 생산 담당부서 단독으로는 효과적인 생산활동을 수행할 수 없다. 각종 기업활동이 주어진 제품과 서비스의 생산활동에서 각각의 주어진 역할을 다할 때 제품과 서비스는 생산된다.

정보통신기술

급변하는 환경과 고객요구의 변화를 신속하고 정확하게 예측함과 동시에 경쟁사의 새로운 전략을 탐지하고, 기업에 잔존하고 있는 비효율을 없애기 위한 정보통신기술의 사용은 초일류 생산시스템의 구축에 필수적인 요건이다.

:: 기업문화의 창달

기업문화의 형성요인

산업화 과정에서 커다란 흐름은 고도의 경제성장이라는 목표아래 수출지향적 정책에 의한 국민경제의 활성화이다. 이와 같은 양적 성장위주의 정책과 기업활동은 경제성장에 막대한 기여를 하였으나, 건전한 기업풍토의 조성을 간과하였음은 부인할 수 없다.

정보화사회의 기업문화 창달은 기업에 떨어진 막중한 책무이며, 기업문화와 기업은 손등과 손바닥처럼 떼어놓을 수 없는 관계이다. 일반적으로 문화란 어느 사회나 집단에서 그 구성원이 공유하고 있는 가치관, 규범 및 사고, 행동방식이라고 정의할 수 있다. 기업도 사회의 한 구성요소로서 고유의 문화를 가지고 있다.

기업이란 인간에 의한, 인간을 위한, 인간의 조직이므로 나름대로 이념이나 가치관이 있게 마련이다. 기업문화란 조직구성원이 공유하고 있는 가치관이나 행동규범, 즉 '기업의 구성원에게 공통의 사고와 행동방식을 부여하는 가치 및 규범의 체계'라고 할 수 있다.

이와 같이 기업문화는 그 구성원과 조직의 행동을 규제하고 있으므로 기업체질을 규정하는 하나의 요인이며, '보이지 않는 손'에 의하여 만들어지는 '보이는 얼굴'이라고 할 수 있다. 기업문화는 여러 가지 요인에 의한 상호작용의 결과로 형성되는 것이며, 오랜 시간의 경과를 거치면서 보이지 않는 구조로 정착하게 된다. 기업문화를 형성하는 요인은 다음과 같이 정리할 수 있다.

이념

우수기업의 대부분은 간결한 말로 표현된 경영이념을 가지고 있으며, 창업자 또는 훌륭한 경영자의 이념과 가치관이 기업문화 형성에 대단한 영향을 미치고 있다.

사업분야의 정의

기업의 생존영역인 사업분야의 정의는 '우리 회사의 사업은 무엇인가'에 대한 대답이며, 기업목적의 선언과 동시에 전략적 사명과 비전의 제시라고 볼 수 있다. 이와 같은 사업영역에 대한 정의와 선택은 기업에 대한 참주인 정신을 가지게 하고 조직목표의 달성의욕을 고취시킨다.

일상의 행동규범

조직구성원의 일상행동을 규율하는 규범은 다양하나 기업조직의 환경적응이라는 측면에서 행동주의, 현실주의, 모험주의 규범이 매우 중요하다.

제도

사업부제나 기능별조직 등과 같은 조직형태나 관리시스템, 특히 업적평가 기준의 제도는 조직구성원에게 기업의 가치를 이해시킨다.

경영자의 행동

경영자의 인생관, 우주관, 경영철학, 일상행동은 부하에 대한 메시지의 역할을 한다. 조직구성원은 매일매일의 접촉을 통하여 그 의미를 터득하므로, 경영자의 솔선수범과 언행일치의 행동은 조직의 가치를 하부조직까지 침투시키는 데에 중요한 요소가 된다.

기업의 의식 · 행사 · 운동

기업의 의식과 각종 행사도 기업의 가치를 형성하는 데 중요한 수단이다. 반복되는 회의, 제안제도에 의한 표창장 수여식, 현장순시 등의 의식·행사·운동은 조직구성원에게 참가의식을 고조시킬 뿐만 아니라 기업문화의 공유를 확인하는 수단이 된다.

조직구성원 간의 상호작용을 촉진하는 시스템

조직의 가치는 조직구성원의 상호작용을 통하여 학습된다. 분임조 활동과 프로젝트팀의 조직은 구성원 간의 상호작용을 촉진시킴으로써 구성원 간의 가치와 정보의 공유를 높이게 된다.

사내교육

조직구성원은 교육훈련을 통해서 조직 내에서 어떻게 생각하고 행동하는 것이 바람직한지에 대해서 사회화가 촉진된다. 또한 조직에 이미 정착된 훌륭한 이념과 가치는 교육을 통하여 전달이 가능하며 조직문화로 공유하게 된다.

한국기업의 기업문화적 특성

우리나라의 기업에서 공유되고 있는 사고와 행동양식의 가치체계가 되는 현상은 다음 네 가지의 특징으로 정리할 수 있다.

첫째, 인화중시의 문화이다. 동양문화 특징 중의 하나는 인화사상을 중요시하는 것이다. 한국적 경영의 특징은 인화를 중요시한다는 것이며, 기업의 경영자와 리더 중에 '인화'라는 말을 강조하지 않는 사람이 없을 정도이다. 그 이유는 우리 문화가 가족주의를 주된 기본으로 해왔기 때문에 기업경영에서도 이러한 정신을 중시하고 있다.

'한집안 식구처럼 지냅시다.'

'가족적인 분위기'

'한집같이 다정하게'

이와 같은 표현은 우리 사회에서 너무 쉽고 무감각하게 사용하며 거부감 없이 받아들이고 있다.

둘째, 지위중시적 문화이다. 우리의 조직문화 형성에 커다란 영향을 끼친 것으로 유교사상을 빼놓을 수 없다. 유교사상은 신분적 사회질서를 중시함으로써 권위지배, 불평등, 종적 관계라는 불건전한 계급주의 문화를 형성하였다. 계급주의 문화는 조직 내에서 위계질서의 확립이라는 긍정적인 면도 있으나 연공서열주의 중심의 임금과 승진제도를 정착시켰다. 또한 지위중시의 조직문화는 조직에 지나친 계층의식을 조장시키고 불요불급한 계층의 형성을 가져옴으로써, 의사소통과 의사결정에 커다란 장애요인이 되었다.

셋째, 소양적 요소를 중요시하는 문화이다. 기업에서 인화 못지않게 중요시하는 가치관은 성실성이며, 이는 올바른 직무태도의 형성에 중요한 요소가 되고 있다. 이와 같은 풍토는 인사고과, 채용, 승진관리에서도 우선적으로 중요시되고 있으나 전문성의 제고와는 별로 관계가 없다는 것이 특징이다. 소양적 요소만을 중시한 결과, 본질적 요인인 전문적인 능력이 과소평가되어 질이 수반되지 못하는 양적 팽창주의로 일관되는 경우도 있다.

마지막으로 단기지향적 문화이다. 우리의 기업문화는 일반적으로 단기지향적이고 개인 또는 소수중심이며 양적 지향적이라는 특징을 갖는 경향이 있다. 특히 고용과 승진에서 일본 기업보다는 미국 기업에 가까운 단기지향성을 보인다. 또한 의사결정과 책임 및 의식구조에서는 개인과 소수중심으로 이루어지고 있다.

우리 전통문화의 양대 산맥인 불교와 유교로부터 형성된 소극적인 문화의 측면은 과거의 집착, 권위주의, 체면, 혈연중시의 결합으로 나타났다. 이와 같은 특성으로부터 우리기업의 조직에서 표출되는 기업문화의 특성은 다음과 같다.

전통문화에 뿌리를 둔 우리 기업문화의 특성

강 점	약 점
• 우수한 자질 성실, 정직, 책임감, 희생정신	• 무사안일, 현실안주적 성향 자유성, 자주성, 자발적 참여의 결여
• 화합된 조직분위기와 일체감 애사심, 공동체의식, 인간적 유대	• 능률, 경쟁에 대한 무관심 사람중심의 경영
• 조직성과의 극대화 리더에 대한 복종, 서열에 의한 조직질서의 유지	• 관료화 권위주의, 서열의식, 파벌형성

기업문화의 활성화

기업문화는 기업의 목적을 달성해 나가는 과정에서 장기간에 걸쳐 형성된다. 따라서 기술이나 전략보다 강력한 경영의 무기가 될 것이다. 높은 성과를 거두고 있는 우수 기업들도 기업의 전략목적과 환경에 따라서 각각의 독특한 기업문화를 형성하고 있다.

GE의 잭 웰치 회장은 인재양성뿐만 아니라 조직문화를 변화시키는데 많은 노력을 기울였다. 잭 웰치 회장은 워크아웃을 통해 벽없는 조직을 만들어서 사원의 능력을 100% 발휘할 수 있는 기업문화를 지향하였다. 델 컴퓨터의 마이클 델 회장은 사업모델의 혁신을 통하여 탁월한 성과를 창출한 대표적 기업가로 꼽힌다. 대량 생산된 컴퓨터를 중간 판매상을 통해 판매하는 전통적 모델이 아닌, 고객으로부터 직접 전화(또는 인터넷)로 맞춤형 PC를 주문받는 혁신기법을 도입하여 비약적 성장을 이룩하였다.

얼마 전 비즈니스 위크는 "세계 1위 PC 메이커인 델 컴퓨터가 승승장구하고 있는 까닭은 델 회장의 독특한 경영철학 덕분"이라고 보도하였다. 인터넷 직접판매를 통한 박리다매 방식의 사업모델 이외에도 긴장을 결코 늦추지 않는 압력솥 기업문화가 델 컴퓨터의 또 다른 경쟁력이라는 것이다.

델은 자기만족을 기업경영의 최대 적으로 간주한다. 엄청난 판매실적을 거둔 직원들에게도 칭찬을 짧게 하는 대신 "향후 더 나은 판매방법을 찾아보라"고 독려한다. 이와 같은 분위기가 전 사업부문으로 확산되면서 "5초간 승리를 기뻐한 뒤, 무엇을 더 잘할 수 있었는지 5시간 반성하라"는 슬로건까지 생겼다.

우수한 기업들이 공통적으로 지니고 있는 기업문화의 특징은 무엇이며 어떻게 이루어지는 것인가? 미국의 맥킨지 컨설팅은 생산성이 높은 우수한 기업문화의 공통점으로 다음의 사항을 들고 있다.

- 행동지향적
- 고객에 대한 최선의 서비스
- 자율성과 조직구성원 각자의 기업가정신
- 참여에 의한 생산성 향상

• 전통적인 가치
• 자사의 기본업종에 집착
• 간소한 조직구조
• 신축성 있는 경영

기업의 장기성과에 기여할 수 있는 기업문화의 활성화란 무엇인가? 기업마다 여러 가지의 상황이 다르므로 높은 성과에 기여하는 문화적인 특성도 다양할 수밖에 없다. 그러나 기업문화의 활성화란 기업환경에 적합하고 환경변화에 부응하는 문화로서 고객과 인간을 중시하는 문화이다.

성장의 한계에 직면한 한국 제조업

한국의 제조업은 그 동안 국가경제 발전의 원동력이었다. 특히 외환위기 이후 한국경제의 회복은 철강·반도체·자동차 등 주력 제조업의 성장 덕분이었다. 하지만 중국의 급격한 성장과 공급과잉, 글로벌 경쟁의 격화 등으로 인해 한국 제조업이 성장을 지속하기 어려울 것이란 전망이 공공연히 나오고 있다.

한국 제조업이 성장의 한계에 직면한 원인

첫째, 시장의 성숙이다. 자동차·철강·석유·화학 등 한국의 주력 제조업 상당수가 내수시장의 포화와 글로벌 공급과잉으로 추가 성장에 한계를 느끼고 있을 뿐 아니라 수익성도 위협받고 있다. 예컨대 국내 석유화학산업의 내수성장률은 지난해 1.2%에 그쳤다. 특히 그 동안 범용성 제품 위주로 성장해 왔던 산업들이 시장포화의 어려움을 더 크게 느끼고 있다.

둘째, 해외진출의 장벽이다. 국내 기업들 대부분이 해외진출, 즉 사업영역의 지리적 확대를 추진하고 있지만, 성과를 장담하기 어렵다. 최근 한국의 주요 수출시장으로 부상한 브릭스(BRICs) 등 신시장은 시간이 갈수록 경제성장률이 둔화될 것이다. 세계적 경제예측기관들은 중국의 경제성장률이 올해 10%선에서 2010년에는 7.9%로 낮아질 것으로 전망하고 있다. 또 중국의 철강자급률이 2000년 94%에서 2004년 102%로 올라서는 등 신시장의 주요 제조업 자급률도 꾸준히 상승하고 있어 한국기업의 신시장 공략을 어렵게 만들고 있다.

셋째, 선진 기업과의 경쟁력 격차 해소도 쉽지 않다. 한국 제조업의 부문별 경쟁력은 선진국 기업들을 100으로 볼 때 디자인 70, 생산공정 70, R&D 66, 마케팅 58 등으로 낮은 수준이다. 특히 부가가치가 높은 R&D와 마케팅 등의 분야에서 선진 기업과의 경쟁력 격차가 크다. 한국이 일본의 기술력과 중국의 가격경쟁력 사이에 끼어 오도가도 못한다는 이른바 '넛크래킹(Nut Cracking)'론은 신흥 개발도상국의 추격 속에 선진 기업과의 격차를 좁히지 못하는 한국 기업들의 현실을 반영하고 있다.

조선일보, 2006년 11월 25일자

02 혁신하는 조직, 변화하는 조직

∷ 활기찬 조직

기업은 사람과 업무가 결합된 편성체로서 목적달성을 능률적으로 수행하기 위하여 분업화와 전문화가 필요하다. 분업화 · 전문화된 부문에 배치된 사람의 결합을 '조직'이라고 한다. 조직이란 목적을 달성하기 위하여 가장 능률적으로 최단거리에서 수월하게 하기 위한 인위적 결합인 것이다.

기업조직은 조직구성원 각자의 역할분담을 통한 '일의 분할'과 성과 달성이라는 '일의 통합'으로 유지 · 발전된다. 조직에는 분업화에 따른 다양한 여러 가지의 업무가 있으나 이에 대한 경영상의 책임을 전적으로 지는 것은 최고경영자이다. 그러나 최고경영자에게 전적인 책임이 있다고 하여 모든 업무를 최고경영자가 다 할 수는 없다.

그러므로 최고경영자는 고유 업무를 제외한 여러 가지의 업무를 아래 계층에게 위임하여 수행한다. 또한 최고경영자에게 위임받은 아래 계층은 자신이 해야 할 업무만을 남기고 부하에게 위임하게 된다. 이와 같이 조직은 최고경영자부터 일반사원, 작업자까지 일을 위임하여 일의 통합을 전체적으로 도모한다.

개개인이 담당하는 직무란 조직의 전체적인 직무 속에서 하나하나가 명확한 몫을 담당하고 조직적으로 통합되고 있다. 개개인의 노력이 하나의 목적을 향하여 결합되어 움직이는 것이 바로 조직활동이며, 개개인이 자기책임을 완수함으로써 조직활동의 목적은 달성될 수 있는 것이다.

그러므로 관리감독자는 자신의 업적이 부서의 업적에 직결되며, 나아가 기업전체의 목적(목표) 달성과 관련이 있다는 것을 인식하고 조직활동에 적극적으로 참여하여야 한다. 관리감독자가 소속된 조직활동은 어떻게 이루어지고 있으며, 그 목적은 무엇인가 살펴보면 다음과 같다.

첫째, 통합과 자기통제를 추구하는 활동이다. 관리감독자는 조직활동을 통하여 개개인의 욕구와 조직의 기대를 일치시키며 자기통제에 의한 자기실현을 지속적으로 추구한다.

둘째, 삶의 보람을 찾는 활동이다. 조직은 관리감독자가 삶의 보람을 찾는 곳이라고 할 수 있다. 하루 24시간 중 가장 중요한 시간을 보내는 직장에서 삶의 보람을 찾는다는 것은 관리감독자로서 가장 중요한 과제이다.

셋째, 목표추구의 활동이다. '목표가 없는 곳에 행동도 없다'는 말과 같이 조직활동이란 일의 분할과 일의 통합을 추구하는 목표지향적인 활동이다.

넷째, 역할직무의 종합활동이다. 조직은 직무와 인간의 편성체이다. 각자가 분담하고 있는 직무와 직무의 연계, 인간과 인간과의 유대관계가 잘 이루어질 때 조직활동은 활발하게 이루어진다.

조직능력이란 조직이 갖고 있는 종합적 능력으로서 구성원이 의욕적으로 역할을 분담하고 상호간에 기능을 발휘함으로써 생겨나는 것이다. 결국 조직능력은 조직의 목표달성을 위한 문제해결능력인 동시에 상황적응능력을 말한다.

지난 1세기동안 유지되어 왔었던 계층형 조직이 그 한계를 드러내며 붕괴가 되고 혁신의 대상이 되는 이유는 다음과 같다.

첫째, 정보흐름의 병목현상을 초래하기 때문이다. 오늘날의 경영환경은 불확실성과 복잡성의 증대로 고도의 정보창출 및 정보유통능력을 요구한다. 수직·수평적으로 지나치게 세분화된 계층형 구조에서는 정보흐름의 병목현상이 나타날 수밖에 없다.

둘째, 의사결정의 지연현상을 유발시키기 때문이다. 시간중심의 경쟁상황에 민첩하게 대응하기 위해서는 의사결정이 신속하게 이루어져야 한다. 그러나 계층조직에서는 모든 업무가 서로 다른 명령체계를 가지고 부문 간에 순차적으로 진행된다.

셋째, 조직구성원 개인능력의 활용이 제약되고 있다. 개인은 위계서열에 의하여 정해진 위치에서 세분화된 업무를 일정한 절차나 규정에 따라 수행할 수밖에 없으므로 능력발휘는 맡겨진 업무에 국한된다.

현대의 기업은 제품의 생산 자체와는 별개로 경쟁사보다 나은 제품 및 서비스를 빠르고 저렴하게 공급하는 것이 무엇보다 중요하게 대두된다. 시간중심경쟁이 가속화되어 감에 따라 신속한 의사결정으로 고객의 요구에 빠르고 신축성있게 대응할 필요가 점증하고 있다.

초일류기업은 이러한 요구를 신축적이고 탄력적인 조직의 운영을 통하여 효과적으로 소화하고 있다. 빠르게 변화하는 환경과 고객의 요구에 신속하게 대응하기 위해서는 수평적 조직과 팀조직으로의 운영이 요구된다. 수직적 피라미드형의 전통적인 조직구조는 국제화·개방화 시대에 유연하게 대응하기에는 둔탁할 수밖에 없다. 그러므로 조직의 정보유통을 신속하게 하고 조직의 유연성을 확보하기 위하여 대두되는 형태가 바로 수평적인 조직이다.

수평적 조직구조는 전통적으로 강조되어 온 전문기능보다는 업무과정을 중심으로 설계되고 업무를 세분화하여, 통제·관리하기보다는 업무를 통합하여 수평화하고 자율적인 관리에 의존하는 것이 특징이다. 수평적 조직, 네트워크 조직과 같은 조직형태는 피라미드식 계층구조에서 탈피하여 조직을 주요 고객단위 또는 핵심적인 업무단위로 나누어서 팀 형태로 업무를 수행한다.

팀조직의 장점은 업무조정이 쉽다는 것이다. 일중심의 단위조직이므로 기업정책 차원의 조직변경이 감소되므로 조직자체가 안정된다. 또한 능력 있는 전문인력을 승진시키지 못하거나 능력이 부족한 인력을 승진시키게 되는 불합리한 경우를 방지할 수 있다.

그 밖에도 소규모의 조직으로 시장에 밀착될 수 있으며 커뮤니케이션의 활성화로 생산성 향상을 추구하게 된다. 그러므로 부·과 단위의 벽이 제거되어 조직이 전체적으로 탄력을 지닐 수 있다. 팀조직을 통한 팀 경영방식은 일찍이 미국의 기업에 확산되었다. 원래 미국식 경영은 본질적으로 개인주의에 기초한 경쟁원리와 합리성이 중시되었다. 최근에는 동양적인 동료애와 협조정신이 가미된 팀 경영방식이 각광을 받고 있다.

:: 창조적인 조직풍토의 창달

조직개발이란 조직의 유효성과 건전성을 높이고 변화하는 내·외부 환경에 효과적으로 적응하기 위하여, 조직전체가 계획적이고 계속적인 노력을 경주해 나가는 과정이라 할 수 있다. 조직개발을 통한 조직활성화는 기업이 유지·발전하고 환경변화에 대응하기 위하여, 제한된 경영자원을 유효하게 활용하기 위해서도 필요성이 더욱 증대되고 있다.

실행이 따르지 않는 전략은 무의미하다. 기업경영의 장기적 성과 도출은 특정 전략이나 조직구조 및 경영 프로세스 등이 아니라, 전략의 효과적인 수행여부에 의하여 결정된다. 그렇다면 실행 역량이란 무엇인가? 실행 우위와 실행 혁신으로 나눌 수 있다.

실행 우위는 목표달성을 위하여 자원과 프로세스 효율을 극대화하는 반면, 실행 혁신은 실행방법 그 자체를 획기적으로 개선하는 것이다. 실행 역량이 강한 조직은 실행의 지속성, 적시성, 혁신성 등의 특성을 갖고 있다.

첫째, 효과적인 실행은 지속성을 토대로 한다. 즉, 신규사업개발과 아이디어의 구현을 통하여 획기적인 결승점에 도달하기까지의 도전정신, 난관극복이 불가피한 것이다.

둘째, 적시성은 실행 역량의 필수조건이다. 적시성이란 조직목표를 주어진 시간의 제약아래에서 얼마나 효과적이며 효율적으로 달성할 수 있는가이다.

셋째, 실행은 혁신과 병행할 때 지속적인 성과를 창출한다. 혁신은 매우 창조적이고 전략적인 활동임에 반하여 실행은 단순 반복적인 활동으로 묘사된다. 혁신이 없고 가미되지 않은 실행이란 지속성이 없으며 불확실한 것이다. 닛산을 위기에서 구한 카를로스 곤은 "전략은 아이디어에 불과하다. 실행이 곧 전부이다. 아이디어는 과제 극복의 5%에 불과하다."고 주장하였다.[2)]

조직활성화란 조직전체를 통합시켜 조직능력을 육성하는 것이다. 즉 조직이 갖고 있는 문제해결능력과 조직의 상황적응능력을 현재보다 제고시키려면 계발적 환경의 조성이 요구된다. 계발적 환경의 조성은 창조를 존중하고 이것이 손쉽게 이루어질 수 있는 풍토를 의미하며, 다음과 같은 풍토의 조성이 필요하다.

첫째, 도전적이며 실패를 두려워하지 않는 풍토가 되어야 한다. 새로운 도전에는 실패나 리스크가 따른다. 그러나 실패를 두려워하지 않고 도전해보는 것이 창조의 제1보이다. 참담한 실패를 허용하고 리스크를 무릅쓰고 할 수 있는 풍토라면 실패하여도 조직구성원의 이해와 협력을 얻기가 쉽다. 또한 기업활동에는 반드시 방침과 계획이 있으나 새로운 일을 할 때에는 기존의 틀에서 벗어날 필요도 있다. 어느 정도까지의 일탈을 허용하는가는 제도적인 문제보다 조직풍토가 중요시 된다.

둘째, 창조하는 마음을 육성하는 자유로운 분위기가 조성되어야 한다. 경직화되고 획일적인 규칙과 제도가 개인과 조직의 창조적 활동에 장애가 될 수 있다. 너무 세분화된 제도나 규칙으로 창조에 대한 자유로운 마음을 구속하거나 억제시켜서는 안 될 것이다. 그리고 상하간의 자유롭고 솔직한 커뮤니케이션이 잘 이루어지면 조직구성원 전체의 참여가 용이하고 부서와 부서간의 협력도 잘 이루어진다. 또한 업무에 대한 정보가 공유되므로 그 만큼 능률이 오른다.

창조적인 풍토 · 창조적이 아닌 풍토

창조적이 아닌 풍토	창조적인 풍토
• 역사나 전통을 고집하며 보수적이다.	• 도전적이며 진취적 기풍이 넘친다.
• 모든 면에서 폐쇄적이다.	• 개방적이며 자유로운 분위기이다.
• 개인보다도 집단 · 조직을 우선한다.	• 개인을 존중하고 개성의 발휘를 우선한다.
• 경직화된 제도 때문에 유연성이 없다.	• 유연성이 있다.
• 부서간의 벽이 두텁고 협력이 없다.	• 정보교환이 자유로우며 상호협력한다.
• 권위주의적이다.	• 이질적인 인재집단이며 권위보다도 전문능력을 중시한다.
• 감점주의로 패자부활이 없다.	• 시행착오를 인정하며 가점주의이다.
• 경영이념이나 방침이 철저하지 못하다.	• 창조적 목표가 철저하다.

그리고 권한위임을 통하여 자발적인 자세로 일을 할 수가 있으며, 방침과 목표가 명확한 가운데 수단 방법이 위임될 수 있다. 업무수행

에서 이같이 자유재량의 폭이 넓을수록 창조적 활동도 넓어진다.

셋째, 개성이 강한 이질적인 인재를 개발하여야 한다. 인간성과 개성을 존중하여 개성이 강하고 이질적인 인재가 능력을 충분히 활용할 수 있게 한다.

∷ 훌륭한 일터 가꾸기

직업관의 다양화

직업은 직업세계에 참여함으로써 사회적 기능을 행사할 수 있게 하며, 자신의 직업에 대한 올바른 이해는 건전한 개인성장과 사회발전을 이룩하는 데 필수적이라고 할 수 있다. 근대적 의미로서 직업이라는 용어가 본격적으로 사용되기 시작한 것은 삶에 대한 인식에 변화를 가져온 산업혁명 이후라고 생각된다.

직업이란 '생계를 유지하기 위하여 일정한 기간 계속해서 종사하는 일의 종류'를 말한다. 그러나 현대적 의미의 직업은 단순히 생계유지 기능을 강조한 것보다는 훨씬 다양한 의미를 내포하고 있다. 직업이란 사회적 책무로서 개인이 맡아 수행해야 하는 직무의 성격과 생계유지를 위하여 행하는 노동행위의 이중적 의미를 지니고 있다.

그러므로 직업은 단순히 생계를 유지하기 위한 계속적인 일뿐만 아니라, 일의 기쁨과 소명을 맡은 생애의 중요한 일까지를 의미한다. 직업은 인간에게 있어서 자기실현의 무대이자 자아실현의 기회이고, 생의 보람과 행복을 발견하는 창조의 일터이다. 이러한 직업은 감독자에게 다음과 같은 의미를 부여한다.

첫째, 직업은 사회적 의미가 있다. 사회가 존립되고 발전하려면 사회의 여러 가지 업무와 역할을 서로 분담해서 수행해 나아가야 한다. 직업은 사회조직 속에서 각자가 맡은 사회적 역할이며, 우리의 직분이며 직책이다. 직분은 직업 + 본분의식이다. 직책이란 직업 + 책임의식이다. 자기 일에 전념하고 자기 직분과 직책에 헌신하여 몰두할 때 인간의 정신은 고귀해지고 인격은 심화된다. 자신의 직업에 열성을 다하는 것이 바로 사회적 공헌인 것이다.

둘째, 직업이란 경제적 의미가 있다. 직업은 생계유지를 위한 계속적인 경제적 활동이다. 직업은 생계유지의 기본수단이라고 볼 수 있다. 즉 직업은 생을 위한 업(業)인 것이다. 생업이란 문자 그대로 살기 위한 업이란 뜻이다. 생업은 지극히 경제학적 개념이며 보수라는 경제적 행위를 의미한다.

셋째, 직업에는 심리적 의미도 있다. 성숙한 인간은 직업을 선택하여 자기 자신의 잠재능력을 발전시키고 발휘하고자 하는 심리적인 욕구를 가지고 있다. 직업이란 성숙한 인간의 자아를 실현하는 기회를 마련해 주는 장이다. 일을 한다는 것은 그 자체가 목적이 되고 가치있는 일이 될 경우도 있다.

그러므로 인간은 어떠한 경제적 소득이나 사회적 지위를 바라지 않으면서 일하는 것 그 자체를 즐거움과 보람으로 여기며 일하기를 원하기도 한다. 그것은 인간이 생산적인 삶, 성취하는 삶을 표현하는 길은 오직 일을 통해서 가능하기 때문이다. 시대의 변화와 의식에 따라서 다양하게 형성된 직업관의 변화를 살펴보면 다음과 같다.

평생직업시대

관리감독자는 평생직장 시대에서 평생직업 시대로 바뀌고 있음을 직시해야 한다. 현재의 내 직장이 평생직장이 되기 위해서는 직장이 요구하는 전문적 능력과 직업성을 반드시 갖추어야 한다. 따라서 직장의 선택보다는 오히려 자신의 전문성을 개발시켜 주는 직업의 선택이 더욱 중요하다.

종신고용의 의미도 종신고용을 가능하게 하는 능력개발의 기회부여로 바뀌고 있다. 관리감독자는 전문성과 직업성이 없으면 언제든지 도태되는 시대로 변하였다는 것을 깨닫고, 자신의 경력관리를 철저히 할 때가 왔다. 직장을 선택할 때도 단순히 명성만 높다고 선택할 것이 아니라 자기 직업성을 살릴 수 있는 곳을 찾아가야 한다.

맞벌이시대

선진국민의 생활에서 가장 보편적인 특징을 찾는다면 맞벌이 생활이라고 볼 수 있다. 정의로운 사회, 일에서 보람을 만끽하는 사회, 시간을 소일하지 않는 사회, 노력의 대가에 대해서 겸허한 사회. 부부는 같이 벌어야만 풍요롭고 충족한 생활이 가능하다.

경제가 발전되고 성숙된 사회에서는 맞벌이 시대의 개막에 대한 나름대로의 몇 가지 이유가 있다. 첫째, 경제적인 이유, 둘째, 사회발전의 필요성, 셋째, 가족관계의 발전, 넷째, 자유 시간을 삶의 구축에 활용할 수가 있기 때문이다.

재택근무시대

재택근무란 근무환경이 자유롭고 통신 인프라가 잘 구축된 선진국에서나 하는 것으로 생각되었지만, 요즈음에는 우리나라에서도 재택근무의 길에 접어드는 사람들이 늘고 있다. 재택근무는 기업이나 근로자 양측을 모두 만족시킬 수 있는 근무형태로 자리 잡을 수 있을 것이다.

탄력적 근무제시대

탄력적 근무제란 대다수 직원들의 근무방식과 다른 모든 종류의 근무방식을 총칭한다. 정상 근무시간보다 출퇴근 시간을 1시간씩 늦추는 것에서부터 집에서 정상 근무시간 이외의 시간에 파트타임으로 하는 것까지 포함된다.

이와 같은 제도는 업무와 개인생활의 다양한 측면을 창조적으로 조화시킬 수 있게 한다. 선진국에서 널리 사용되고 있는 탄력적 근무제에는 근무시간 자유선택제, 원격근무제, 단축근무제, 직무공유제, 파트타임 등의 다섯 가지 분류가 있다.

일과 자아실현

존재한다는 것은 활동하는 것이다. 산다는 것은 자기를 실현하고 자아를 표현하는 것이다. 인간은 무엇인가를 위해서 살고 죽는 존재이다. 보람 있는 일, 가치 있는 일에 시간을 바치고 정성을 쏟고 노력을 기울일 때 우리는 생의 행복과 보람을 느낀다.

'세상에서 가장 즐겁고 훌륭한 것은 평생을 통해 계속할 수 있는 일을 가진다는 것이다.'라는 행복론의 한 구절이 있다. 바꾸어 말하면 세상에서 가장 쓸쓸하고 서글픈 것은 일이 없다는 의미가 된다. 결국 우리들의 인생에서 일이란 없어서는 안 되는 중요한 것임을 말해 주고 있다. 따라서 일의 고락(苦樂)을 초월한 천직의식을 가지고, 자신의 직업에 대해 강한 책임감과 보람을 느낄 수 있는 확고한 직업관의 정립이 필요하다.

삶의 궁극적인 목표는 행복이라고 생각된다. 행복한 삶이란 인간으로서의 보람과 만족을 느낄 수 있는 삶이다. 보람되고 만족스러운 삶을 살아간다는 것은 잘 먹고 잘 입고 좋은 집에서 사는 것을 의미하지는 않는다. 물론 행복의 필수조건으로서 기본적인 경제생활의 안정이 선행되어야 하지만 행복을 위한 충분조건은 아닌 것이다.

그러므로 인간이 추구하는 삶의 궁극적인 목표로서 행복한 삶의 충분조건은 자아실현이라고 할 수 있다. 인간이 자기 자신의 성장 또는 성숙을 의식할 때 인간으로서의 보람과 만족을 느낀다는 사실은 일반적인 현상이다.

이와 같이 인간의 행복한 삶을 위한 자아실현의 욕구는 자신에게 적합한 직업을 선택하여 일을 성취해 가는 양상으로 생각할 수 있다. 자아실현이란 직업을 선택하여 부단한 자기탐색, 체험, 통합의 과정인 것이다. 그러므로 관리감독자는 최선의 방법으로 선택한 자신의 직장생활을 경제적인 의미보다는 심리적·사회적인 의미에 웅지를 두고, 주체적인 인간으로서 자기성취를 목표로 설정하고 달성하여야 한다.

살아가는 데 있어서 일은 피할 수 없다. 아니 인간은 일을 통해서 자기완성과 성취를 얻고 삶의 보람을 느낀다고 할 수 있다. 일이 없다면 인생은 대단히 무미건조하고 삶의 의미가 달아나게 된다. 우리는 무엇 때문에 직장에 근무하고 있는 것일까? 어떤 목적으로 일을 하고 있는 것일까?

이와 같이 일하는 데 대한 의의를 끊임없이 자문해 봄으로써, 일에 대한 견해나 생각을 달리해 보고 직장생활에 대한 보람과 인생의 기쁨을 되새겨 볼 수 있다. 우리가 항상 하고 있는 일의 의의나 목적은 다음과 같이 정리할 수 있다.

생활의 안정

인간은 누구나 직업을 선택하여 일을 하고 그 결과에 대한 보수를 받아서 생활의 안정을 이룬다.

인간적 성장

어떤 일에 집념을 가지고 성공한 사람은 나름대로 소신이 있는 사람이다. 학문, 예술, 종교, 운동, 기타 어떤 분야이든 탁월한 사람이 되면 인간적 성장의 보람을 갖게 된다.

기업에 대한 공헌

자신의 업적으로 기업발전에 공헌할 수 있는 기쁨을 맛본다는 것은 최고의 기쁨이 된다.

사회에 대한 기여

자사의 상품과 서비스가 여러 사람에게 만족과 효용을 줄 때, 일의 보람뿐만 아니라 사회발전에도 기여하게 된다.

인생의 보람

일을 한다는 것은 자아실현의 욕구를 표현하고 충족시키는 중요한 수단이며, 자기존재와 자기존중을 확인하면서 삶의 보람을 갖게 한다.

일하기 좋은 일터

일터와 직장에 대한 평가는 오랫동안 계속되었다. 사람들은 어디가 좋은 직장이고 훌륭한 일터인지에 대하여 큰 관심을 보였다. 그 만큼 일터가 개인의 삶에서 중대한 의미를 갖고 있기 때문이다. 직장이란 단어는 상대적으로 경제적 의미를 강하게 지니고 있다. 즉 일을 통하여 돈을 버는 곳이란 느낌이 더 강하다. 반면에 일터는 공동체의 터전으로서 조직구성원이 삶을 영위해 나가는 토대인 것이다.

일터는 경제적인 의미 이상의 것을 담고 있다. 따라서 일터란 그것이 구현될 수 있도록 다음과 같은 여러 가지의 기능과 역할이 수행되어야 한다. 첫째, 일터는 무엇보다 부가가치를 창출해야 하는 곳이다. 둘째, 일터는 끊임없이 학습과 교육이 실행되는 공간이어야 한다. 셋째, 일터는 놀이터와 같은 역할이 병행되어야 하는 장소이다.

엘테크 신뢰경영연구소는 「일하기 좋은 기업」에서 '훌륭한 일터'란 구성원들이 상사와 경영진을 신뢰하고, 자기 일에 자부심을 느끼며,

함께 지내는 구성원들 간에 일하는 재미를 느낄 수 있는 일터라고 제시하였다. 훌륭한 일터의 공통점은 어떤 제도나 방침보다는 높은 수준의 내부관계의 질에 있다. 구성원이 상사나 경영자를 어떻게 생각하고 있는가, 구성원이 함께 일하는 동료들에 대해 어떤 느낌을 갖고 있는가 하는 면이 다른 것이다.

다시 말해서 훌륭한 일터는 구성원과 상사 및 경영자와의 관계, 구성원과 회사와의 관계, 구성원과 함께 일하는 동료와의 관계가 다른 일터와 남다른 모습을 보인다. 그리고 그 관계는 신뢰, 자부심, 재미라는 특성을 지닌다.

로버트 레버링의 훌륭한 일터 모델

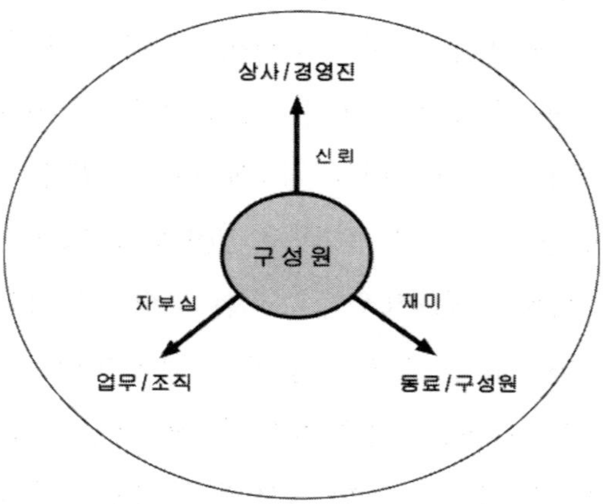

자료 : 박재림・한광모, 「일하기 좋은 기업」, 거름, 2003, p.122

신뢰, 자부심, 그리고 재미는 신뢰경영의 창시자 로버트 레버링이 20여 년 동안의 현장조사를 통하여 파악한 것으로, 훌륭한 일터의 공통적인 조직 내 관계의 특성을 함축적으로 담고 있는 개념이다. 훌륭한 일터가 되기 위해서는 상사와 경영자에 대한 구성원의 신뢰를 높이고, 업무와 회사에 대한 자부심을 강화하고, 동료들 간에 재미있게 일을 할 수 있는 물리적·관계적 환경을 구축하여야 한다.

신뢰는 믿음, 개인존중, 공정성으로 세분화된다. 믿음은 부하가 상사와 경영자를 생각하고 바라보는 근본적인 자세이다. 개인존중은 상사와 경영자가 구성원 개개인을 상대하는 기본적 자세를 뜻한다. 그리고 공정성은 상사와 경영자가 자신의 부서와 회사를 전체적으로 관리하고 통솔할 때의 원칙적인 자세 유지를 말한다.

회사와 업무에 대한 자부심은 구성원으로 하여금 즐겁게 일할 수 있는 요인이 된다. 자부심을 갖고 있는 구성원은 그렇지 않은 구성원에 비하여 같은 일을 하더라도 더욱 더 열정적으로 일을 한다. 세계 최고의 서비스 문화를 실현한다고 화제가 되었던 일본의 MK택시도 프라이드 경영의 모범 사례이다.

재일교포인 유봉식 회장은 운전자의 자부심이 없이는 최고의 서비스는 불가능하다고 판단하고 파격적인 방식을 도입하였다. '조금이라도 직원들의 자부심에 상처를 주는 일은 채택하지 않는다.' '사기를 올리는 정도가 아니라 항상 최고의 자부심을 갖게 하라.' 그래서 그는 운전기사의 유니폼을 일본 최고의 디자이너에게 부탁하였다.

훌륭한 일터에서의 재미는 함께 일하는 동료들 간에, 그리고 업무 자체에서 느낄 수 있도록 하여야 한다. 함께 일하는 동료 간의 재미는 상대방에 대한 배려, 감사, 인정, 칭찬 등을 통해 높아지는 것이다. 그것을 구체적인 행동으로 드러내고 서로에 대한 신뢰가 쌓일 때 함께 일한다는 사실이 재미있고 즐거워진다. 또한 업무에 대한 재미는 자신에게 맞는 장점을 살릴 수 있는 업무를 맡고, 주위 동료들의 협력을 통하여 그 업무를 성취하였을 때 얻을 수가 있다.[3)]

일터에서의 관계

범 주		일터에서의 관계
신뢰	믿음	조직구성원과 상사, 경영진과의 관계
	개인 존중	
	공정성	
자부심		조직구성원과 자신의 일과의 관계
재미		함께 일하는 조직구성원들과의 관계

공동체의식과 팀워크 발휘

기업을 둘러싼 환경이 급변하고 여러 가지 경영상의 어려움을 극복하려면, 조직구성원 개개인의 주체적인 행동의 실천과 공동체의식에 근거한 팀워크 의식의 고취를 통한 조직활성화가 필수요건이다. 팀워크란 개인의 이해보다는 팀 전체의 이해나 능률을 먼저 생각하는 사람에 의해 이루어지는 일이다. 팀워크는 팀의 구성원이 자발적으로 생각하고 행동한다는 의미가 포함되어 있다.

인간은 각자의 욕구에 따라 행동하고자 하므로 그대로 맡기면 상호간에 반드시 이익의 대립이 생기고 분쟁이나 불만이 생긴다. 개인의 욕구지향이 크면 클수록 다른 사람과 충돌하게 되며 조직은 큰 혼란에 빠지게 된다.

그러므로 조직 내의 개개인이 다른 사람의 입장을 당연히 존중하고 자신의 지나친 욕심을 억제하면서 조직전체의 성과(생산성 · 능률)를 높이도록 자발적으로 노력하는 것이 필요하다. 조직구성원들은 이와 같은 팀워크 정신을 갖고 다음과 같은 사항을 실천하여야 한다.

- 부서의 공동목표 달성에 자발적으로 참여한다.
- 동료의 업무를 잘 인식하여 협조 · 협력한다.
- 조직 내에서 항상 상대방과의 상호신뢰를 구축한다.
- 바람직한 인간관계를 유지 · 형성시킨다.
- 상호간의 커뮤니케이션을 소중히 한다.
- 부서와 조직이 처한 상황변화를 이해하고 부응하는 행동을 한다.

한국인의 팀워크 의식

우리 전통사회의 공동체적 의식을 가장 잘 나타낸 것 가운데 품앗이라는 것이 있다. 일손이 모자랄 때 서로를 도와주는 미풍양속이다. 일반적으로는 노동의 교환 형식이라고 볼 수 있지만 성별 · 연령과 관계없이 모든 노동력을 동등하게 평가하였다는 점에서는 구별된다. 결국 품앗이의 전통은 노동력의 제공이라는 측면보다 상부상조 정신이라는 측면이 강조되는 것이다.

수 천년 동안 면면히 이어져 내려온 품앗이 전통은 본래 농촌에서 농번기에 모자라는 일손을 서로서로 채워주는 데서 비롯되었지만, 이웃에 결혼과 장례 같은 큰일이 생겼을 때도 자신의 일은 제쳐놓고 달려가서 돕는 것으로까지 확대되었다. 품앗이의 그와 같은 상부상조

정신에는 경제적으로 돕는 대신 속된 표현이지만 '몸으로 때운다.'는 의식이 자리하고 있음도 사실이다.

한국인 개개인은 똑똑하고 유능하지만 여럿이 모이면 무기력하고 무능해진다고 한다. 다시 말해서 한국인은 팀워크 의식이 부족하고 자신의 이해나 의견을 조직의 이해와 의견을 위하여 조화시킬 줄 모른다는 의미로 볼 수 있다.

과연 우리에게는 특유의 팀워크 의식이 없을까? 예로부터 한국인에게는 사회적 또는 경제적으로 불우하면서도 그토록 박약하지 않고 또한 불안하지도 않으면서 즐겁게 살 수 있었던 한국적인 전통과 특유의 팀워크 의식이 있었다.

두레

농업용수인 물보를 막는다, 수재에 대비하여 방축을 쌓는다, 길을 고친다 등의 공공작업 뿐만 아니라 집을 짓고, 지붕을 갈아 이고, 모심기·풀뽑기·벼베기·살살이·실뽑기 등을 '두레'라는 이름의 공동작업으로 하였다. 그리고 혼상(婚喪) 등 성사를 서로 돕는 일은 우리나라에서만 볼 수 있는 자랑이다.

향약

권선징악(勸善懲惡 : 착한 행실은 장려하고 나쁜 행실은 징계)을 내용으로 마련된 시골동네의 규약인 향약이 있었다. 좋은 일은 서로 권하고 과실은 서로 다스리며, 예의는 서로 나누고 어려움은 서로 돕는다는 도덕 법률 자선이 혼연일체가 된 공동체헌장이 마을단위로 공동체의식을 연결하고 있었다.

서구사회의 조직능력은 조직구성원들의 능력 총화와 비교적 같으나, 동양인의 조직능력은 조직을 이루는 조직구성원 능력의 총화보다 커질 수 있다는 장점이 있다. 예를 들면, 공동작업에서 열 사람이 각기 힘을 내면 총 100이라는 능력을 내는 것이 아니라, 120도 되고 150도 될 수 있다. 반대로 100이 못되는 90도 되고 50도 될 수 있으므로 능력의 진폭이 크다.

이와 같은 진폭의 차이를 수반하게 하는 요인이 한국인에게 잠재된 공동체의식의 특징인 것이다. 감독자는 우리민족의 전통문화를 토대로 팀워크 의식을 배양하고 공생하는 조직문화를 창달하여야 될 것이다.

팀의 사기를 유지하는 비결

팀의 사기를 유지하는 비결은 무엇인가? 하나의 비결은 없으나 다음과 같은 간단한 원칙들이 있다.

첫째, 팀의 체온을 재라. 팀멤버와 이야기를 하고 그들이 하는 일에 만족하고 있는지 확인한다. 즉 그들이 무엇을 하고, 혹은 왜 그 일을 하고 있는지 의문이 없게 하여야 한다.

둘째, 일관성을 유지하라. 일관성이 없으면 팀멤버는 혼란 속에서 사기를 잃게 된다. 자신의 가는 길을 알고 일관성을 유지하여야 한다. 변화가 필요할 때는 팀멤버에게 그것을 알리고 이유를 설명한다.

셋째, 팀멤버를 존경심으로 대하라. 팀멤버를 존경심으로 대하지 않는 것은 변명이 있을 수 없다. 존경심은 단순히 정중함을 의미하지 않는다. 이것은 팀멤버들에게 일이 아닌 자신만의 삶이 있을 수도 있음을 알게 해 준다. 존경심은 관리감독자가 하지 않으려는 일이나 해 본 적이 없는 일을 누군가에게 지시하지 않는 것도 의미한다.

넷째, 팀멤버들을 인간적으로 알아라. 그가 결혼을 했는가? 그에게 자녀가 있는가? 그의 취미는 무엇인가? 이런 것을 알면 팀 멤버를 이해하는 데 도움이 된다. 그리고 감독자 자신에 대해서도 나름대로 알려줄 필요가 있다.

:: 변화와 혁신

찰스 다윈은 「종의 기원」에서 "지구상에 살아남은 종족은 가장 강한 종족도 아니고 가장 지적인 종족도 아닌, 환경변화에 가장 잘 적응한 종족이다."라고 서술한 바 있다. 이는 변화의 적응이야말로 생존의 필수 조건임을 말하고 있는 것이다.

일본 언론은 도요타 자동차 회장에서 은퇴하였던 오쿠다 히로시의 어록(語錄)을 기사로 장식한 바 있다. 그는 1995년 도요다 가(家) 사장이 병으로 쓰러지는 바람에 운 좋게도 사장자리에 올랐었다. 거품경제 붕괴로 일본 경제가 밑바닥을 더듬을 때였다. 오쿠다는 11년의 재임기간 중 자동차 판매 대수를 2배(415만대→797만대) 가까이 늘렸다.

그리고 순이익 1조엔을 돌파하였고 하이브리드카(가솔린·전기 겸용차)를 통하여 도요타에 '환경기업' 간판을 걸었다. 미국 GM을 누르고 세계 최대의 자동차기업으로 발전시켰다. 그의 대표적인 어록에는 "변하지 않는 것이 가장 나쁘다.", "변화가 안주하는 것보다 리스크가 적다."가 있다.

'이 세상에서 유일하게 확실한 것이 있다면, 그것은 변하지 않는 것은 없다는 사실이다.' 이 말은 적어도 두 가지 의미를 가지고 있다. 첫째는 변화는 피할 수 없다는 것이고, 둘째는 불확실성이 수반된다는 것이다. 변화란 과거와 현재의 사고방식, 작업방법 등을 새로운 방법으로 바꾸는 것이기 때문에 고통이 수반되는 힘든 작업이다. 즉 변화란 익숙한 것과의 이별을 뜻한다.

조직활성화와 관련된 조직변화의 억제 요인에는 주로 조직의 관성, 전통과 문화, 과거에 학습된 성공적인 대응전략 그리고 변화의 추진 비용 부담이 있으나 조직구성원들의 의식적·무의식적인 저항도 있다. 일반적으로 변화란 조직을 변화시키려는 촉진요인이 변화를 막으려는 억제요인보다 우세한 경우에 시작된다.

변화와 두려움을 극복하고 긍정적 변화를 즐길 수 있는 방법은 두 가지가 있다. 첫째는 변화와 관련하여 가능한 많은 정보를 수집하고 분석·평가함으로써 불확실성을 줄이는 것이다. 둘째는 불확실성을 불가피한 일상의 요소로 즐겁게 수용하는 마음의 전환이다.

변화관리란 변화의 기획단계인 설계에서부터 변화의 목표가 달성되는 시점까지 생성되는 변화요인을 사전에 파악하여 일하는 방법, 조직구조, 제도 및 각종 시스템을 현업에 구현시키는 것이다. 그리고 구성원들이 환경변화에 적극적으로 공감하고 동참할 수 있도록 지원하는 체계적인 활동을 말한다.

조직에는 변화에 대응하는 세 가지 세력이 있다. 즉 변화를 의도적으로 앞장서서 주도하는 세력, 변화의 주도세력과 함께 변화를 전문적으로 전파하고 변화의 도구를 만드는 세력, 변화된 룰을 지키고 따라가야만 생존하는 세력이다. 일반적으로 변화관리는 주도세력이 변화를 실행하고, 따라야만 하는 집단(조직구성원)이 환경변화에 수월하게 동참하도록 하는 것에 그 초점을 맞춘다. 한편 변혁할 때 추방해야 할 유형은 다음과 같다.[4)]

문어족

구멍 속에 안주해 있으면서 밖의 세계만 살펴본다. 자신은 역할을 안 하고 정보만 알고 있으면 되는 것으로 착각한다.

해파리족

좋은 생각으로 자신에게 유리하면 모여들고 불리하면 즉시 물러난다.

가자미족

넙적하게 바닥에 엎드려 복지부동하면서 눈만 굴리며 위만 쳐다 보고 있다. 부하가 열심히 일을 하도록 만드는 것이 본인에게 주어진 사명임을 잊고 있는 것이다.

정어리족

변화가 조금만 와도 깜짝 놀라서 도망간다.

벼룩의 천정이야기

정채봉 시인의 『나는 너다』에 나오는'벼룩의 천정'이야기는 사고의 고정 관념을 탈피해야 함을 우리에게 강조하고 있는 좋은 글이라고 생각한다. '벼룩의 천정'이야기는 대략 이렇다.

아버지는 깡충깡충 뛰는 벼룩을 잡았다. 아버지는 그 벼룩을 기다란 유리병 속에 넣었다. 유리병 속에 들어간 벼룩은 깡충깡충 뛰었다. 그것은 놀라운 점프력이었다. 제 키의 100배도 더 되는 높이의 유리병을 훌쩍 뛰어나와 버리는 것이 아닌가.

아버지는 다시 벼룩을 잡아 유리병 속에 가두었다. 그리고 이번에는 유리병 뚜껑을 살짝 덮었다. 물론 이번에도 벼룩은 탈출을 시도했다. 그러나 유리병 뚜껑에 머리를 부딪치게 되자 벼룩은 이내 다소곳해졌다.

얼마 후 아버지는 유리병 뚜껑을 내려놓았다. 그리고 손바닥으로 탁 쳐서 벼룩을 놀라게 했다. 벼룩은 깜짝 놀라서 깡충깡충 뛰었다. 그러나 유리병을 벗어날 정도로 천부의 점프력을 지닌 벼룩이 유리병 뚜껑 높이만큼만 뛰어오르는 것이 아닌가.

아들이 물었다.

"아버지 웬일이죠?"

아버지가 대답한다.

"더 이상 점프할 수 있는 능력을 잃어버렸기 때문이다. 스스로 정한 높이까지만 점프하는 습관이 들어버린 거야."

아버지는 아들에게 결론을 내린다.

"네 능력이 무한하다는 것을 믿어라. 무한히 열려 있는 하늘을 네 스스로 천정 치는 일은 없는지 생각하며 살기 바란다."

이 이야기는 사고가 고정되면 점점 변화하기 어려워지게 된다. 한 마디로 사고가 고정되어 있으면 혁신하기 힘들다는 말이다. 개인이든 조직이든 유리병 속 벼룩이 되지 않기 위해서는 스스로가 사고의 한계에서 탈피해야 한다.

손욱, 「변화의 중심에 서라」, (주)크레듀, 2006, pp.130~131

03 관리감독자의 역할과 조건

:: 기업환경 변화와 관리감독자

기업경영의 환경변화

앞으로의 시대는 정치·경제·사회·기술의 여러 방면에서 급격한 변화가 예상되고 있다. 자본주의 경제체제의 확산, 통신·정보기술의 발달, 기술개발의 가속화, 그리고 소비자들의 다양화·개성화·감성화와 같은 변화가 기업에게 주는 메시지는 간단하고 명료하다. 즉 경쟁이 더욱 치열해질 것이라는 것이다.

불확실성의 시대, 무한경쟁의 시대에 기업이 살아남기 위해서는 세계적인 초일류기업과의 경쟁에서 이길 수 있는 경쟁력을 갖추어야 한다. 그리고 대외적으로 변화하는 상황에 대처하기 위해서는 기존에 가지고 있었던 전통적인 사고에서 과감하게 탈피하여야 한다. 과거와는 다른 새로운 발상과 시스템, 자세로 변신하지 않으면 안 된다.

산업화 시대에서 정보화 시대로 바뀜에 따라 기업경영은 예측의 시대에서 적응의 시대로 바뀌고 있다. 과거에는 예측이 가능하였다. 그러나 이제는 아무도 내일 무슨 일이 일어날지 모르지만 어떤 일이 벌어지더라도 뛰어들 준비가 되어 있어야 하는 적응의 시대이다.

예측의 시대에는 계획을 수립하는 것이 중요하였다. 그러나 최근의 환경변화에서 필요한 것은 과거의 진부한 관리・감독활동에서 탈피하고 혁신적인 변화에 발맞추어서 내부적인 혁신을 주도하는 모습으로 재조명되는 것이다.

경영환경의 변화를 정확하게 파악하여 신속하고 적절하게 대응하는 기업만이 생존할 수 있고 세계적인 초우량기업이 될 수 있다. 과연 기업들이 중요시하는 경영환경의 변화는 어떤 것일까?

국경의 개념이 달라지고 경쟁이 치열해진다

개방화・국제화라는 큰 흐름 속에서 국경의 개념이 큰 의미를 갖지 못하게 되고, 해외기업과의 경쟁이 더욱 가열될 것이다. 국내기업 간의 경쟁보다 세계적인 초우량기업과 생존경쟁을 다투어야 할 처지에 놓이게 된다. 이와 같은 환경 속에서 기업은 현지화와 세계화라는 커다란 경영과제를 맞이할 수밖에 없다.

고객의 요구충족이 더욱 어렵게 된다

소득수준의 향상과 함께 고객의 요구가 개성화・감성화・다양화・

고급화되면서 그들의 욕구를 충족시키기가 더욱 어려워질 것이다. 따라서 만족시켜 주어야 할 대상으로서 고객의 중요성이 커진다.

기업이 자율적으로 의사결정을 할 수 있는 부분이 증가된다

그 동안의 진입규제, 생산유통과 가격관련의 규제와 절차들이 대폭적으로 완화될 것이다. 그리고 여신관리제도나 외환관리제도가 개선되고 자금조달 및 운용에 관련된 규제가 완화되는 등 기업활동을 제한하는 간섭이 완화될 것이다.

제품의 라이프 사이클이 단축되고 다품종소량생산 형태가 된다

기술혁신이 가속화되어 새로운 제품과 서비스가 등장하면서 제품의 라이프 사이클은 더욱 짧아질 것이다. 기업의 생산체제도 다품종소량생산에 알맞은 유연생산체제로 바뀌게 되어 신제품개발을 위한 기획단계에서의 원가비중이 커지게 된다.

기업의 사회적 책임이 더욱 중요시 된다

기업의 사회적 책임, 종업원과 주주의 관계 등에서도 커다란 변화가 예상된다. 종래에는 부동산투기·문어발식의 기업확장·정경유착·독과점 및 불공정거래·공해유발 등과 같이 사회여론을 무마시키는 것으로도 어느 정도 기업의 사회적 책임을 수행하였다고 할 수 있었다.

그러나 앞으로는 각종 문화사업, 환경보호활동, 종업원 복지시설의 확충 등 기업내외의 갈등해소나 관계개선을 추진해 나갈 수 있는 사회적 책임이 더욱 강조될 것이다.

관리감독자의 위상

감독이란 단어를 사전에서 찾아보면 '보살펴 잘못이 없도록 시키는 것, 또는 그 사람'이라고 설명되어 있다. 현장에서 부하를 독려하여 실질적으로 일을 진행하는 사람들이 바로 감독자이다. 즉 관리감독자는 자신에게 맡겨진 일을 지체하지 않고 확실히 처리하는 책임을 진 사람이다.

관리감독자의 기본직무란 부여된 작업단위의 작업수행 책임자로서 작업계획에 따라서 관련부서와 협의하여 작업준비와 작업 실시요령을 결정하고, 부하를 관리・감독하여 작업을 수행하도록 한다. 그리고 작업 중 발생하는 문제를 협의・조정・절충 등을 통해서 해결하고, 계획의 수행을 추진하며, 적정인원의 확보와 양호한 인간관계의 유지에 노력하고, 부하의 사기진작과 안전에 유의한다. 또한 작업여력의 활용, 작업방법의 개선, 원재료 및 설비의 효과적인 활용으로 능률 및 품질향상과 원가절감을 위하여 노력한다.

관리감독자의 직무란 계획수행을 위한 유지관리와 현재의 관리감독 수준을 높이기 위한 향상관리가 기능상 포함되어 있다. 기업의 관리・감독활동은 이러한 2가지의 기능을 효율적으로 발휘시켜서 관리수준과 생산성을 향상시키는 것이다.

기업의 조직을 계층별로 분류하면 경영층, 관리층, 관리감독층, 일반종업원으로 구분할 수 있다. 관리층은 경영층의 경영방침에 따라서 구체적인 계획의 입안 및 운영방법, 규칙을 작성하고 이에 관련된 간접적인 통제업무를 맡고 있다. 관리감독층은 관리층의 지시에 따라서 직접적으로 생산업무를 지휘·감독하고 있으며, 일반종업원은 관리감독자의 감독에 따라 실제의 생산활동에 임하고 있다.

이와 같은 관점에서 볼 때 관리감독자는 관리층과 동일하게 경영을 담당하는 경영담당자라고 할 수 있다. 그러나 관리감독자는 관리자와는 다르게 간접적 통제를 맡고 있는 것이 아니라, 직접 부하를 개별적으로 지휘·감독함으로써 작업성과와 직결시킨다.

관리감독자의 위상에서 본 훌륭한 감독이란 다음과 같다. 즉 회사·공장의 방침·계획·절차·상사의 지시를 따르고, 동료 및 타부서와 협력하여 기계·설비·건물·작업장소·자재·원료·시간 등을 능률적·경제적으로 다루고, 부하를 지도하고 기술을 향상시키며, 직장의 사기를 높여 좋은 품질의 제품을 싸고 안전하게 납기에 맞추어 생산해 내는 일이다.

경영의 계층과 명칭

경영자	사장, 상무, 이사 (경영층 / 전체관리자)	경영전체의 방침결정과 통제	목표, 방침의 책정
관리자	팀장 (중간경영층 / 중간관리자)	부문의 방침, 계획, 통제의 실시	계획, 통제
관리감독자	직장, 조장, 반장 (하부경영층 / 하부관리자)	현장의 계획, 실시층에 대한 지시, 지도와 통제의 실시	감독
일반종업원		실시작업	실시

관리감독자와 작업자의 차이

작업자의 작업	관리감독자의 업무
• 계획에 따라 일한다. • 직접 작업에 임한다.	• 작업자의 노력을 통해서 생산을 하고 자기의 책임을 완수한다. 따라서 작업자를 격려하고 훈련도 실시한다.
• 자기가 하고 있는 작업에 대해서만 책임을 진다.	• 작업자의 작업에 대해서도 책임을 진다.
• 규정된 반복적 작업에 종사한다.	• 예외적인 작업도 취급한다.
• 지시를 받고 작업한다.	• 지시를 한다. 지시를 하기 위하여 어떻게 하면 좋은지를 판단하여 결정한다.
• 설비, 기계, 재료, 공구를 다룬다.	• 규율, 위생, 안전, 작업환경도 다룬다.

관리감독자의 역할과 책무

관리감독자의 역할

관리감독자의 역할은 전향적인 것이며 능동적인 개념으로 인식되고 있다. 역할이란 주어지는 것이 아니라 스스로 만드는 것이다. 다시 말해서 관리감독자의 역할은 관리감독자 자신의 자각에 따라서 커지기도 하고 작아지기도 한다.

관리감독자는 위치와 업무의 성격으로 보면 부하에 대해서 경영자의 대표자이면서 동시에 경영자에 대해서는 부하의 대표이다. 말하자면 관리감독자란 이중적인 입장에 있으면서 또한 양면의 역할을 수행해야 하는 위상이다.

그러므로 관리감독자는 역할수행에 있어서 항상 뚜렷한 주체성을 확립하여 경영자와 부하의 어느 측에 대해서도 중재자가 되어야 한다. 또한 역할이란 시대의 변화에 따라서 시대의 요청에 부합되어야 한다. 관리감독자에게 요구되는 필수적이고 기본적인 역할은 다음과 같다.

생산목표의 달성

관리감독자의 역할은 무엇보다도 생산목표를 달성하는 일이다. 즉 현장에 할당된 목표의 달성을 위하여 3가지 조건인 품질, 코스트, 납기를 동시에 만족시켜야 한다. 이는 곧 생산목표 달성을 위한 관리의 순서를 올바르게 밟는 것이다. 그러나 무엇보다도 생산요소나 생산조건의 변화에 따라 신속하게 대책을 세울 필요가 있다. 이렇게 함으로써 보다 좋은 품질, 보다 싼 코스트로 보다 빠른 납기의 실현이 가능하게 된다.

작업방법의 개선

적은 비용으로 좀 더 좋은 제품을 만들기 위하여 관리감독자는 작업을 끊임없이 개선해야 한다. 작업방법의 개선은 현재 실시되고 있는 작업방법을 분해하여 비경제적 요소를 제거하고 간소화함으로써 생산을 증대시키는 데 그 목적이 있다.

노사관계의 개선과 협조

노사관계에 바람직하다고 생각되는 태도·행동의 형성에 노력한다. 회사에 대한 신뢰를 높이고 노사관계에 악영향을 끼치는 문제의 발생을 예방하고 사전에 문제해결에 뛰어든다. 그리고 적극적인 관리·감독으로 임한다.

부여된 목표이상의 성과달성

현상만족과 현상유지의 근무태도와 사고방식은 생산현장에서 경계해야 할 자만이다. 현상타파를 통한 창의력 발휘로 업적향상에 직결시켜야 한다.

직장규율의 유지

직장규율은 '조직구성원이 기업 내의 행동에 관하여 실행해야 할 규율의 총체이다'라고 해석할 수 있다. 직장규율의 적극적 활용은 목적을 달성하고 매력있는 직장을 만들기 위해서는 어떻게 행동하는 것이 바람직한지를 찾아서 행동기준으로 삼고, 관리·감독의 개선을 추진하는 데 있다.

좋은 작업환경의 조성

소음, 조명, 안전과 같은 생리적·물리적 측면의 환경은 직접적으로 생산에 영향을 미친다. 관리감독자는 이와 같은 작업환경뿐만 아니라 부하의 안전과 위생, 육체적 피로, 직업병과 같은 문제에도 관심을 가져야 한다.

업무의 관리

목표의 달성을 위하여 실행계획을 세우고 부하에게 업무를 할

당한다. 업무의 진행상태를 파악하여 검토한 후 필요한 조치를 취한다.

정보관리

업무에 관한 정보를 수집・정리・활용한다. 관련부서와 정보교환을 하며 상사에게 정보를 제공한다.

부하의 사기앙양과 팀워크 향상

부하의 사기앙양과 팀워크를 향상시키려면 관리감독자는 자발적으로 부하가 그런 기분이 일어날 수 있는 조건을 만드는 데 주력하여야 한다. 부하가 일을 하고 싶도록 하는 조건은 첫째, 직장의 인간관계를 좋게 하고, 둘째, 일하는 보람을 찾을 수 있는 조건을 만드는 것이다.

부하의 지도육성

부하의 지도육성은 미래의 인재육성과 고도의 현장생산성을 유지하기 위한 부하의 능력개발과 현장적응의 교육이다. 그러므로 작업지도를 통한 기능훈련 이외에 부하의 인간적 성장까지도 지원해야 할 것이다.

관리감독자의 책무

관리감독자의 직무와 책임의 내용을 구체적으로 예시하면 다음과 같다.

작업을 계획한다

- 생산계획에 맞추어 작업계획을 수립한다.
- 부하에게 작업을 할당한다.
- 자재, 원료를 수배한다.
- 작업시간, 근무예정표를 작성한다.
- 작업방법을 결정한다.
- 작업준비를 한다.
- 작업기준을 작성한다.

작업을 실행한다

- 작업지시를 한다.
- 작업의 진행상황을 점검한다.
- 부하의 작업태도를 살펴본다.
- 품질을 관리한다.
- 계획에 빗나간 일에 대해 다시 조치를 취한다.
- 자재, 원료를 점검한다.
- 폐품을 처리한다.
- 작업일지에 기입한다.
- 업무를 보고한다.

작업을 개선한다

- 작업의 흐름을 개선한다.
- 작업방법을 개선한다.

- 부하의 개선에 대한 제안을 받아들인다.
- 기계설비의 개선을 제안한다.
- 개선의 제안을 한다.

안전위생, 정리정돈을 한다

- 안전설비를 한다.
- 안전에 대한 훈련을 한다.
- 사고보고를 한다.
- 위생의 개선을 한다.
- 정리정돈을 한다.

부하를 훈련한다

- 훈련예정표를 작성한다.
- 작업분해표를 가지고 훈련한다.
- 훈련의 결과를 평가한다.
- 사후지도를 한다.
- 신입사원을 훈련시킨다.

부하의 근무를 관리한다

- 적재적소에 배치한다.
- 작업성과를 평가한다.
- 지각, 조퇴를 관리한다.
- 결근, 휴가를 허가한다.

• 규율을 유지한다.
• 질책을 한다.
• 칭찬을 한다.

의욕적인 직장을 만들도록 노력한다

• 사내외의 정보를 부하에게 전달한다.
• 부하의 의견을 상사에게 전달한다.
• 부하의 불평불만을 처리한다.
• 부하와 면담한다.
• 현장회의를 주관한다.
• 상사에게 상신한다.
• 상사와 면담한다.
• 부하를 이해하고 개선점을 파악하도록 노력한다.

⁚ 관리감독자의 직무분장

관리감독자 자신이 해야 할 직무

• 작업계획과 그 예정을 작성하는 것
• 직장 내에서 작업능력을 확보하는 것
• 자재를 적소에 공급하는 것

- 사기를 높이고 바람직한 작업태도를 육성하는 것
- 작업자에게 직장규율을 지키게 하는 것
- 불평불만 및 고충을 처리하는 것
- 사고조사를 하는 것
- 부하를 파악하고 개개인에게 개인적 관심을 표시하는 것
- 팀워크를 발휘하고 협조를 도모하는 것
- 상사에게 정보를 전달하는 것
- 부하에게 사항을 알리고 헛소문이 전달되지 않도록 방지하는 것
- 작업자 상호간의 쟁점을 처리하는 것
- 인원의 배치전환을 도모하는 것
- 다른 관리감독자에게 협력하는 것

부하에게 위임하여도 무방한 직무

- 생산량과 품질을 기준에 맞게 하는 것
- 작업방법의 개선을 도모하는 것
- 경비를 절감하는 것
- 기계와 설비를 보전하는 것
- 작업자를 훈련시키는 것
- 작업수행 방법을 설명하는 것
- 신입 작업자를 지도하는 것
- 사고방지를 하는 것
- 출결을 통제하는 것

• 공구, 설비, 기계를 요구하는 것
• 규칙적인 작업에 관한 서류상의 절차를 밟는 것

부하에게 위임해야 할 직무

• 기계의 준비를 하는 것
• 공구의 손질을 하는 것
• 공구를 최상의 상태로 보존하는 것
• 기록하거나 보고서를 작성하는 것
• 정리 정돈하는 것
• 원자재를 체크하는 것
• 잡무를 하는 것

:: 관리감독자의 조건

관리감독자의 지위는 과거처럼 영속적이고 안정적인 것이라고 볼 수 없다. 기업은 경영혁신의 도입과 경쟁력 제고를 통한 기업체질의 강화로 기업변신을 추진하고 있다. 관리감독자에 대한 임기제도의 도입, 연수성적의 고과반영, 연공보다는 능력중시, 경험보다는 실적우대, 신인사고과제도의 실시, 승진상의 학력철폐, 성차별의 무시 등은 관리감독자의 실력주의 시대를 예고하였다.

관리감독자의 요구기능

관리감독자가 부여된 직무를 효과적으로 수행하기 위해서는 일정한 능력과 다음과 같은 기능이 필요하다.

기술적 기능

방법, 절차, 기법 등을 포함하는 특정의 업무활동에 관한 기술적 기능에 대하여 숙련되어 있으며 이해하고 있는 정도를 의미한다. 즉 전문적 지식, 분석능력, 기계의 다듬질 능력, 도구사용의 숙련, 작업지도능력, 부하의 문제해결능력, 훈련된 기술 등을 말한다.

대인기능

대인기능은 사람에 대해서 작용하는 것이다. 관리감독자가 조직구성원의 일원으로서 또한 책임자로서 필요한 기능이며 부하로부터 자발적인 협력을 구축하는 기능이다. 명랑하고 즐거운 분위기의 조성, 부하의 이해능력, 부하에 대한 상담자로서의 역할, 의견의 청취와 수용능력 등을 뜻한다.

판단기능

기업전체를 통찰하는 기능이다. 조직의 여러 가지 기능이 다른 부문에 어떻게 영향을 미치고 있으며, 어떤 부문의 변화가 어떻게 영향을 미치는지를 이해하는 능력이다.

관리감독자의 자격요건

관리감독자는 직무와 책임이 무겁고 생산성 향상과 건전한 노사관계의 정립을 위해서도 높은 수준의 직무수행 능력과 자격요건을 구비하여야 한다.

직무능력

- 효과적인 리더십
- 커뮤니케이션 능력
- 문제해결 및 의사결정 능력
- 부하의 지도육성 능력
- 안전 및 위생관리 능력
- 근무관리 능력
- 팀워크 발휘와 동기부여 능력
- 작업계획수립 및 관리 능력
- 작업개선 능력
- 작업 및 직책에 대한 지식

일반교양

- 경영상의 요인
  기업의 사회적 책임을 수행하고 기업의 경영활동에 관계되는 요인
- 조직상의 요인
  조직구성원의 조직화와 활성화를 통하여 경영기반의 존속과 성장

에 공헌하는 요인

- **제품상의 요인**
  경영기반의 확립에 관계되는 제품의 라이프 사이클, 경쟁력, 신뢰성, 유용성, 공해 안전성 등

- **기술상의 요인**
  기술의 신뢰성, 경쟁력, 기술축적, 개발능력 등

- **시장상의 요인**
  시장점유율, 판매망의 계열화, 원자재의 구매 가능성, 서비스의 수단, 소비자의 욕구, 클레임 등

관리감독자의 주요기능

- 단위 직장의 사장(대표자)
- 생산의 Key Man
- 의사소통의 교량자
- 상사의 보좌역
- 부하의 대변자
- 현장의 인사관리자
- 연결핀(Link Pin)

관리감독자에게 필요한 조건

관리감독자가 자신이 맡고 있는 직장의 일을 순조롭고 확실하게 수행하여 그 직책을 완수하려면 경험상 다음의 다섯 가지 자격조건을 잘 갖출 필요가 있다.

작업에 대한 지식

이것은 각자가 맡고 있는 직무에 고유하고 특유한 것으로 일을 바르게 수행하기 위하여 필요한 지식이다. 예컨대 작업표준, 기준에 따른 설비·자재·기계·기구 등을 정확하게 사용하는 데 필요한 기술·기능과 관련된 지식인 것이다.

일정한 작업을 맡아서 반복적으로 하고 있을지라도 기술혁신의 시대에 뒤지지 않으려면 날마다 새로운 지식을 축적할 필요가 있다. 또한 새로운 일이 시작될 때나 새로운 제품을 취급하게 되면, 새로운 일에 대한 지식을 습득해야만 한다.

직책에 대한 지식

관리감독자로서 필요한 책임과 권한에 관한 지식으로 회사의 방침, 취업규칙, 작업기준, 안전규칙, 직제, 업무계획, 노사간의 결의사항 등에 따라 일을 수행하기 위한 지식을 말한다. 직책에 대한 지식은 기업, 업종, 라인에 따라 다르기 때문에 그에 관한 지식도 당연히 다른 것이 필요하게 된다. 관리감독자는 직장에서 일을 하고 있는 한 그 직장에서 정해진, 또는 정한 바에 따라 직무를 수행해야 한다. 그러기 위해서는 관리감독자에게 주어진 책임과 그에 따른 권한을 충분히 이해하고 있을 필요가 있다.

가르치는 기능

작업자를 잘 훈련하여 훌륭한 일을 할 수 있도록 하기 위한 기능이다. 이 기능을 완전히 몸에 익히면 낭비, 실패, 재작업과 재손질을 적게 하고 재해감소, 도구설비의 손모 · 마모 · 파손감소를 기할 수 있게 된다. 아무리 일에 관한 지식이나 기능을 가지고 있다 하더라도 가르치는 기능이 없으면 그것을 다른 사람에게 잘 전달할 수가 없다.

일을 적절하고도 손쉽게 가르쳤다 해도 상대방이 일을 바르게 이해하지 못하였으면 반드시 다시 가르쳐야 한다. 왜냐하면 바르게 일을 수행하지 못하기 때문에 생긴 불량품의 뒷손질이나 기계의 수리, 부상의 치료 등과 같은 달갑지 않은 번거로움에 관리감독자 본연의 업무가 뒤로 밀려나기 때문이다. 그러므로 잘 가르칠 수 있는 기능, 즉 작업지도기법을 몸에 익힐 필요가 요구된다.

개선하는 기능

작업의 내용을 세분해서 연구하고, 그것을 간소화하거나 짜임새 있게 순서를 정하거나 재배열하는 기능이다. 이 기능이 있으면 자재, 기계, 설비, 노동력 등을 현재보다도 더욱 유효하게 활용하는 데 도움이 된다.

부하를 다루는 기능

작업자 상호간의 인간관계를 원활하게 하고, 부하로부터 기꺼이 자진해서 협력을 받는 데 도움이 되는 기능이다. 관리감독자가 이 기능을 매일 활용하게 되면 부하와의 관계를 원활히 하고, 직장에서 인간관계에 관한 갈등이 일어나는 것을 미연에 방지할 수 있다. 이것은 개인을 이해하고 정황(情況)을 잘 생각함으로써 작업자와 더불어 유쾌하게 일을 할 수 있는 기능인 것이다.

생산성향상의 측면

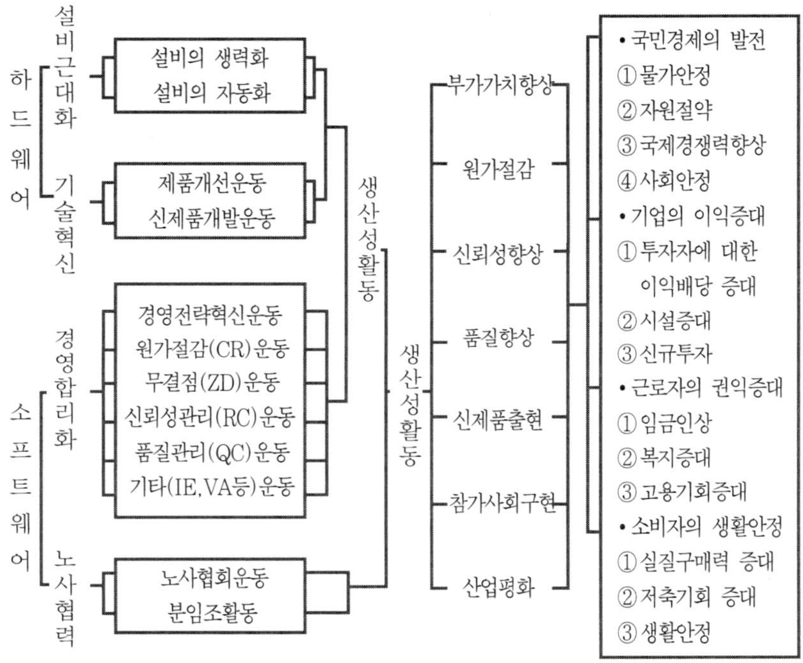
하드웨어
설비근대화
기술혁신
설비의 생력화
설비의 자동화
제품개선운동
신제품개발운동
소프트웨어
경영합리화
노사협력
경영전략혁신운동
원가절감(CR)운동
무결점(ZD)운동
신뢰성관리(RC)운동
품질관리(QC)운동
기타(IE, VA등)운동
노사협회운동
분임조활동
생산성활동
생산성활동
부가가치향상
원가절감
신뢰성향상
품질향상
신제품출현
참가사회구현
산업평화
• 국민경제의 발전
① 물가안정
② 자원절약
③ 국제경쟁력향상
④ 사회안정
• 기업의 이익증대
① 투자자에 대한 이익배당 증대
② 시설증대
③ 신규투자
• 근로자의 권익증대
① 임금인상
② 복지증대
③ 고용기회증대
• 소비자의 생활안정
① 실질구매력 증대
② 저축기회 증대
③ 생활안정

나를 망치고 조직 말아먹는 '왕따 감독자'

왕따는 더 이상 학생만의 고유 영역이 아니다. 이미 직장 내에서도 흔히 볼 수 있는 현상이다. 그렇다면 어떤 감독자가 왕따의 대상이 될까? LG경제연구원의 강승훈 선임연구원은 왕따 당하기 쉬운 감독자의 유형을 인(人)의 장막형, 일벌레형, 햄릿형, 폭군형, 세대착오형으로 구분하였다.

인(人)의 장막형이란 '내 사람'이라고 믿는 부하만을 가까이 하는 감독자를 뜻한다. 이 경우 몇몇 특정 부하와의 의사소통은 유지되겠지만, 나머지 부하와는 유리되어 있는 경우가 많다. 회식자리에서까지 일 이야기만 하는 일벌레형 감독자도 부하로부터 소외되기는 마찬가지이다. 부하에게 심한 압박감을 주기 때문이다.

분명한 지침없이 작업을 부여하고 그 결과에 대해서는 비판만 하는 햄릿형 감독자, 강압적인 방식으로 자신의 의견이나 방식만을 최선이라고 주장하는 폭군형 감독자, 젊은 부하직원의 문화를 이해하려는 노력 없이 노골적으로 그것에 반감을 표시하는 세대착오형 감독자도 왕따 당할 가능성이 높다.

부하로부터 왕따 당하지 않으려면 감독자 자신에 대한 쓴 소리를 달게 듣고 부하들의 고충을 진지하게 들어주는 감독자, 업무와 작업에 있어서 분명하고 구체적인 지침을 내리고 덕과 이해로 조직을 이끌려는 감독자가 되어야 한다.

Middle up-down Leadership

PART 2

기존 틀에 안주하지 말고 생각을 바꾸어라

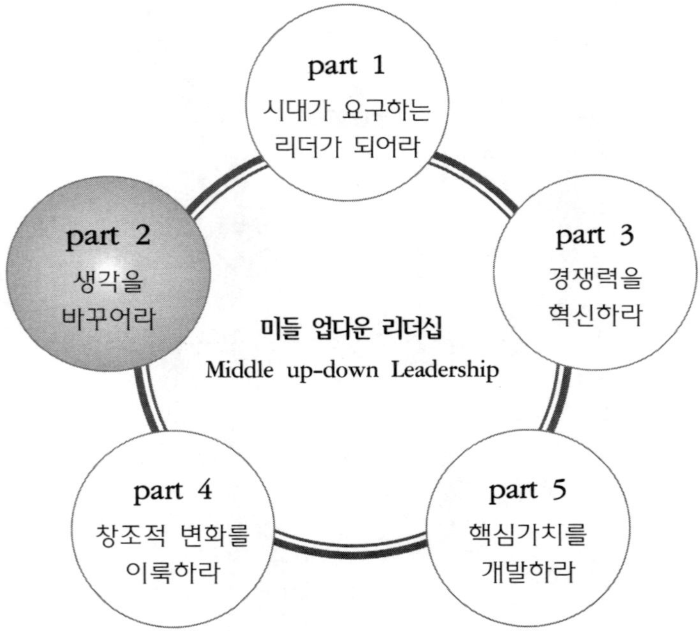
part 1
시대가 요구하는
리더가 되어라
part 2
생각을
바꾸어라
part 3
경쟁력을
혁신하라
미들 업다운 리더십
Middle up-down Leadership
part 4
창조적 변화를
이룩하라
part 5
핵심가치를
개발하라

04
작업지도

:: 작업지도와 동기유발

관리감독자의 임무와 역할은 양질의 제품을 낮은 원가로 생산하여 고객의 신뢰를 얻는 것이다. 그러나 이러한 소신과 일념에도 불구하고 현장에서는 나쁜 영향을 미치는 문제가 수없이 발생하고 있다. 문제가 생기는 원인을 살펴보면 작업자가 일을 모른다든가(지식의 부족), 일을 잘 하지 못한다(기능의 부족)는 것이다. 그러므로 관리감독자가 올바른 지도방법으로 일의 수행방법을 가르쳐 주기만 하면 문제의 대부분은 제거될 수 있다.

작업지도의 대상은 현재의 작업에 임하고 있는 작업자와 신규 작업자로 구분할 수 있다. 현재의 작업에 임하고 있는 작업자는 현실적으로 생산상의 문제가 발생하였을 경우 이외에도, 예컨대 다음과 같은 경우에 작업지도 및 훈련의 필요성이 제기된다. 승진과 배치이동 등에 따라 직무가 변경되었을 때 작업방법 등이 변경된 경우, 생산이나 업무계획이 변경되었을 때 안전작업의 철저를 기하고자 할 경우이다.

부하에게 무엇을 가르치려고 할 때 일방적으로 설명하고 주입하면 다 되는 것으로 생각하는 경향이 많다. 그러나 부하의 의욕이 부족하거나 가르치는 방법이 나쁘면 소기의 성과를 거둘 수 없을 것이다. 부하의 작업지도와 훈련에서 관리감독자들이 범하기 쉬운 실수 중 중요한 것을 열거해 보면 다음과 같다.

첫째, 동기유발을 등한시 한다.
둘째, 한번에 너무 많게 그리고 빠른 속도로 가르치려고 한다.
셋째, 불분명하거나 난해한 용어를 구사한다.
넷째, 오관(五官)을 최대한 활용하지 않는다.
다섯째, 부하의 입장이나 능력을 고려하지 않는다.
여섯째, 사전준비를 소홀히 한다.

작업지도에서 쉽게 활용할 수 있는 동기유발의 주요한 방법을 소개하면 다음과 같다.

인정의 욕구충족

인간은 자신을 인정받고 싶어하는 욕구가 있다. 작업지도 시에 부하가 인정을 받으려는 욕구를 충족시켜 준다면 그 작업을 배우려는 강한 의욕이 생기게 된다. 부하의 장점, 특기, 경험, 칭찬을 강조하여 주면 배우려는 강한 동기가 유발될 것이다.

흥미

현대인은 시간에 쫓기고 자신의 반복적인 생활 속에서 권태를 느끼게 된다. 작업지도 시에 작업과 관련된 관리감독자의 유머나 위트는 동기를 유발할 수 있다.

상과 벌

인간은 상을 받고 벌을 피하는 강한 의욕이 있다. 부하에게는 대체로 벌보다는 칭찬을 자주 하는 것이 효과적이다.

경쟁심과 협동심

인간은 경쟁의 세계에서 승리하려고 하는 의욕이 있으므로 경쟁심을 자극하면 동기가 유발된다. 그러나 경쟁심의 자극보다는 동료나 다른 부서와의 협동의식을 고취시키는 것이 바람직하다.

피드백

작업지도의 과정이나 마지막 단계에서는 그 결과를 반드시 알려준다.

작업지도기법

사전 준비

작업을 효과적으로 지도하기 위해서는 사전에 작업지도에 필요한 준비를 반드시 하여야 한다. 사전준비를 게을리 하면 효과적인 지도를 할 수 없으며, 관리감독자가 자기의 의무를 다 했다고 할 수 없을 것이다. 작업지도를 위한 사전준비에는 작업분해표 및 훈련예정표의 작성과 공구・재료 등의 준비 및 작업장의 정리가 있다. 이 중에서 작업분해표의 작성이 가장 중요하다.

작업분해표

작업분해는 가르칠 작업을 가르치기 쉽게 주요단계와 급소로 정하는 것을 말하며, 이것을 일정한 양식에 기입해 놓은 것을 작업분해표라고 한다. 작업분해는 작업자에게 보이기 위한 것이 아니고 관리감독자 자신을 위한 기록이므로 간단히 작성하며, 상세히 작성하면 오히려 복잡해서 혼란을 가져온다.

작업분해표는 관리감독자가 자신의 생각을 명확히 하고 순서있게 정리하여 자기자신이 지도할 때 참고하기 위한 것이다. 작업분해표가 잘 작성되어 있으면 작업을 지도할 때 다음과 같은 효과를 거둘 수 있다.

- 주요단계와 급소를 구분하여 지도할 수 있다.
- 순서대로 가르칠 수 있다.
- 급소를 강조할 수 있다.
- 정확한 표현과 용어를 사용할 수 있다.
- 작업표준대로 가르칠 수 있다.
- 불필요한 설명을 하지 않게 된다.

- 자신감을 가지고 가르칠 수 있다.
- 부하에게 신뢰감을 줄 수 있다.

작업분해표의 주요단계란 작업을 진척시키는 '주된 작업순서'이며, 작업을 진척시키는 것과 주된 작업순서를 뜻한다. 주요단계의 설정요령과 표현방법은 다음과 같다.

주요단계의 설정요령

- 실제로 작업을 진척시키면서 정한다.
- 주요한 것만을 주요단계로 한다.
- 정신적 활동(확인, 계산, 검사)도 주요단계로 본다.
- 주요단계의 크기는 부하(負荷)와 작업의 특징에 따라 다르게 하고 되도록 균등하게 한다.
- 준비・본・마무리 작업부분을 각각 구분한다.

주요단계의 표현방법

- '무엇을 한다'는 동사적 표현에 근거하여 '○○을 △△한다'라는 문구로 작성한다.
- 되도록 동작과 방법을 정확하게 표현하는 문구로 작성한다.
- 가급적 구체적인 행동적 문구로 작성한다.
- 작업명에서 사용된 동작에 관한 문구를 피한다.
- 무리하게 문구를 분할하지 않는다.

작업분해표의 급소란 주요단계의 작업을 성공적으로 할 수 있는 요령을 말하며 다음의 세 가지를 의미한다. 즉 주요단계의 작업을 성공적으로 하는 데 열쇠가 되는 점, 주요단계의 작업을 쉽게 할 수 있는 요령, 안전에 관한 사항이다. 급소를 찾는 요령과 표현방법은 다음과 같다.

작업분해표의 작성요령

작 업 : 작업대 위의 무거운 물건을 어깨에 메고 운반하는 작업
부 품 :
재료와 도구 : 무게 약 30kg 포장물 등 중량물

주 요 단 계	급소(단계에 대하여 다음에 해당하는 것)
일의 진행을 위한 주요순서	1) 일을 잘되게 혹은 잘못되게 좌우하는 것 2) 위험 - 작업자가 다칠 우려가 있는 것 3) 요령, 비결 등 - 일을 하기 쉽게 하는 것
① 물건이 있는 곳에 웅크리고 앉는다.	• 양발을 벌리고 • 허리를 낮추고 • 등은 되도록 곧바로 펴고
② 손으로 물건을 잡는다.	• 물건의 아래쪽을 양손으로 잡고 • 짊어 질 어깨 쪽의 손을 발 가까이에 두고
③ 무릎 높이까지 들어올린다.	• 온몸으로 감싸듯이
④ 일어서는 것과 동시에 어깨에 멘다. ⑤ 물건을 운반한다.	• 올리는 탄력을 이용하여 • 밀어 올리며 • 손끝의 힘으로 하지 않도록
⑥ 물건을 내려 놓는다.	• 힘을 주어 천천히 • 조용히 • 순서는 들어 올릴 때의 반대 순으로

급소의 찾는 요령

• 어렵고 중요한 점이 무엇인지 생각해 본다.

- 동작의 순서대로 찾는다.
- 과거의 경험에서 생각한다.
- 작업표준 및 안전수칙과 관련하여 생각한다.

급소의 표현방법

- '어떻게, 왜'에 해당하는 부사구로 하고 부드러우면서 완전한 문장이 되도록 한다.
- 부정이나 금지의 문구는 피한다.
- 추상적인 표현은 사용하지 않는다.
- 문구의 표현이 힘든 부분은 동작으로 표현할 내용으로 작성한다.

훈련예정표

작업자의 지도는 사전에 좋은 계획이 수립되어야 좋은 성과를 기대할 수 있다. 그러므로 관리감독자는 최근의 현장상황을 중심으로 훈련예정표를 작성하여 비치하고, 감독·지도업무에 만전을 기하여야 한다. 훈련예정표를 작성하면 다음과 같은 이점이 있다.

- 현장의 실제 현상을 확실하게 파악할 수 있다.
- 시급히 훈련시킬 과제가 분명해진다.
- 부하의 개인별 작업능력을 일목요연하게 파악할 수 있다.
- 누구에게, 무슨 작업을, 언제까지 훈련시켜야 되는지를 알 수 있다.

공구·재료 등의 준비와 작업장의 정리

관리감독자는 가르치기 전에 필요한 모든 것을 준비하여야만 한다. 설비나 공구는 규정된 것을 준비함은 물론, 재료나 소모품 등도 충분히 준비해서 가르치는 도중에 부족하지 않도록 한다. 그리고 지도자가 나쁜 시범을 보이면 작업자에게 나쁜 습관이 전달되므로 지도자는 배우는 사람에 대해서 항상 올바르게 시범을 보여야 한다.

직장의 정리정돈은 작업안전의 제1보이다. 또한 설비, 기계, 도구류의 점검과 정비도 작업안전에 불가결의 요소인 것이다. 따라서 관리감독자는 가르치기 전에 그것들을 충분히 정비하고 바로 모범을 보이도록 노력한다. 왜냐하면 지도자가 스스로 모범을 보인다는 것은 배우는 사람에게 크게 영향을 미치기 때문이다.

4단계 기법

작업자에게 작업을 지도하는 경우, 일반적으로 말로 설명하는 방법과 시범을 해 보이는 방법이 있다. 말로 작업지도를 설명하는 방법은 적절히 하기만 하면 좋은 방법이 될 수도 있으나, 이 방법은 여러 단점을 노출시킨다. 즉 가르친 내용을 작업자가 쉽게 잊어버리거나 작업실패를 야기한다. 그리고 사물이나 동작을 말로만 듣게 되면 복잡하게 느껴지며, 적절한 용어만을 사용하기가 어렵고 설명하고 있는 것을 작업자가 납득하였는가도 확인도 곤란하다.

시범을 해 보이는 방법도 작업자에게 작업을 지도할 때 일반적으로 많이 사용되고 있으나, 여기에도 한계가 있기 마련이다. 따라서 관리감독자는 상대방(작업자)이 모르는 것은 자신이 가르치지 않았기 때문이라고 생각하여야 한다. 그리고 확실하게 신뢰할 수 있는 지도방법으로써 작업지도기법의 4단계를 활용하는 것이 요구된다.

가르치기 전에 사전준비가 충분히 되었으면 그 다음에는 4단계 기법에 따라 부하에게 지도하면 된다. 작업지도기법의 4단계는 일을 정확하게, 안전하게, 양심적으로 할 수 있도록 빨리 습득시키는 방법이다. 확실하고 신뢰할 수 있는 기법의 4단계는 다음과 같다.

- 제1단계 : 학습할 준비를 시킨다.
- 제2단계 : 작업을 설명한다.
- 제3단계 : 작업을 시켜 본다.
- 제4단계 : 가르친 뒤를 살펴 본다.

제1단계 – 학습할 준비를 시킨다

준비단계는 작업자에게 작업을 배울 마음의 준비를 하게 하는 단계이다. 준비의 좋고 나쁨이 성부(成否)의 반 이상을 좌우한다. 작업을 가르치는 경우에도 미리 준비한다는 것은 매우 중요하다.

- 마음을 안정시킨다.
- 작업명을 알려 준다.
- 작업에 대하여 알고 있는 정도를 확인한다.
- 배우고 싶은 의욕을 갖게 한다.

• 정확한 위치에 자리를 잡게 한다.

제2단계 – 작업을 설명한다

제시단계는 관리감독자가 작업을 가르쳐 주는 단계이다. 작업을 가르칠 때에는 한 번에 한 동작씩 천천히 시범을 해 보여야 한다.

- 주요단계를 하나씩 설명하면서 시범을 해 보이고 그려 보인다.
- 급소를 강조한다.
- 확실하게, 빠짐없이, 끈기 있게 지도한다.
- 이해할 수 있는 능력 이상으로 강요하지 않는다.

제3단계 –작업을 시켜 본다

시범이 끝난 뒤 작업자에게 실습하게 하는 단계이다. 알고 있다는 것과 할 수 있다는 것은 별개의 경우가 많다. 그러므로 설명이 끝나면 작업자에게 직접 시켜보고 체험으로 습득시킬 필요가 있다.

- 작업을 시켜보고 잘못을 고쳐 준다.
- 작업을 시키면서 설명하게 한다.
- 다시 한번 시키면서 급소를 말하게 한다.
- 만족스러울 때까지 반복시킨다.

제4단계 – 가르친 뒤를 살펴 본다

시범과 실습만으로 실수가 없을 것이라고 보장할 수는 없다. 또한 작업환경의 변화와 시간의 경과에 따라서 작업을 잘 못할 가능성도 있으므로 사후지도를 할 필요가 있다.

- 일에 임하도록 한다.
- 모르는 것이 있을 때는 물어볼 사람을 정해 준다.
- 처음에는 자주 확인한다.
- 질문을 하도록 분위기를 조성한다.
- 점차 지도회수를 줄여 간다.

∷ 효과적인 작업지도방법

신입 작업자의 지도

새로운 환경에 대하여 순응하도록 지도하는 것은 누구에게나 중요한 것이다. 관리감독자는 부하를 지도할 때 감수성이 예민한 신입기간을 절호의 기회로 간주하여야 한다. 특히 이 기간을 유효하게 사용한다면 부하와의 인간관계를 원만하게 유지하게 된다.

그리고 부하에게는 직장에 대한 좋은 첫인상과 조직풍토의 수용 등을 통하여 확실한 인식을 주고 올바른 직장생활의 출발을 유도할 수 있다. 신입 작업자를 맞아들인다는 것은 관리감독자가 자기의 부하를 잘 알게 되고, 신입 작업자가 자기의 집처럼 포근함을 느끼게 만드는 것이다. 관리감독자가 신입 작업자의 지도에 성공하느냐, 실패하느냐는 어느 정도의 열정을 쏟느냐에 좌우된다.

신입 작업자가 현장에 배속되면 관리감독자는 즉시 올바른 지도를 하여야 한다. 처음 맞이할 때부터 시작해서 작업자가 제대로 작업과 임무를 수행할 수 있을 때까지 다음의 절차와 요령대로 충분히 지도해야 한다.

최초의 대면을 한다

신입 작업자에 대한 관리감독자의 최초의 대면태도는 관리감독자와 회사에 대한 신입 작업자의 태도에 크게 영향을 미친다. 관리감독자는 오해를 하거나 잘못 보는 일이 없도록 언동을 조심해야 한다. 그리고 처음에 보여준 인상과 언동대로 좋은 관계를 유지하도록 힘쓰고, 관리감독자는 대면할 때 다음의 사항을 유념해야 할 것이다.

- 관리감독자는 신입 작업자의 입장에서 마음가짐을 가지며 좋은 인상을 가지도록 한다.
- 가장 좋은 상태에서 서로 인사하고 편안한 마음으로 대면한다.
- 상호간의 공통점을 발견하고 관심사를 굳건하게 한다.
- 자연스럽게 회사의 입장에 서서 이야기를 이끌어 간다.
- 대면이 끝날 때에는 언제든지 관리감독자에게 와서 물어도 좋다는 인상을 남긴다.

상황설명

관리감독자는 입사가 결정되고 나서 신입 작업자를 자주 만나고, 신입 작업자가 회사방침과 긍지를 가지고 자신의 위치와 할 일을 인식하도록 한다. 그리고 회사의 조직에 대하여 알려 준다. 또한 회사의 계획과 목적을 신입 작업자의 위치설정과 함께 설명하여 본인에게 이익이 된다는 것을 강조한다.

업무설명

업무에 대한 상황의 설명목적은 예비지식을 주어 신입 작업자를 조기에 적응시키는 데 있다. 이해하기 쉬운 용어의 사용에 유의하고 잘 모를 때에는 질문을 통하여 잘 알 수 있도록 한다.

동료와의 융화

동료와 처음부터 좋은 관계를 유지해 나가느냐 하는 것은 전적으로 신입 작업자 자신에게 달려 있다. 그러나 그 사이에서 관리감독자의 역할은 매우 중요하다. 관리감독자는 상호 조화시키는 것을 임무로 간주하고 영속적이 되도록 노력한다.

훈련에 의한 지도

현재 일을 하고 있는 작업자도 훈련의 필요성이 생기게 된다. 왜냐하면 승진·배치변경에 따른 직무의 변경, 방법의 변경, 생산과 계획의 변경, 안전작업의 철저 때문 등이다. 신규 작업자도 앞에서 살펴보았지만 지도와 지속적인 훈련으로 마땅히 적응시켜야 한다.

그리고 관리감독자가 생산상의 여러 문제를 해결할 때 사람 문제로서의 원인이 기능과 지식의 부족, 태도와 습관의 미숙에 해당하는 것이라면 훈련에 의해 해결할 수밖에 없다. 작업자의 적극적인 활동이 있어야만 훈련의 성과는 높아질 수 있다. 지도나 훈련은 배우게 하기 위한 지원활동이다. 관리감독자가 작업자를 효과적으로 훈련을 지도하는 방법은 다음과 같다.

개별지도를 한다

작업자의 능력에 따라서 지도하지 않으면 작업을 원만하게 수행할 수 없는 결과가 생긴다. 그러므로 확실히 알았다고 할 때까지 확인하는 인내가 필요하다.

해보고 싶다는 마음을 갖게 한다

평상시에 작업자의 흥미와 관심을 파악하여 그것을 자극하거나, 장래를 함께 생각하는 관리감독자의 자세에서 하고 싶은 마음이 생겨나는 것이다. 잘 훈련시키는 관리감독자는 부하의 해보고 싶다는 마음에 부응하고자 꾸준히 노력을 하게 된다.

체험시킨다

실제로 해 보이게 함으로써 습득하게 한다.

반복한다

훈련된 것의 습득은 몸에 체득되기 위해서 몇 번이고 반복되어야 한다. 반복은 상호간에 괴로운 것이다. 부하가 중도에 포기하고 싶은 마음을 가지려고 할 때 포기하지 않게 하는 것이 관리감독자의 의무이다.

한번에 한 가지의 작업을 시킨다

한번에 한 가지의 작업을 가르친다는 것은 무리하게 주입시키지 말

학습의 장애요인과 해결방법

학습의 여러 가지 장애	해결방법
① 너무 많이 가르친다	가르칠 내용을 분석하고 부하의 능력에 알맞은 분량으로 한다.
② 지도방법이 너무 빠르다	어느 정도의 속도로 가르치는 것이 가장 좋은지를 검토한다.
③ 새로운 작업에 대한 불안	위험을 피하고, 안전한 작업방법을 가르쳐 자신감을 심어 준다.
④ 복잡한 작업	작업을 적절히 구분해서 한 공정씩 자세히 설명해 준다.
⑤ 전문용어를 사용한다	알기 쉬운 말로 바꿔서 사용한다.
⑥ 너무 긴장되어 있다	그 원인을 제거해 준다. 마음을 가라앉히고 편안한 분위기를 조성한다.
⑦ 자신이 없다	격려해서 자신감을 갖게 한다. 자주 칭찬해 준다. 쉬운 내용부터 시작하여 어려운 내용으로 가르쳐 나간다.
⑧ 집중력이 없다	직장에 흥미가 없는가? 의문이나 의견이 있는 것은 아닌가? 위험의식을 불러일으켜 준다.
⑨ 태만하다	엄격한 태도를 보인다. 무흥미나 무관심의 원인을 제거한다.
⑩ 주의가 부족하다	작업의 결과를 보여주고 주의가 부족한 점을 지적한다. 충분할 만큼 시켜본다.
⑪ 머리가 둔하다	많은 시간과 노력을 기울여 정확히 일을 할 수 있을 때까지 지도한다. 친절한 태도로 지도한다.

라는 것이다. 훈련을 실시할 때 욕심이 생겨서 부하의 지식・기능・경험을 생각하지 않고 실시한다면 효과는 없을 수밖에 없다. 가르치

기 전에 작업분해를 해 놓고 작업분해에 따라 가르치도록 한다.

두가지 이상의 감각기능을 이용한다

5감의 기능을 활용하여 체험교육을 실시하는 것이다. 인간의 5가지 감각의 수용비율은 일반적으로 시각 60%, 청각 20%, 촉각 15%, 후각 3%, 미각 2%이다. 말로만 설명할 것이 아니라 현상을 보이고 실제로 만져보게 함으로써 훈련효과를 높일 수 있다.

잘되는 체험을 반복하게 한다

성공의 연속을 경험시킴으로써 자신감이 넘치게 한다.

결과를 알린다

부하가 잘못된 작업방법을 하고 있을 때에는 그 자리에서 잘못을 지적하고 올바른 방법을 지도하여야 한다.

지도기록부에 의한 지도

지도기록부라는 전용 노트를 만들어서 부하에게 지도한 사항과 진행상황, 그리고 그 결과 등을 기록하여 작업을 효과적으로 지도할 수 있다. 지도기록부를 작성하여 관리감독자가 부하들을 긴장시키려는 목적은 없다. 이 수첩의 가장 큰 효용은 관리감독자 자신이 부하에게 지도한 내용을 잊지 않게 해준다는 점이다. 부하에게 이것저것 지도해 놓고는 관리감독자가 잊어버려서 여러 번 같은 것을 지도하여 부하로부터 신뢰를 잃는 경우가 있다. 그러다보면 계획 없이 그때그때

필요에 따라 지도한다는 사실을 부하가 알게 된다.[5)]

두 번째 효용은 지도 사항의 경과나 결과를 기록하면 부하에 대한 평가자료로 쓸 수 있다. 부하들을 공평하게 평가하는 일은 관리감독자의 중요한 책임이자 의무인 것이다. 세 번째 효용은 관리감독자 자신이 부하에게 어떤 지도를 해 왔는가에 대해서 반성하는 기록이 된다. 나아가 부하에게도 자신만의 기록부를 만들게 한다.

관리감독자가 일반적으로 기록하는 것이 아니라 부하에게도 기록을 남기는 습관이 들게 하면 일석이조의 효과가 있다. 지도기록부는 일보나 주보와는 구별해서 따로 준비하는 것이 좋다. 이때 수시로 지시 내용을 서로 확인하는 습관이 중요하다. 부하와 관리감독자가 동시에 기록을 함으로써 서로 공통된 인식이 생기며, 그것은 좋은 의미의 긴장감이 조성된다.

부하직원을 가르치는 방법

상대방이 이해할 때까지 반복해서 필요성을 역설한다

부하의 능력을 끌어내려면 가장 먼저 그들의 머리부터 이해시켜야 한다. 관리감독자가 부여한 일의 필요성을 이해할 때까지 반복해서 이야기한다. 이때 바로 관리감독자의 이론 무장이 필요하다. 자신이 확실히 알지 못하면 부하에게도 논리 정연하게 설명하지 못한다.

그래서 "무조건 하라", "빨리 하라."고 명령한다. 관리감독자 자신이 철저하게 이론으로 무장하여 이해한다면 부하가 알기 쉽게 관리감독자는 설명할 수 있다. 부하에게 막무가내로 '무조건 하라'는 식의 밀어붙이기만 한다면 부하는 '왜 그 일이 필요한가?', '왜 성가신 일을 해야 하나?' 등의 의문이 계속 쌓여만 갈 수밖에 없을 것이다.

방법론을 가르친다

비록 부하가 그 일의 필요성을 이해했다고 해도 구체적인 작업절차를 모른다면 부하는 움직이지 못한다. 이때 실례를 제시하면서 순서를 아주 자세히 가르쳐야 한다는 점이 중요하다. 때로는 부하가 보는 앞에서 직접 시범하는 방법도 좋다.

기한을 정해서 과제를 준다

한가지 방법을 가르쳐 준 다음에는 실제로 과제를 내고 기한을 정한다. 정확한 기한이 없으면 자꾸 뒤로 미루기 때문이다. 아울러 기한을 지키지 않으면 그에 따른 불이익이 있음을 명시한다. 물론 기한까지 과제를 완성하면 이를 높이 평가해 주어야 한다.[6)]

단카이 세대의 기술을 배워라

'단카이'란 1947~49년 전후 베이비붐 시대에 태어난 세대로 670만명에 달하는 최다 인구층을 말한다. 1970년대 고도 성장기에 제조업 현장에 대거 뛰어들어 일본이 자랑하는 일급 기능을 축척했다. 일본 조선업계의 경우 기능 인력의 절반가량이 단카이 세대라고 한다.

하지만 1980년대 산업 고도화와'3D'기피현상, 공동화(空洞化)현상이 이어지면서 일본은'기능 강국'의 자리를 한국 등에 물려줬다. 일본 기업들이'단카이의 숙련 기능'을 잃지 않기 위해 취하는 방식은 세 가지, 우선 젊은 세대로의 기술전수 노력이다.'장인의 도(道)를 수련한다'는 뜻의'장도장(匠道場)'. 항공기 엔진을 만드는 이시카와지마하리마(石川島播磨) 중공업의 도쿄다나시(田無) 공장이 운영하는 사내학원이다.

단카이 세대의 장인들이 선반(旋盤), 밀링머신 기능 등을 후배에게 가르친다. 최첨단 분야인 항공기 엔진 역시 기초는'손 기술'이 필요한 선반이다. 조선업체인 가나가와(神奈川)현 미쓰비시(三菱)중공업의'기능숙(技能塾)', 전자업체인 히타치(日立)제작소의'e-meister'등 단카이의 기술전수를 위한 체계적인 전수활동이 일본 제조업 전체로 확대되고 있다.

하지만 기업들은"기능 전수가 원활히 안 된다."는 반응을 보이고 있다. 치열했던 성장시대에 입문한 50대와 비교하면 젊은 기능인들의 실력과 정열이 떨어진다는 것이다. 그래서 일본 기업들이 선택하는 것이'기능엔 정년이 없다.'는 기능인 평생고용제다. 일본 기업이 선택하는 세 번째 방식은'숙련 기능의 매뉴얼화'다.'사람이 없어도 기능은 남기자'는 이 노력은 그러나'경험'이란 함수 때문에 번번이 실패하고 있다. 장인의 기능은'기본기×경험(시간)'의 방정식이라고 한다.

일본 언론에 따르면 최근 위생기구 제조업체 TOTO가 성형(成形) 공정의 기계화를 시도했으나 공정의 80%가 불가능했다. 기계가 세월이 축적된 기능인의 '감각'까지 대체할 수 없었다는 것이다. 숙련기능 인력의 부족 때문에 일본에선 나이 든 세대가'금값'으로 대우받고 있다.

조선일보, 2005년 10월 5일자

05 작업개선

∷ 작업개선과 관리감독자

작업개선의 특징

모든 작업과 시간이 가치의 창출에 필요한 것은 아니다. 비효율적인 작업은 낭비를 낳는 작업이다. 낭비의 원인은 여러 가지가 있다. 작업자에게 원인이 있는 것, 기계고장에 의한 것, 작업방법이 나빠서 발생하는 것, 계획수립 방법이 미흡하기 때문인 것 등 여러 가지가 있다.

작업자가 특히 주의하지 않으면 안 될 것은 보이지 않는 낭비이다. 보이는 낭비는 그것을 쉽게 알 수 있지만, 보이지 않는 낭비는 낭비가 발생하고 있어도 작업은 순조롭게 진행되고 있는 것처럼 보인다. 그리고 보이지 않는 낭비는 다른 직장과 비교하거나, 새로운 작업방법이나 기계를 도입한 후에야 비로소 낭비였다는 것을 알 수 있기 때문이다.

보이지 않는 낭비가 발생하는 주된 원인은 기술·생산방법·기계 등이 개발되어 보다 효율적인 생산이 가능하게 되었는데도 불구하고, 낡은 방법이나 현상을 고집함으로써 다른 기업보다도 비효율적인 작업을 계속하고 있는 데 있다. 또한 개선할 수 있는 조그마한 낭비를 경시하고 방치해 둔 채 있는 경우이다. 개선의 노력을 하기 전에 우리들의 능력으로는 불가능하다고 미리 생각하고 낭비를 제거하지 않는 데도 원인이 있다.

낭비의 분류

「보기만 해도 곧 알 수 있는 낭비」

- 아무것도 하지 않으면서 다음 일을 기다린다.
- 기계가 필요없이 움직이고 있다(공운전).
- 기계·공구 등의 고장으로 작업을 할 수 없다.
- 작업자가 고의로 작업을 하지 않거나 작업을 고의적으로 지연시키고 있다.

「보이지 않는 낭비」

- 작업방법이 나쁘다.
- 요구된 품질의 수준을 달성하지 못한다.
- 기계·공구의 결함으로 작업이 늦어진다.

개선이란 일상적인 작업을 수행하면서 실행해야 한다. 바쁘기 때문에 뒤로 미루고 시간적으로 여유가 있을 때에 하는 것이 아니다. 따라서 개선활동은 내일을 위하여 시간을 내고 개선에 임하여야 한다. 개선은 반복하다 보면 질이 올라갈 수 있다. 개선의 속도도 빨라진다. 개선의 목표도 상향 조정될 수 있다. 또한 개선은 방향을 정한 뒤에 계획적으로 해야 한다. 부분적인 개선활동은 전체적인 기업의 경쟁력 제고에 그다지 도움이 되지 않는다.

개선은 작은 것부터 시작하되 개선을 하지 않으면 안 되는 환경을 만드는 것이 우선이다. 작은 개선의 연속은 개선에 임하는 관계자들의 체질이 강화되는 데 효과가 크다. 개선은 돈을 쓰는 활동이 아니라 지혜를 쓰는 활동이다. 그런데도 불구하고 일부의 조직구성원들은 개선을 하려면 돈이 든다고 걱정을 하기도 한다.

그러나 돈을 쓰는 것은 개선이 아니라 개량활동을 뜻한다. 개선이란 지혜와 몸으로 하는 활동을 의미한다. 작업개선이란 생산활동에 있어서 가치를 발생시키지 않거나 가치를 조금밖에 증가시키지 않는 작업을 제거하고, 효율적인 작업을 설계하는 일이다. 다시 말해서 직장 안에 있는 3가지 낭비요소(낭비, 무리, 흠)를 제거하는 일이다. 낭비요소의 제거를 위한 작업개선은 다음과 같은 자세로 임하지 않으면 효과가 나타나지 않게 된다.

첫째, 종래의 작업방법에 의문을 가져본다. 낭비가 있는 데도 없다고 생각한다면 개선은 할 수 없다. 특히 현상유지의 기분은 버려야 할 것이다.

둘째, 작업개선은 끝없이 계속된다. 작업개선은 아무리 진척되어도 종착역은 없다. 왜냐하면 새로운 기술, 기계, 관리방법 등이 끊임없이 개발되거나 진보하고 있기 때문이다. 따라서 현재 하고 있는 작업이 능률적이라고 생각되더라도 항상 낭비, 흠, 무리가 없는가를 의심해 볼 필요가 있다.

셋째, 어떤 작은 낭비도 놓치지 않는다. 곧 제거할 수 있는 낭비를 얕보고 개선하지 않는 경우가 많다. 이러한 경우에 낭비개선의 효과는 크다.

넷째, 실행력이 필요하다. 개선하려는 의욕과 능력을 몸에 익히고 개선 아이디어의 안(案)을 적극적으로 실시하는 것이 중요하다. 말로만 하며 문서만 작성하고 실행을 하지 않으면 아무 효과가 없다.

관리감독자의 책임

관리감독자는 부하와 더불어 작업개선을 추진할 때 다음과 같은 책임의식과 역할을 수행하여야 한다.

부하에게 문제의식을 가지게 한다

관리감독자가 작업의 상황과 결과를 분석하여 언제나 문제의식을 지니고 있다는 것은 매우 중요한 일이다. 부하가 현장의 습관과 타성에 젖어 문제의식을 갖지 않은 채, 작업방법에 대해서 조금도 의문을 가지지 않고 하루 하루를 막연히 보내고 있다면, 생산성 향상은 기대할 수 없게 된다. "우리 직장에는 문제가 없지요, 만사가 순조롭지요!"라고 이야기하는 것을 들어본 적이 있는가? 관리감독자는 언제나 문제의식을 가지면서 부하에게도 문제의식을 고취시켜야 한다.

개선에 대한 지도·원조로 의욕을 불태운다

관리감독자는 부하의 개선의욕과 관련하여 언행을 자제하여야 한다. "내가 말하는 것을 이해하지 못하는가?", "너희들은 무리야.", "실패는 용서하지 않는다.", "쓸데없는 짓 하지 마.", "이것만큼은 알아둬.", "이번에 실수하면 해고야!", "그러니까 … 뭐야?", "그런 것은 상식이야!", "부장이 그렇게 말했어도…", "그것은 너와 상관없어!", "무엇을 말하고 싶은 거야?", "이 실패는 누가 책임을 질 거야?" 등은 부하의 의욕을 저하시키는 말투라고 할 수 있다.

장애를 배제시켜야 한다

개선을 현장에서 촉진시키기 위해서는 장애를 최대한으로 배제시켜야 한다. 장애 중에는 부하 자신에게 귀속되는 것도 많지만, 관리감독자 자신에게 관계되는 원인도 적지 않다. 대체로 부하의 의욕을 저해하는 요인을 정리하면 다음과 같다.

- 부하가 개선은 특정인만 할 수 있는 것으로 생각한다.
- 부하가 "너무 바빠 내게는 그런 일을 생각할 여유가 없다."고 생각한다.
- 적극성이 없고 하고자 하는 의욕이 없다.
- 부하의 시야가 너무 좁다.
- 사고방식이 무사안일주의이다.
- 관리감독자가 부하의 제안을 자신의 체면과 연계시킨다.

- 부하에게 복종을 강요한다.
- 제안을 비판적으로 생각하며 트집만 잡는다.

개선의욕을 존중한다

자신의 작업에 대해서 문제의식을 가지고 연구하는 부하를 소중히 생각하며 존중하여야 한다. 부하의 개선의욕을 높이기 위한 관리감독자의 자세는 다음과 같다.

- 독선자가 되지 않는다.
- 제안을 건설적으로 수용한다.
- 개선안 작성에 협력을 아끼지 않는다.
- 제안에 대해서 납득할 때까지 대화를 한다.
- 부하의 창의성과 연구력을 기르는 훈련을 한다.
- 부하의 제안노력에 보답하여 준다.

작업개선의 추진

개선 필요점의 착안

문제가 될듯한 작업(개선 필요점)에 대해 다음과 같은 여러 가지 관점에서 검토하면 문제의 소재·범위 등을 파악할 수 있다. 또한 개선해야 할 작업으로 선택해야 할 것인지 여부를 확인하는 데 힌트를 얻게 된다.

원가

노동시간, 제품불량, 비능률 때문에 높은 원가가 나오는 작업

작업의 양

생산량이 표준 이하이거나 납기에 마칠 수 없는 작업

작업의 질

불량 고치기(재손질)가 많은 작업, 고도의 품질이 요구되어 숙련도가 높은 작업

다품종소량생산

많은 품종을 소량생산함으로써 작업 스케줄이 자주 바뀌는 작업

작업인원

다수의 작업자가 종사하고 있는 작업

숙련도

고도의 숙련을 필요로 하는 작업

낭비

노력, 자재, 시간, 방법 등에 낭비가 많은 작업

안전성

사고가 발생하거나 사고가 발생하기 쉬운 작업

피로도

육체적 정신적으로 피로하기 쉽고 휴식을 가끔 필요로 하는 작업

환경

먼지, 소음, 악취, 온·습도 등이 나빠서 작업을 싫어하는 일

배치 및 운반

공정의 순서대로 배치되어 있지 않는 기계, 작업순으로 배열되어 있지 않은 치공구, 중량물 운반, 원거리 운반의 작업

작업개선의 장애

인간은 사물을 개선하고 진보를 도모하는 심리가 강한 반면에 때로는 제동을 걸고 싶은 심리를 가질 때가 있다. 이와 같이 방해하는 심리가 작용해서 모처럼의 좋은 개선안의 효과가 어긋나거나 개선 그 자체가 좌절될 때가 많다. 개선을 방해하는 심리적인 면은 다음과 같다.

타성과 습관

타성은 불안이나 위험에서 도피하고 안정된 행동을 취하고자 하는 인간의 기본적인 욕구의 상징이다. 동물은 위험에서 도피할 수 있는

안전한 보금자리를 발견하면 그 보금자리에서 안주한다.

또한 그 보금자리로부터 일정한 행동의 반경 속에 있는 지역에서만 활동을 한다. 그 이상 밖으로 나오는 것에 대해서는 본능적인 위험을 예지하고 하나의 행동양식을 만들어서 그 속에 타성적으로 갇히고 만다. 작업방법도 이러한 타성의 심리가 작용해서 개선에 대하여 장애가 된다.

장애의 종류

심리적인 것	제도적인 것
• 구태의연하게 현상에 만족하고 있다.	• 개선을 추진할 예산이 없다.
• 숙련된 기술의 진부화에서 발생하는 저항이 있다.	• 생산기술·판매가 수반되지 않는다.
• 개선을 도입하려는 의식이 없다.	• 조직체계가 수용할 상태가 되지 못하였다.
• 개선 담당자·제안자에 대해 주위의 사람들로부터 저항이 있다.	• 수용할 내외의 환경이 성숙되지 못하였다.
• 새로운 방법에 익숙하지 못하다, 이해하지 못한다, 배우기 어렵다, 가르쳐 주지 않는다 등의 저항이 있다.	• 상사의 이해를 얻을 수 없다.

사고방식의 틀

현재의 작업방법에는 상당한 의미와 경과가 있다. 지적해서 나쁜 것은 없지 않은가 하는 식의 사고방식, 이것도 개선을 방해하는 심리의 하나인 것이다. 또한 사고방식의 틀은 자기의 직위나 권리를 지키고자 하는 심리에서 생긴다.

감성

사람은 누구나 자신의 감정을 띠어놓고 생각하며 행동할 수는 없다. 타인이 좋은 안을 내놓으면 질투의 감정에서 정당하게 평가하고자 하지 않고, 대수롭지 않다던가 보잘 것 없는 안이라고 하면서 남을 얕잡아 보게 된다. 감정중심의 관점이 직장의 진보와 개선의 효과를 저해하고 있을 때가 많다.

작업개선의 원칙

효과적인 개선활동을 하기 위한 착상 중 중요한 요점은 다음과 같다.

생략

그 일, 그 작업은 없어도 좋은지에 대한 물음으로 불필요한 것은 하지 않도록 한다. 이것을 실천하면 가장 큰 개선효과를 창출할 수 있게 된다. 그러므로 '생략'을 생각하는 것은 모든 개선에서 전제가 되어야 한다.

- 불필요한 일, 작업, 절차, 동작은 되도록 생략한다.
- 물건을 잡고 있는 용도로 손의 사용을 제거한다.
- 이상한 동작을 피한다.
- 고정된 자세를 유지하는 데 근육을 사용하지 않는다.
- 힘든 일을 생략한다.
- 관습을 억지로 저지시키는 것은 피한다.
- 위험한 일을 제거한다.

조합

생략할 수 없는 일과 작업을 어떤 방법으로 하면 좋은지를 생각한다. 그리고 기존의 개념과 편견에 집착하지 않고 검토하여 간단한 방법으로 재편성하는 것이 조합이다.

- 짧은 동작을 조합하여 연결된 긴 동작으로 구성한다.
- 기계의 사이클을 조합하여 그 사이클 내에서 최대의 일이 진행되도록 한다.
- 공구를 조합한다.
- 제어장치를 조합한다.
- 동작을 조합한다.

재편성

- 작업을 양손에 균등히 배분한다.
- 일의 순서를 간결하게 한다.

간소화

- 눈의 이동을 감소시키고 주시하는 지점의 수를 줄인다.
- 작업을 정상 작업역에서 하도록 한다.
- 동작거리를 단축시킨다.
- 핸들, 레버, 페달, 버튼 등은 큰 근육조직으로 한다.
- 근육의 힘을 가하는 장소에 에너지가 집중되도록 관성을 이용한다.
- 간단한 서브릭의 조합을 사용한다.

5W1H 적용에 의한 착상의 추출

체크항목	대상항목	개선의 착안점	착 상
무엇때문에(WHY)	(이유 · 목적 · 성과)를 확실하게 하기 위해서		
무엇을(WHAT)	대상물 · 범위	불필요한 움직임의 배제	생 략
누가(WHO) 언제(WHEN) 어디에서(WHERE)	사람 · 기계설비 시간 · 시각 · 시기 위치 · 경로 · 방향	사람의 결합 또는 변경 시간 또는 순서의 결합 또는 변경 장소의 결합 또는 변경	조 합 재편성
어떻게(HOW)	순서 · 방법	방법의 단순화 또는 개선	간소화

:: 작업개선기법

4단계 기법

작업개선기법은 현재의 인력 · 기계 · 재료를 가장 유효하게 사용하여 단시간에 우수한 품질의 제품을 다량으로 생산하는 데 도움이 되는 실제적인 방법이다. 이 기법은 작업분해에 의하여 있는 그대로의

- 제1단계 : 작업을 분해한다.
- 제2단계 : 모든 세목을 자문한다.
- 제3단계 : 새로운 방법으로 전개한다.
- 제4단계 : 새로운 방법을 실천한다.

작업현황을 파악한 후, 분해·자문을 하여 개선을 진행시킨다. 작업개선기법은 4단계 기법의 요령과 절차를 통하여 실시한다.

제1단계 — 작업을 분해한다

현재 실시하고 있는 작업의 실태를 정확히 파악하기 위해서는 현행의 작업방법을 세밀하게 분석할 필요가 있다. 작업분해를 실시함으로써 개선의 필요성과 개선할 곳, 개선의 방법을 찾아낼 수 있는 구체적인 자료를 얻게 된다. 작업개선을 위한 작업분해에서는 불필요한 작업을 제거하는 것이 주요 목적이기 때문에 작은 동작을 포함한 모든 동작을 밝힐 필요가 있다.

• 세목

세목이란 단위작업의 작업과정을 몇 개의 편리한 동작으로 나누어 놓은 것으로, 작업자나 작업의 대상이 되는 물건을 한 상태로부터 다른 상태로 변동시키는 한 단위를 말한다. 세목의 크기를 어느 정도로 할 것인지는 작업의 성질, 범위 등에 의하여 결정한다. 세목을 표현할 때에는 가급적 동작 그대로의 표현을 사용하여 구체적으로 작성하되 간결한 문구로 한다.

• 작업분해의 주의사항

작업분해는 현장에서 실시하는 것이 좋다. 작업을 하고 있는 부하에게 협조를 구하여 실시한다. 그렇지 않으면 자기를 평가하는 것으로 오해할 염려가 있다. 작업분해의 범위는 작게 잡는 것이 좋다. 넓게 잡으면 세목과 적요를 세밀하게 검토하지 못하고 대충 넘어갈 경우가 있다.

제2단계 — 모든 세목을 자문한다

작업개선을 성공하려면 의문을 품고 그 의문을 해결하려는 노력이 필요하다. 제1단계에서 세분된 작업을 각 세목마다 의문을 가지고 자문해 보면 작업개선을 위한 착상을 얻을 수 있다.

- 다음과 같이 5W1H에 따라서 자문을 한다.
  - 왜 그것이 필요한가?
  - 그 목적은 무엇인가?
  - 어디에서 하는 것이 좋은가?
  - 언제 하는 것이 좋은가?
  - 누가 하는 것이 좋은가?
  - 어떠한 방법이 가장 좋은가?
- 재료, 기계, 공구, 설계, 배치, 동작, 작업장소, 안전, 정리정돈 등과 관련하여 구체적으로 자문한다.

제3단계 — 새로운 방법으로 전개한다

자문자답으로 얻은 착상에 대하여 종합적으로 연구하고 새로운 방법을 창작하는 것이 제3단계의 목적이다. '전개한다'라는 말의 뜻은 불필요한 세목을 제거하거나, 2개 이상의 세목을 결합하여 적은 수의 세목으로 줄이거나, 간소화된 새로운 방법으로 발전시키는 것이다.

- 불필요한 세목을 제거한다.
- 가능하면 세목을 결합한다.
- 세목을 좋은 순서로 재배열한다.

- 필요한 세목은 가급적 간소화한다.
  - 작업을 좀더 쉽고 안전하게 하도록 한다.
  - 재료, 공구, 설비를 적당한 동작범위 내의 가장 좋은 위치에 둔다.
  - 두손을 유효하게 쓴다.
  - 손대신 치구나 고정장치를 이용한다.
- 다른 사람의 협조를 구한다.
- 개선된 새로운 방법을 기록한다.

제4단계 — 새로운 방법을 실천한다

제3단계에서 연구한 작업개선안은 관리감독자 자신의 착상이므로 이를 시행하기 위해서는 수속절차를 밟고, 작업자를 설득시켜서 작업으로 옮겨야 된다.

- 새로운 방법을 상사에게 납득시킨다.
- 새로운 방법을 부하에게 설명하여 준다.
- 안전, 품질, 생산량, 원가의 관계자에게 최후의 승인을 얻는다.
- 새로운 작업을 실제작업에 사용한다.
- 타인의 공적을 인정한다.

표준화

표준화란 방법과 시간의 표준을 설정해서 그 표준을 지키는 것이다. 표준은 작업의 교본이다. 표준화는 작업개선을 추진하는 데 중요한 수단이며, 작업개선이란 표준을 작성하거나 개선하는 일이다. 표준화의 장점은 다음과 같다.

- 작업계획을 수립하기가 쉽다.
- 교육훈련을 하기 쉽다.
- 품질이 안정된다.
- 작업의 진도를 알 수 있다.
- 개선의 실마리를 찾을 수 있다.

표준화의 결점은 작업자가 자기 의사대로 결정하거나 연구할 여지가 없어져서, 인간이 작업만을 하는 기계로 되고 마는 가능성이 있다는 것이다. 그리고 예외적인 사태가 일어났을 경우에 대응을 못하는 경우가 생긴다. 또한 작업표준 등을 작성하여 운영을 엄하게 하면 부작용이 발생된다.

표준을 만드는 데 있어서도 작업자의 인간성을 중시하지 않으면 안 된다. 그러기 위해서는 다음의 사항을 유의해야 한다. 첫째, 하루의 작업 중에 변화를 갖게 해서 작업이 단조롭지 않게 한다. 둘째, 하루의 작업분담을 세분하지 않고 어느 정도 작업내용을 풍부하게 한다. 셋째, 한사람 보다는 여러 사람이 하나의 작업을 한다. 넷째, 작업의 속도를 기계에 맞추지 말고 작업자의 작업속도에 맞추는 것을 연구할 필요가 있다.

똑똑한 근로자가 자산이죠

"근로자가 충분히 쉬고 공부할 수 있도록 근무시간을 대폭 줄여야 합니다. 그래야 근로자가 똑똑해지고 회사의 경쟁력이 올라갑니다."시민단체들이 단골로 꼽는'사회공헌도 높은 CEO'문국현(文國現 · 55) 유한킴벌리 사장은 6일 "우리 근로자들은 장시간 노동으로 40대 중반만 되면 육체가 허약해지고, 머리는 텅 비어 일터에서 밀려나는 악순환이 되풀이되고 있다."며 근로시간의 단축을 강조했다.

그의 주장은'휴일 수를 늘리자'는 노동계의 주장과 비슷해, 문 사장은'재계의 운동권'으로 불린다. 하지만 문 사장의 독특한 경영관은 존폐위기에 섰던 유한킴벌리를 재기시킨 경험에서 나온 것이다. 90년대 중반 유한킴벌리는 시장점유율 하락과 노사갈등으로 존폐의 기로에 섰다. 80년대 말 80%에 이르던 시장점유율이 18%(95년)까지 곤두박질했고, 공장가동률도 50%를 밑돌았다.

당시 감원까지 고민해야 했던 문 사장은 어느 날 회사 창업주인 고(故) 유일한(柳一韓) 박사의"감원을 하면 살아남은 직원들도 불안감으로 일을 제대로 할 수 없을 것"이란 말이 기억나 생각을 달리하게 됐다고 한다. 그는 즉시 노조를 만나 감원 대신 일자리를 나누고, 교육을 강화하기로 합의했다.

이렇게 도입된 것이'4조 2교대'방식. 공장 근무자를 4개 조로 나눠'주간근무(12시간) 4일→휴식 4일→야간근무(12시간) 4일→휴식 4일'로 순환하는 근무체계이다. 직원들은 연간 180일을 일하고 185일을 쉰다. 쉬는 날 중 45일은 업무와 관련된 교육을 받는다.

이 제도 시행 이후 이 회사의 시장점유율은 1999년 42.5%, 2001년 54.2%, 2003년 62.1%로 빠르게 회복됐다. 순이익도 1996년 144억 원에서 2003년엔 904억 원으로 껑충 뛰었다.

조선일보, 2004년 6월 7일자

06
산업안전보건

⁚ 산업안전과 생산활동

안전이란 사고가 없는 상태를 뜻하며 사고란 물적 또는 인적 위험에 의해 일어나는 것이다. 사고는 외과적인 상처뿐만 아니라 내과적인 질병도 초래하므로, 사고예방이란 결과적으로 직업병을 포함하는 전반적인 재해예방을 뜻한다.

건강문제는 신체에 국한하지 않고 정신뿐 아니라 기업조직에 있어서는 사회복지로 파악되고 있다. 따라서 적극적인 태도, 창조적 업무자세, 그리고 마음의 여유 등 직장 내에서의 건강생활이란 신체 및 정신적 건강을 뜻한다. 안전과 보건은 기업경영에 있어서 중요한 의미를 내포하고 있다.

산업안전은 인간생활의 복지향상과 재해로부터의 보호이다. 인간생활의 복지향상이 폭넓게 생각하는 적극적 안전이라면, 재해로부터의 보호는 소극적이며 직접적 안전이라고 할 수 있다.

산업안전보건법 제2조에 의하면 산업재해란 '근로자가 업무에 관계되는 건축물, 설비, 원자재, 가스, 증기, 분진, 소음, 열 등에 의거 작업 기타업무에 기인하여 사망하거나 질병에 이완되는 것을 말한다'라고 정의를 내리면서, 물적 손실은 포함시키지 않는다. 이는 안전의 주체는 인간이며 재해예방의 주체도 인간이라는 뜻으로 어느 곳에서도 인간은 보호되고 존중되어야 한다는 것이다. 안전보건관리를 기업이 중요시 하는 것은 단순히 직장에서 부상·질병자를 없애는 협의의 관리뿐만 아니라, 다음과 같은 원대한 목적이 있기 때문이다.

첫째, 부하를 안심시킨다. 작업에 즐거움을 가질 수 있는 작업환경의 정비와 보전으로 부하들에게 안정감을 줄 수 있다.

둘째, 상사와의 신뢰감에 연결된다. 부상·질병으로부터 부하를 보호한다는 관리감독자의 엄한 태도에 대해서는 부하의 저항이 있게 된다. 그러나 그 엄한 태도에 인간성이 수반된다면 부하는 마음속으로 감사하고 신뢰감을 갖는다.

셋째, 직장규율을 만든다. 직장규율이 정착되기까지 관리감독자는 작업자의 태도에 역점을 두어야 한다. 인간은 부상이나 질병에 걸리지 않으려는 강한 안전의 욕구가 있다. 이 욕구를 충족시키기 위하여 예의범절을 가르치거나 규율교육을 직장에서 실시한다.

넷째, 능률을 향상시킨다. 능률이란 지속적으로 생산량을 올리는 것을 말한다. 그러기 위해서는 안심하고 작업을 할 수 있는 직장이어야 한다.

다섯째, 낭비적 지출을 배제한다. 업무상 발생하는 부상과 질병은 기업과 본인 자신에게도 손해인 낭비적 지출을 수반한다.

산업안전보건 업무와 관련이 있는 분야를 살펴보면 다음과 같다.

안전은 관리·감독이다

관리·감독이란 업무는 어느 한정된 인원에게만 주어진 것이 아니다. 조직구성원이라면 작업의 환경, 설비, 비품, 자재, 장비, 공구와 기계, 사람 등 모든 요소에 대해 관리감독자의 위치에 있다는 사실을 인식하고 임무 수행에 있어서 능률을 향상시켜야 될 것이다.

안전은 태도와 자세에 따라 좌우될 수 있다

값비싼 대가를 지불해서 얻은 훈련이나 경험을 옳지 못한 태도로 적응시킨다면 소기의 가치와 성과를 얻기가 어렵다. 가장 올바른 태도는 훈련·경험·지식을 살려서 일을 하는 성실한 욕망일 것이다.

안전은 사실적이고 진실성이 있어야 한다

과오를 숨김없이 정확하게 진술함으로써 똑같은 사고의 반복을 막을 수 있다. 사고진술서를 5W1H에 의거 작성하는 것이 어렵다고 생각하는 것은 자신의 입장을 합리화시키기 위하여 허위진술을 하거나 왜곡하는 경우이다. 이와 같은 경우에는 자신과 회사의 사고재발방지면에서 볼 때 바람직스럽지 못한 행위라고 볼 수 있다.

안전은 교육이다

인간은 교육을 받아야 한다. 또한 교육을 시키는 사람은 반드시 교육을 받은 사람이어야 한다.

안전은 훈련이다

기술과 과학의 발달은 훈련의 필요성을 점점 증가시키고 있다. 그러므로 계속적인 훈련을 통해 되새기게 하거나 거듭 깨우치는 것이 필요하다.

안전보건관리와 관련있는 관리부문

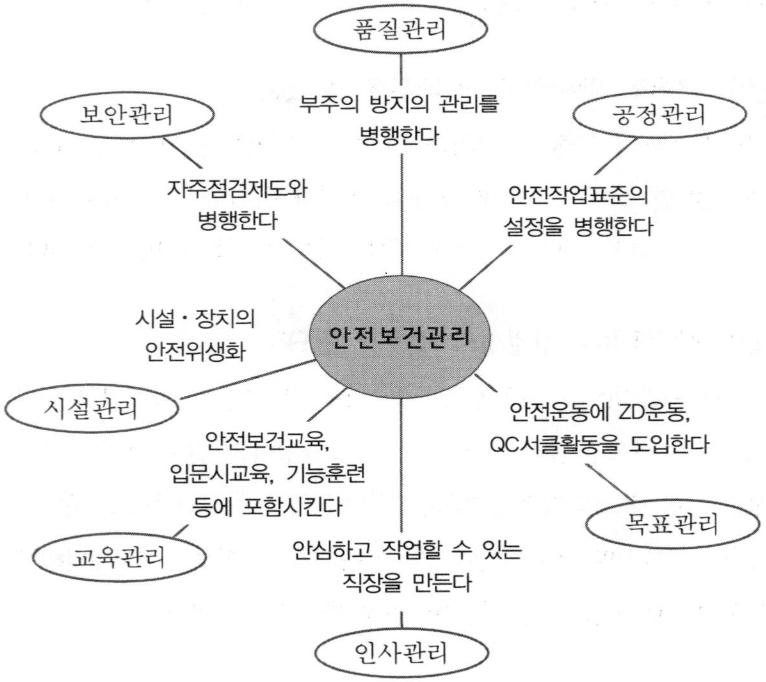

생산활동과 재해손실

재해는 반드시 사고에 의해서 생긴다. 사고는 반드시 불안전한 행동에서 발생한다. 사고를 일으키는 불안전한 행동·상태는 그 시간에 발생할 수밖에 없는 근본원인으로부터 일어난다. 결국 사고는 근본원인이 있기 때문에 일어나는 것으로 예외란 있을 수 없는 것이다.

이와 같은 근본원인은 인간의 정신적·신체적 상태의 모든 것을 말한다. 원하는 제품과 약속된 제품의 생산을 방해하는 여러 가지 현상은 이것으로부터 발생하는 것이다. 안전활동이란 그것만 단독으로 한다면 큰 효과를 기대하기 어렵다. 직장 전체의 개선이나 교육·훈련, 합리화 등이 잘 되어서 생산성이 향상되었을 때 동시에 안전도 확보되는 것이다.

안전과 생산, 생산과 안전은 분리될 수 없는 표리일체의 관계이다. 사고가 발생하는 곳에는 손실비용이 발생한다. 인간에게는 신체의 부자유, 고통스러운 마음, 가족에게 슬픔과 수입의 감소와 생각하지 않은 지출, 기능의 저하, 가정의 파손, 동료들에게 사상자를 구출하게 한다. 그리고 잔업과 법적인 절차, 화제거리에 의거한 시간손실, 장비의 운휴, 설비의 환경을 가동하지 못하게 하며 생산을 저하시키는 등의 경제적인 손실과 제3자에게 직접적인 재산손실을 주기도 한다. 또한 공동으로 사용하는 공공시설물의 파괴, 기업의 신용저하, 기업의 존립위기, 사회인의 불안 등을 가져다 주는 재해손실도 중대한 문제가 아닐 수가 없다.

재해발생 비용은 직접 손실비용(보상·치료 등으로 발생금액이 확실하게 나타나는 것)과 간접 손실비용(비보상비)으로 구분된다. 미국의 하인리히는 손비관계를 조사한 결과 평균 간접비는 직접손비의 4배가 된다고 주장하였다. 그러나 기업의 규모가 커짐에 따라 에너지 사용이 엄청나게 증가된 현실을 감안할 때, 간접비의 손비가 매우 증가현상에 있다는 사실을 관리감독자는 인식해야 될 것이다.

산업안전과 관리감독자

관리감독자의 주된 역할

"아무리 관심을 가지고 안전교육을 시켜도 뒤돌아서면 엉뚱한 행동을 하거나 재해가 발생하고 있다."라고 현장에서 한숨과 함께 탄식하는 이야기를 듣게 된다. 재해방지는 극히 상식적으로 적용하면 된다는 것은 누구나 잘 알고 있다. 그러나 그것이 실제로는 실행되지 않으므로 우리의 산업현장에서는 재해가 끊임없이 일어나고 있는 것이다.

안전은 안전관리자·안전담당자에게 맡기면 된다거나 현장작업자들이 주의만 하면 된다는 생각을 갖고 있는 한 향상될 수 없다. 아무리 유능한 안전관리자가 있어도 사고가 줄어들지 않는 산업현장은 많으며, 현장작업자에게 주기적으로 상당한 안전교육과 훈련을 실시하였음에도 불구하고 재해는 더욱 커지고 있다.

결국 실제로 장애의 중심이 되는 것은 직장의 지도자인 관리감독자 자신이라고 생각해야 될 것이다. 안전은 경영자와 관리감독자가 내 일이라고 생각하고 정면으로 부딪혀서 해결하여야 할 큰 문제인 것이다. 안전관리자가 있어도 그는 참모이며 조언자일 뿐, 문제해결의 주인공은 각 현장의 관리감독자이다.

관리감독자는 주어진 작업환경과 자재, 장비, 공구와 기구 등으로 부하를 통하여 주어진 목표와 방침을 이루어 가는 사람이다. 즉 부하를 통하여 회사의 목표를 달성하는 사람이다. 관리감독자의 입장은 작업장의 환경과 기기·기계·기구·장비·자재·재료·설비 등을 살펴보고, 부하들이 일을 하는 데 장애가 되거나 저항하는 등의 불편한 문제를 원만하게 해결하여, 지연과 중단없이 생산활동을 하게 하는 협조자의 역할이다.

사고는 우연히 발생하는 것이 아니고 반드시 필연적으로 어떠한 계기에 의하여 발생한다. 즉 재해사고는 발생할 수밖에 없는 저항·장애에 의한 것이다. 관리감독자는 다음과 같이 장애의 요인과 부하의 직접적인 행동을 살펴볼 수 있는 입장에 있다. 그리고 관리감독자는 장애를 미연에 방지하는 가장 뛰어난 적격자이며 문제해결을 할 수 있다. 안전보건을 위한 관리감독자의 주된 역할은 다음과 같다.

첫째, 안전한 작업순서를 만들 것(정확하게, 안전하게, 요령과 비결)

둘째, 설비나 작업환경, 기계, 공기구, 자재, 재료, 기타 모든 사항을 준비하여 둘 것

셋째, 작업자가 안전작업을 하도록 지도할 것

넷째, 작업자의 배치를 안전보건 측면에서 고려할 것

다섯째, 안전보건에 관한 의식과 관심을 높일 것

여섯째, 작업자를 이해하고 신뢰의 건전화를 유지할 것

일곱째, 재해발생 시 배치를 적절히 할 것

여덟째, 사고원인을 찾아내고 재발을 방지할 것

아홉째, 직장을 점검하고 사고재해를 방지할 것

안전보건의식의 고취방법

안전보건의식이란 안전보건에 대한 의식, 다시 말해서 안전보건에 대한 관심을 말하는 것이다. 그러나 실제로 문제가 되는 것은 의식이라기보다는 행동이다. 즉 안전보건의식이 어느 정도인가, 어떤 경우에 무엇을 어떻게 하고 있는가에 대하여 행동을 보고 판단하는 것이다. 안전보건이라는 관점에서 언제나 주의하고 해야 할 일을 제대로 하고 있으면 안전보건의식은 높다고 판단한다. 그러나 제대로 하지 못하는 일이 많으면 안전보건의식은 낮다고 한다.

안전보건의식의 앙양이란 안전보건이라는 관점에서 볼 때 불안전한 행동을 없애고 하여야 할 것을 올바르게 하도록 부하에게 습관화시키는 일이다. 안전보건의식의 앙양이란 행동변용의 문제이며 직장에 뿌리가 내려지고 모두가 몸에 익히고 있는 나쁜 습관을 고치는 것이다. 안전보건의식의 앙양책으로서 실제로 기업에서 하고 있는 것은 여러 가지가 있으나 그 중심은 안전운동이다.

안전운동은 몇 개가 동시에 병행해서 추진된다. 그리고 그 중에서도 가장 중요한 것은 '참가시킨다, 체험시킨다.'는 것이다. 이를 위해 직장의 전체 구성원이 의논하고 서로 생각하며 목표를 정해서 실시계획을 만드는 것이 중요하다. 안전운동을 대별하면 다음 3가지로 나눌 수가 있다.

보여주고 들려주는 운동

- 강연
- 설득적인 호소
- 영화, 슬라이드
- 포스터와 안내문

참가시키고 체험시키는 운동

- 「앗차」경험의 발표
- 그룹미팅
- 재해사례의 검토
- 조회의 이용
  (매일 조회 때 안전에 관한 포인트를 한 가지씩 지도한다.)
- 안전당번제
  (당번제로 안전추진원을 두고 안전일지를 쓰게 하며 문제점은 조회 때 발표한다.)
- 그룹제안
  (모두가 토의해서 개선제안을 낸다.)
- 선언운동

- 연구발표
- QC서클
- ZD운동
- 무재해운동
- 4S운동 (표준화, 단순화, 전문화, 종합화)

표창하고 독려하는 운동

- 뱃지나 완장
- 안전 표창
- 칭찬
- 그룹연수

:: 재해연쇄

재해발생의 연쇄관계

물체의 일부를 가열하면 타고 그 열에 의하여 다시 타는 것과 같이 가열발화의 반응이 연쇄적으로 진행되면, 연소가 계속되어 화재가 된다. 이것이 연소의 연쇄관계이다. 결과가 원인이 되고 다시 결과를 낳는 것과 같이 원인관계의 계속 상태가 연속된다는 것이다. 사고는 스스로 일어나는 것이 아니라 일으킨 것이다. 원인이 반드시 있다. 즉 물적 상태 또는 인적 상태가 불안전한 것이 원인이다.

제1의 원인에 의하여 제2의 결과를 낳고, 그 결과가 원인이 되어 제3의 결과를 낳는 것과 같이 점차 원인과 결과관계가 진행되어 결국 재해를 일으킨다. 이러한 관계를 '재해까지의 연쇄관계'라고 한다. 하인리히는 재해사고의 원인에서 발생까지의 경과를 다음과 같이 5단계로 나누고 있다.

재해가 생길 때까지의 연쇄관계

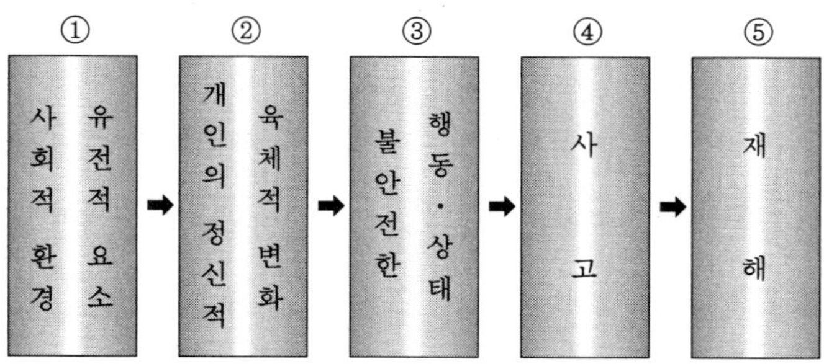

사회적 환경 및 유전적 요소

유전적 요소와 생육환경이 좋지 않다, 가정생활이 불행하다, 대인관계가 나쁘다, 실연으로 고민한다, 오락에 빠져 있다, 경제적으로 어렵다, 감독자가 친절하지 못하다, 일이 너무 많다, 교육훈련이 충분하지 못하다, 작업방법의 기준이 없다, 부실작업을 시킨다, 직장규율이 나쁘다, 임금 및 인사가 부당하다, 성격의 차이가 많은 동료와 상사가 있다 등을 의미한다.

개인의 정신적·육체적 변화

개인의 정신적·육체적인 상태가 나빠서 불안전한 행동, 물적 상태를 일으키기가 쉽게 된다. 난폭, 부주의, 우둔, 태만, 자포자기, 흥분, 오해, 고민, 걱정, 피로, 술에 취함, 수면부족, 신체이상, 장난기, 지식·기능의 부족, 체력부족, 규율이나 지시의 경시 등을 말한다.

불안전한 행동·상태

인간의 행동 또는 물적 상태가 불안전 또는 위험한 것으로 구체적이고 확실하게 인식되어 사고를 일으킬 원인이 되는 것이다. 위치가 나쁘다, 자세가 나쁘다, 발판이 나쁘다, 맨발로 작업한다, 과속한다, 스위치를 잘못 조작한다, 운전을 잘 못한다, 도구를 팽개친다, 대용 사다리를 쓴다, 안전장치나 보호구가 없거나 착용하지 않는다, 모르는 기계를 조작한다. 규칙을 위반한다, 정리정돈이 나쁘다 등을 예로 들 수 있다.

사고

순조롭게 진행되어야 할 행동과 순조롭게 있어야 할 상태를 방해할 것 같은 사실이 재해를 일으킬 가능성을 가지고 나타났을 경우, 이것을 사고라고 한다. 뒹군다, 충돌한다, 떨어진다, 감전된다, 이물이 눈에 들어갔다, 폭발한다, 화재가 난다, 유독가스를 흡입하였다 등을 뜻한다.

재해

재해는 인적 손해와 물적 손해 양쪽을 의미한다. 즉 불휴상해,

휴업상해, 신체기능 장해, 사망, 설비, 기계, 재료, 생산 등의 손실이다.

재해연쇄의 요인

재해를 과학적으로 방지하려면 재해원인을 충실히 파악하여 안전활동의 대책을 취하는 것이다. 재해란 노력에 의하여 모두 제거할 수 없는 불가피한 것도 있다. 그것은 인적·물적인 것 이외의 원인에서 오는 천재지변이다. 하인리히의 통계에 따르면 재해를 수반한 사고의 98%는 노력에 의하여 제거가 가능한 것이라고 한다. 그러므로 안전하게 할 수 있다는 가능성을 믿고 모든 노력을 아끼지 말아야 한다.

- 불가피한 원인에 의한 것 … 2%
- 불안전한 상태에 의한 것 … 10%
- 불안전한 행동에 의한 것 … 88%

재해연쇄의 4가지 요인 중 제2의 난처한 요인(불안전한 상태)까지는 이미 발생되어 있는 요인에 의거하여 발생하는 사고이다. 일반적으로 재해발생시 근본원인을 그대로 방치하고 재해만을 저지하려는 경우가 많은 데, 이것은 불합리한 것이다. 근본원인이 있는 한 재해는 근절되지 않는다. 반응물이 있는 이상 연쇄반응은 계속되는 이치와 같다.

근본원인

재해연쇄의 근본원인은 적극적인 안전활동에 있어서 중요한 공격

점이라고 할 수 있다. 즉 근본원인을 알게 되면 대책을 수립하기가 쉽다. 근본원인은 무수하게 많을 수 있으나 편의상 3가지로 구분한다.

재해연쇄의 4가지 요인

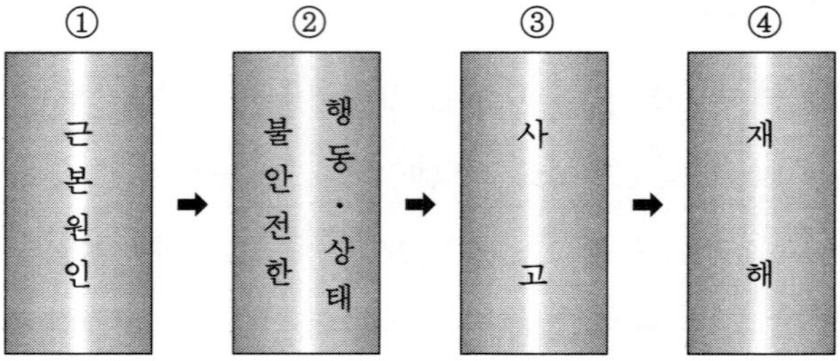

- **관리·감독의 원인**

  이것은 당연히 관리감독자가 책임을 져야 하는 원인이다. 작업지도·교육의 부족, 작업관리와 인사관리의 부적절, 작업방법·설비·기계·환경 등의 불안전, 안전의식 부족, 근무환경에 대한 불평불만 등을 의미한다.

- **소질적 원인**

  발생은 관리감독자의 책임은 아니지만 엄격하고 냉정한 판단으로 비상수단을 써서라도 해결하여야 한다. 예를 들면 정신분열증, 알코올 중독, 정신장해, 성격이상, 체력박약, 기타 정신적·육체적 부적격자 등을 말한다.

- **일시적 원인**

  관리자의 책임이라고 볼 수 없으나 인간의 정을 통한 따뜻한 배려와 지원으로 해결을 요한다. 즉 가정의 불화, 침착치 못한 성격, 이성문제의 고민, 경제적 곤란, 음주·도박에 의한 고민 등을 뜻한다.

이상의 3가지 중 관리·감독의 원인과 소질적 원인은 비교적 확실하게 원인을 찾고 또한 대책수립도 용이하나, 일시적 원인은 그렇지 않다. 평생 주의가 깊은 작업자도 때로는 화도 내고 고민을 하며, 슬픈 일이 생기면 그것이 불안전한 행동이 되어 사고와 재해로 이어지는 경우가 허다하다.

이와 같은 불안전한 행동을 발견하면 관리감독자는 안전의식을 높여 부하가 자기통제를 할 수 있도록 훌륭한 상담역이 되어야 할 것이다. 즉 회사와 가정 간의 연결을 통하여 이러한 문제를 해결하는 것도 관리감독자의 역할이다.

불안전한 행동·상태

하인리히에 의하면 재해가 발생한 사고의 원인을 분석한 결과 불안전한 행동이 원인이 된 사고가 88%이고, 불안전한 상태에서 일어난 것이 10%의 비율이라고 한다. 건수의 비율은 적지만 중요한 것은 불안전한 물적 상태에 기인하게 된 대다수의 사고들이 작업자의 감각과 의식 속에 있지 않다는 사실이다.

특히 불안전한 물적 상태의 근본원인에 관리감독자의 책임으로 귀착되는 사항이 많다. 불안전한 물적 상태를 제거하는 것이 쉽지는 않다. 그러므로 불안전한 물적 상태를 사전에 발견하는 것이 중요하며, 발견된 모든 요인에 대해서는 현상적으로 가능한 대책을 세워 실시해야 할 것이다. 불안전한 행동·상태의 재발방지대책은 다음과 같다.

• 문제점을 찾는다

일상의 감독, 점검, 보고에 의하여 불안전한 사항을 찾는다.

• 여러 가지 사실을 수집한다

• 사실에 근거하여 계획을 수립한다

불안전한 행동의 원인 제거

불안전한 행동	대 책
① 지시, 명령을 잘 지키지 못한다. ② 지시, 명령을 잘 이해하지 못하고 있다.	· 부하의 성숙도를 향상시킨다. · 상대의 이해를 확인한다. · 작업분해를 하고 설명한다.
③ 안전한 작업방법을 모르고 있다.	· 교육훈련지도를 잘 한다. · 향상이 없으면 배치 · 전환한다.
④ 정신을 차려서 일하지 않는다. 규칙이나 지시를 무시한다.	· 주의를 준다. · 꾸짖는다. · 처벌
⑤ 타인의 일을 방해한다. 장난을 친다. 무모한 작업을 한다.	· 위험할 때는 작업에서 멀어지게 한다. · 처벌 · 의사의 진단 · 전환배치
⑥ 흥분, 신경질	· 의사의 진단 · 전환배치 · 면접지도
⑦ 시력, 청력의 불만, 신체이상	· 의사의 진단
⑧ 취해 있다.	· 작업에서 멀어지게 한다. · 꾸짖는다. · 처벌, 의사의 진단 · 면접지도
⑨ 피로, 수면부족	· 면접지도 · 작업조건 변경 · 전환배치
⑩ 근심, 걱정	· 면접지도 · 격려

• 계획을 실천한다

• 효과를 검토한다

계획대로 실시되었는가? 계획은 잘 세워졌는가? 사실은 모두 찾았는가? 원인은 제거되었는가? 새로운 요인은 생기지 않았는가? 어느 정도 안전한가? 불안전한 행동·상태는 없는가?

사고

사고란 우연하게 일어나는 것이 아니라 일어날 수밖에 없는 상황이 있으므로 발생하는 것이다. 다시 말해서 작업자의 불안전한 행동·상태의 결과로 일어난다. 재해의 크고 적음은 사고의 크고 적음과 관계가 없는 경우가 많다.

그러므로 재해는 사람의 힘으로 통제되는 범위가 극히 작다. 재해의 재발을 방지하기 위하여 대책을 강구할 때에는 재해의 크고 적음이 아니라, 그것을 일으킨 사고를 없애는 수단과 방법을 생각하는 것이 합리적이다.

안전을 기한다는 말 대신에 일반적으로 사고방지라는 용어를 많이 쓰고 있다. 안전, 재해방지, 사고방지, 무재해운동 등과 같은 말의 궁극적인 목표는 재해방지를 위한 것이다. '사고방지'(사고가 일어난 후에 조치하는 것보다 사전에 예방하는 것)라는 표현이 사전예방의 느낌도 강하게 들고 좀더 현명한 표현이라고 할 수 있다.

재해

• 재해의 분류와 발생형태

발생형태별 재해의 분류는 다음의 〈표〉와 같다. 일반적으로 재해발생의 메커니즘은 다음 3가지의 구조적 요소를 갖고 있으며, 산업재해의 발생형태는 다음과 같다.[7]

「단순자극형」

상호 자극에 의하여 순간적으로 재해가 발생하는 유형이다. 재해가 일어난 장소와 그 시기에 일시적으로 요인이 집중한다고 하여 집중형이라고 한다.

「연쇄형」

하나의 사고요인이 또 다른 요인을 발생시키면서 재해를 발생시키는 유형이

발생형태별 재해의 분류

분류번호	분류항목	세 부 항 목
①	추락	사람이 건축물, 기계, 사다리, 계단, 경사면,나무 등에서 떨어지는 것
②	전도	사람이 평면상으로 넘어졌을 때를 말함(과속, 미끄러짐 포함)
③	충돌	사람이 정지물에 부딪친 경우
④	낙하, 비래	물건이 주체가 되어 사람이 맞은 경우
⑤	협착	물건에 끼워지거나 말려든 상태
⑥	감전	전기 접촉이나 방전에 의해 사람이 충격을 받은 경우
⑦	폭발	압력의 급격한 발생 또는 개방으로 폭음을 수반한 팽창이 일어난 경우
⑧	붕괴, 도괴	적재물, 접축물이 무너진 경우
⑨	파열	용기 또는 장치가 물리적인 압력에 의해 파열한 경우
⑩	화재	화재로 인한 경우를 말하며 관련 물체는 발화물로 기재
⑪	무리한 동작	무거운 물건을 들다 허리를 삐거나 부자연스런 자세 또는 동작의 반동으로 상해를 입은 경우
⑫	이상온도 접촉	고온이나 저온에 접촉한 경우
⑬	유해물 접촉	유해물 접촉으로 중독이나 질식된 경우
⑭	기타	①~⑬항으로 구분 불능시 발생형태를 기재할 것

며, 단순연쇄형과 복합연쇄형이 있다.

「복합형」

단순자극형과 연쇄형의 복합적인 발생 유형이다.

• 재해발생시 관리감독자의 조치

일단 재해가 발생하면 관리감독자는 무엇을 할 것인가?

「재해의 급보」

사고재해를 발견하면 우선 그 발생을 알린다.

「재해의 악화방지」

재해를 최소한도로 저지하는 데 노력해야 한다.

「부상자의 보호」

의료, 기타 세세한 사전조치가 필요하다.

「사기와 생산의 회복」

재해에 의한 파손, 고장, 혼란 등을 빨리 처리하여 정상이 되도록 한다. 중대재해의 경우에는 많은 작업자가 사실을 과대하게 예상하여 겁을 먹는 경우가 많다.

「재해사실의 확인」

재해발생 사실을 확실하고 객관적으로 찾는 것이 중요하다.

「재해원인의 분석」

재해사실의 확인에 따라서 원인을 조사한다. 재해와 관계있는 사실을 모으고 재해연쇄의 원인을 생각한다.

「재해방지의 조치」

원인분석에 의하여 재해연쇄의 인과관계가 확실해지면 근본원인을 없애는 대책을 세운다.

「재해결과의 보고」

재해의 사실과 원인, 그 후의 조치, 재해 코스트, 의견 등을 상사 또는 안전담당과에 보고한다.

재해발생시의 조치

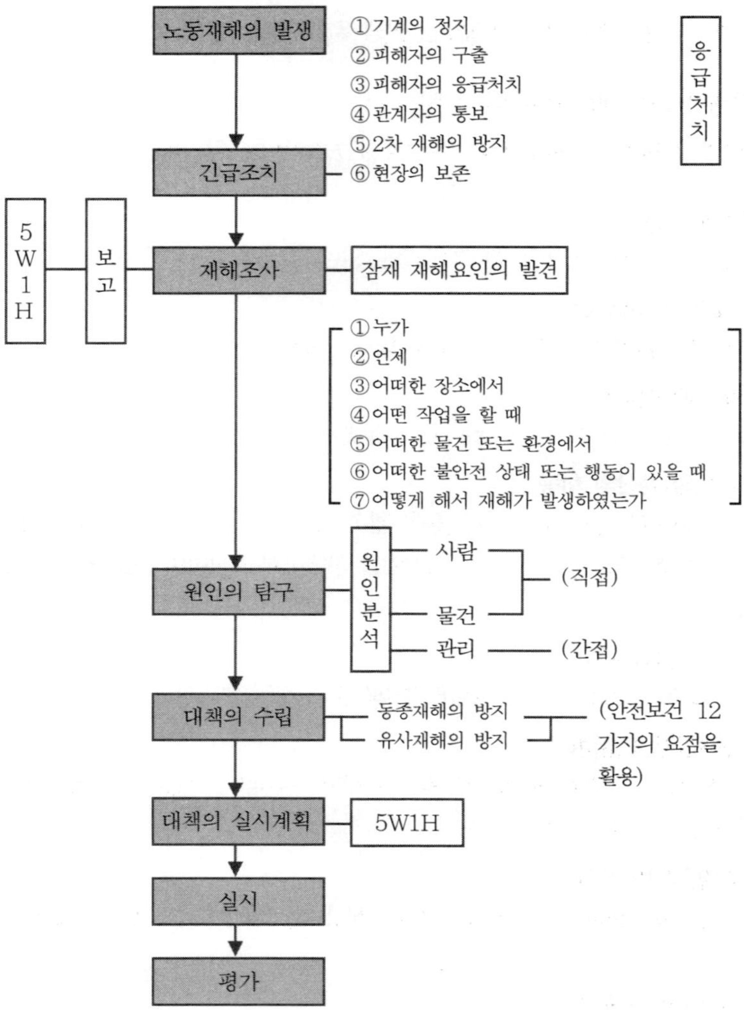
노동재해의 발생
①기계의 정지
②피해자의 구출
③피해자의 응급처치
④관계자의 통보
⑤2차 재해의 방지
⑥현장의 보존
응급처치
긴급조치
5W1H
보고
재해조사
잠재 재해요인의 발견
①누가
②언제
③어떠한 장소에서
④어떤 작업을 할 때
⑤어떠한 물건 또는 환경에서
⑥어떠한 불안전 상태 또는 행동이 있을 때
⑦어떻게 해서 재해가 발생하였는가
원인의 탐구
원인분석
사람
물건
(직접)
관리
(간접)
대책의 수립
동종재해의 방지
유사재해의 방지
(안전보건 12가지의 요점을 활용)
대책의 실시계획
5W1H
실시
평가

∷ 작업안전관리기법

4단계 기법은 현장에 부하가 있는 한 직종 · 규모 · 생산형태가 달라도 어디에서나 적용되는 공통적인 것이다. 즉 4단계 기법은 작업안전관리기법의 기본원칙이다. 재해방지를 하기 위하여 다음 순서를 적용한다. 4단계는 사고에 연결되는 요인을 발견하고 그 요인에 입각해서 계획을 수립 · 실시 · 검토하는 문제해결의 순서이다.

- 제1단계 : 사고가 되는 요인을 생각한다.
- 제2단계 : 대책을 생각해서 결정한다.
- 제3단계 : 대책을 실시한다.
- 제4단계 : 결과를 검토한다.

제1단계 – 사고가 되는 요인을 생각한다

관리감독자는 사고의 우려가 있는 요인을 사전에 발견하여야 한다. 요인을 발견한다는 것은 방치해 두면 사고, 즉 이상상태로 연결되는 적신호를 사전에 발견하는 것이다. 관리감독자가 사고의 원인을 사전에 발견하기 위하여 해야 될 사항은 다음과 같다.

- 현상을 본다.
- 기록을 조사한다.
- 물어 본다.

- 물건과 사람의 관계에서 현상을 보고 기록을 조사한다.
- 규칙과 기준을 준수하고 있는가를 체크한다.
- 문제의식과 안전보건의식을 가지고 사고요인을 생각한다.
- 사고의 위험을 예견한다.
- 깊이 검토한다.

제2단계 – 대책을 생각해서 결정한다

제1단계에서 사고의 우려가 있는 요인을 발견하였으면 제2단계에서는 모든 요인에 대한 대책을 강구하여 결정한다. 이 단계에서는 대책의 실행보다 생각할 수 있는 대책에는 어떤 것이 있는가를 폭넓게 생각하는 것이 중요하다.

- 요인을 정리하고 요인의 상호관계를 검토한다.
- 잘 아는 사람에게 물어 본다.
- 몇 가지의 대책을 생각한다.
- 방침·규칙·기준의 위반여부를 확인한다.
- 차선책도 결정한다.
- 관리감독자 자신에게 원인은 없는지 반성한다.

제3단계 – 대책을 실시한다

대책을 실시할 때는 책임, 권한, 능력, 시기를 생각하는 것이 중요하다.

- 자신이 할 것인가?
- 상신이 필요한가?
- 다른 사람의 협력을 구해야 하는가?
- 즉시 실행에 옮긴다.

제4단계 — 결과를 검토한다

대책을 실시하였으면 그 결과를 조사하는 것이 필요하다. 검토함으로써 효과를 얻었는가, 또는 얻어가고 있는가의 여부를 알 수 있다.

- 자주 조사한다.
- 확실하게 실시되었는가를 파악한다.
- 요인이 제거되었는가를 확인한다.
- 새로운 요인이 생기지 않았는지 주의한다.

안전을 원한다면 먼저?

안전의 우선은 마음에 있다. 우리 마음의 시작은 가정에서 시작을 한다. 가정의 행복은 직장인에게 무엇보다 안정감을 가져오게 된다. 가정의 행복이 안전에 미치는 영향을 살펴보면 다음과 같다.

가정이 행복하면,

- 정서적으로 안정감이 있다.
- 경제적인 손실이 없다.
- 즐거운 마음으로 일할 수 있다.
- 마음이 안정되며 잡념이 없어 맡은 업무에 충실할 수 있다.
- 마음의 여유가 있다.
- 사고(思考)가 긍정적으로 변혁된다.
- 상대방에 대한 수용태도가 다르다.
- 삶의 보람이 직장에서도 연결된다.
- 생산성이 향상된다.
- 집중력이 좋아진다.
- 마음의 여유가 생기어 동료를 이해한다.
- 마음이 즐거워 능률이 상승한다.
- 행복을 유지하기 위해 안전작업을 한다.

이와 같이 가정의 행복은 회사의 안전작업에 직 · 간접으로 큰 영향을 끼치고 있다. 가정의 편안은 곧 회사생활에 연결되어 생산성이 높아지고 불량품이 줄어들며, 품질 면에서도 직결된다.

가정의 불화는

- 부부싸움으로 스트레스
- 고민・근심의 누적
- 여유 있는 마음이 없어지며
- 이성문제
- 경제적 곤란
- 음주와 도벽으로 인한 피곤

이와 같은 가정의 불행은 직장에서 사고발생의 빈도를 높인다.

Middle up-down Leadership

PART 3

에티켓과 매너로 당신의 경쟁력을 혁신하라

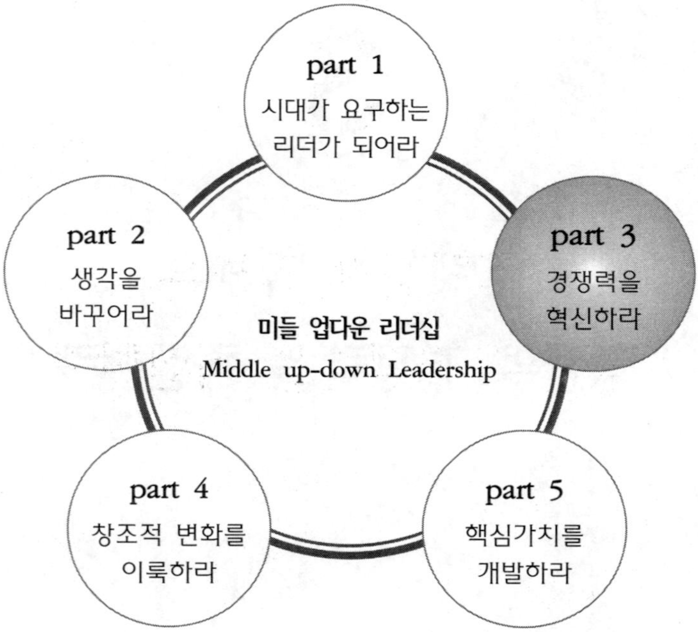
part 1
시대가 요구하는
리더가 되어라
part 2
생각을
바꾸어라
part 3
경쟁력을
혁신하라
미들 업다운 리더십
Middle up-down Leadership
part 4
창조적 변화를
이룩하라
part 5
핵심가치를
개발하라

07 호감받는 에티켓과 매너

:: 이미지 메이킹

모든 비즈니스는 인격과 인격의 만남이라기보다는 이미지와 이미지의 만남이다. 이미지란 자신의 원자재인 눈과 입, 얼굴 근육, 신체, 마음, 그리고 추가적인 동작들을 잘 배합하여 아름답게 보이도록 자기를 연출하는 기법이다. 이미지의 사전적 정의는 심상(心象), 즉 마음에 투영된 영상으로 특정 대상에 대한 시각적 인상을 넘어서 느껴지는 상(像)을 의미한다.

이미지에는 두 종류가 있다. 내적 이미지와 외적 이미지이다. 내적인 이미지는 전문지식·마음·정신적인 면을 의미하고, 외모와 겉으로 보여지는 표정·말투·자세·행동 등으로 보이는 것이 외적인 이미지이다. 이미지 메이킹이란 개인이 내적으로 가지고 있는 성격, 인성, 잠재능력 등을 밖으로 표출시켜서 타인에게 적극적이고 신뢰감 있는 사람으로 느껴지도록 한다. 그리고 외적인 요소를 개선하고 더 돋보이게 꾸며서 호감을 주는 사람으로 보여지게 하는 것이다.[8)]

성공적인 삶과 보람있는 조직생활을 위하여 이미지 메이킹은 매우 중요하다. 부하를 효과적으로 관리하고 바람직한 인간관계를 형성하려면 자신만의 차별화된 이미지를 전략적으로 설정하고 배가의 노력을 경주하여야 한다. 왜냐하면 머릿속에만 있는 이미지를 현실 속으로 표출하여 행동으로 옮기고 나타내는 노력들이 이미지 메이킹의 방법인 것이다. 비즈니스 이미지관리 8계명은 다음과 같다.

- 자신의 이야기를 먼저 함으로써 상대방과 가까워져라.
- 상대방에 대한 배려와 따뜻한 마음씨를 적극적으로 표현하라.
- 힘 있게 악수를 하고 명함이 자신의 얼굴임을 유념하라.
- 상대방을 만나기 전에 자신의 장점을 되새겨 보아라.
- 단정한 헤어 스타일과 복장으로 호감을 주어라.
- 밝은 표정과 자연스러운 미소를 띠어라.
- 효과적인 인사와 자기만의 인상적인 인사말을 구사하라.
- 상대방에 대한 칭찬·감사할 요소를 찾아서 표현하라.

:: 에티켓과 매너는 경쟁력

에티켓이란 말은 프랑스어이지만 오늘날에는 여러 분야에서 많이 쓰이고 있다. 프랑스 루이 14세(1643~1715년) 시대에는 베르사이유 궁전에서의 예의가 지나치게 복잡하여 손님마다 지켜야 할 예의를 열거한 티켓을 주었는데, 그 표에는 궁전 내에서 유의할 사항이나 예의가 쓰여 있었다고 한다. 이 티켓을 에티켓의 기원이라고 볼 수 있다.

개인 이미지관리 요령

신뢰감을 주고 싶을 때

- 가장 좋은 색상은 푸른색 계열이며 청회색 수트(suit)에 푸른 스트라이프 무늬가 좋다.
- 안경을 썼다면 색이 들어간 것은 금물이다. 머리염색은 않는 것이 좋다.
- 액세서리도 최소한으로 줄여라.

지적으로 보이고자 할 때

- 회색 수트에 흰색 셔츠나 전체적으로 진한 브라운 색상이 좋다.
- 타이는 무늬 없는 것이나, 무늬가 있다면 둥근 모양을 한다.
- 안경을 쓰는 것이 좋고, 무테 안경이나 실버테가 지적인 분위기를 연출한다. 검은 테는 피한다.

생동감 있고 적극적으로 보이고 싶을 때

- 원색의 타이를 시도한다. 푸른 계열과 붉은색 타이, 혹은 줄무늬 스트라이프 정장을 활용한다.
- 이마를 가능한 한 많이 들어내는 헤어 스타일이 생동감 있게 보인다.

여성스럽게 연출하려면

- 핑크색이 키워드. 굳이 리본을 달지 않아도 복숭아 색이나 연한 오렌지색 등으로 연출 가능.
- 옷감은 아주 부드럽거나 살짝 비치는 것을 선택하면 좋다.
- 적당한 웨이브의 헤어 스타일로 이마를 너무 드러내지 않는다.

자료 : 이미지 파워

또 다른 설에 의하면 에티켓이란 팻말에서 유래되었다고 한다. 베르사이유 궁전 뜰의 화단에 세워진 조그마한 팻말에서 유래한 것으로 그 팻말에는 '꽃밭을 해치지 마십시오'라고 쓰여져 있었다고 한다. 그 문구가 '마음의 꽃밭을 해치지 말라'는 의미로 바뀌어 오늘날의 에티켓이 되었다고 보는 것이다.

공자(孔子)는 그의 생애를 통해 철저히 금하고 행하지 않은 일이 네 가지가 있었다. 첫째, 아무런 근거 없이 추측하는 일이 없었다. 둘째, 아무리 쉽고 가벼운 일이라도 장담하지 않았다. 셋째, 자기자신의 의견을 고집하지 않았다. 넷째, 자기만의 이익을 꾀하는 일이 없었다.

이와 같이 사회생활 속에서 사람과 사람 사이의 사귐에 있어서 서로 상대방에게 예를 나타내는 말투나 몸가짐, 행동 따위를 예의(禮儀)라고 하며, 인간생활에 있어서 대인적인 말투나 동작의 정해진 꼴을 범절(凡節)이라 일컫는다. 따라서 예절이란 예의에 대한 범절을 말한다.

에티켓이란 단순히 표면적이고 형식적인 예의범절만을 의미하는 것이 아닌, 상대방의 인격을 존중하고 상대방의 기분을 헤아려 주는 마음을 기분 좋게 전달하는 방법이라고 할 수 있다. 에티켓이란 인격과 품위의 반영이며 생활의 밑받침이 된다. 다시 말해서 에티켓은 인격을 높여주고 서로의 개성을 뒷받침해 주는 생활의 지혜이며 자기완성을 가져다주는 생활의 교양인 것이다.

우리 민족은 반만 년의 유구한 역사 속에서 고유한 미풍양속과 지혜로운 도덕윤리를 창출하고 보전해 온 위대한 민족이다. 우리는 헐

쓰이고 있다. 프랑스 루이 14세(1643~1715년) 시대에는 베르사이유 궁전에서의 예의가 지나치게 복잡하여 손님마다 지켜야 할 예의를 열거한 티켓을 주었는데, 그 표에는 궁전 내에서 유의할 사항이나 예의가 쓰여 있었다고 한다. 이 티켓을 에티켓의 기원이라고 볼 수 있다.

개인 이미지관리 요령

신뢰감을 주고 싶을 때

- 가장 좋은 색상은 푸른색 계열이며 청회색 수트(suit)에 푸른 스트라이프 무늬가 좋다.
- 안경을 썼다면 색이 들어간 것은 금물이다. 머리염색은 않는 것이 좋다.
- 액세서리도 최소한으로 줄여라.

지적으로 보이고자 할 때

- 회색 수트에 흰색 셔츠나 전체적으로 진한 브라운 색상이 좋다.
- 타이는 무늬 없는 것이나, 무늬가 있다면 둥근 모양을 한다.
- 안경을 쓰는 것이 좋고, 무테 안경이나 실버테가 지적인 분위기를 연출한다. 검은 테는 피한다.

생동감 있고 적극적으로 보이고 싶을 때

- 원색의 타이를 시도한다. 푸른 계열과 붉은색 타이, 혹은 줄무늬 스트라이프 정장을 활용한다.
- 이마를 가능한 한 많이 들어내는 헤어 스타일이 생동감 있게 보인다.

여성스럽게 연출하려면

- 핑크색이 키워드. 굳이 리본을 달지 않아도 복숭아 색이나 연한 오렌지색 등으로 연출 가능.
- 옷감은 아주 부드럽거나 살짝 비치는 것을 선택하면 좋다.
- 적당한 웨이브의 헤어 스타일로 이마를 너무 드러내지 않는다.

자료 : 이미지 파워

또 다른 설에 의하면 에티켓이란 팻말에서 유래되었다고 한다. 베르사이유 궁전 뜰의 화단에 세워진 조그마한 팻말에서 유래한 것으로 그 팻말에는 '꽃밭을 해치지 마십시오'라고 쓰여져 있었다고 한다. 그 문구가 '마음의 꽃밭을 해치지 말라'는 의미로 바뀌어 오늘날의 에티켓이 되었다고 보는 것이다.

공자(孔子)는 그의 생애를 통해 철저히 금하고 행하지 않은 일이 네 가지가 있었다. 첫째, 아무런 근거 없이 추측하는 일이 없었다. 둘째, 아무리 쉽고 가벼운 일이라도 장담하지 않았다. 셋째, 자기자신의 의견을 고집하지 않았다. 넷째, 자기만의 이익을 꾀하는 일이 없었다.

이와 같이 사회생활 속에서 사람과 사람 사이의 사귐에 있어서 서로 상대방에게 예를 나타내는 말투나 몸가짐, 행동 따위를 예의(禮儀)라고 하며, 인간생활에 있어서 대인적인 말투나 동작의 정해진 꼴을 범절(凡節)이라 일컫는다. 따라서 예절이란 예의에 대한 범절을 말한다.

에티켓이란 단순히 표면적이고 형식적인 예의범절만을 의미하는 것이 아닌, 상대방의 인격을 존중하고 상대방의 기분을 헤아려 주는 마음을 기분 좋게 전달하는 방법이라고 할 수 있다. 에티켓이란 인격과 품위의 반영이며 생활의 밑받침이 된다. 다시 말해서 에티켓은 인격을 높여주고 서로의 개성을 뒷받침해 주는 생활의 지혜이며 자기완성을 가져다주는 생활의 교양인 것이다.

우리 민족은 반만 년의 유구한 역사 속에서 고유한 미풍양속과 지혜로운 도덕윤리를 창출하고 보전해 온 위대한 민족이다. 우리는 헐

벗고 굶주린 가난 속에서도 사람의 도리를 지켜왔고, 외침과 민족의 비운 속에서도 민족적 전통과 끈기를 저버리지 않았던 끈기가 있는 국민이다.

인간의 생활 속에서 예절이 없어진다면 사람은 동물보다 못한 삶을 살게 될 것이다. 왜냐하면 법이나 도덕도 있을 수 없고 모든 질서와 믿음도 사라지고 말기 때문이다. 그러므로 인간은 하루라도 예의라는 정신적 생활에서 떠날 수 없다. 아무리 고도의 물질문명이 발달한 사회에 산다고 해도 우리들은 예의 없는 생활을 생각할 수 없게 된다.

아리스토텔레스는 '인간은 사회적 동물이다'라고 정의하였다. 왜냐하면 인간은 크고 작은 조직 안에서 타인과 더불어 활동하는 존재이기 때문이다. 조직 내에서 인간은 자신의 기준에 의하여 행동이 자유롭게 전개되기도 하지만, 조직 속의 다른 구성원들과 조화를 이루기 위하여 행동의 제한을 받기도 한다. 기업조직에는 직장생활을 원만하게 유지하기 위한 통제적인 규칙도 있지만, 개인의 신뢰와 인격을 바탕으로 지켜지는 도의도 중요시되고 있다.

현대기업의 직장예절은 도의적인 측면에서 소중한 의미를 지니고 있으며 규칙보다 높은 가치가 부여되고 있다. 직장인이 규제와 통제를 받을 때는 조직과 개인 간에 벽이 생기고 불신과 대립으로 냉랭한 생활이 야기된다. 그러므로 대립과 감정의 벽을 허물고 상호이해와 생활의 기쁨을 창조하기 위하여 자기 스스로 예의범절을 준수하고 실천하는 것이 요구된다.

앞으로의 경제를 마음의 경제라고 부를 정도로 에티켓의 중요성이 매우 부각되고 있다. 과거의 경제가 손발의 부지런함과 그것에 바탕을 둔 두뇌에 의한 경제였다면 현대사회와 미래사회는 마음의 경제가 될 것이다. 즉 마음으로부터 느끼는 감동을 줄 수 없다면 수많은 유혹 속에서 방황하는 상대방과 고객의 마음을 잡을 수가 없다.[9]

신바람 나고 활기찬 조직의 풍토는 조직구성원 각자가 예절을 소중히 지키고 도의가 존중되는 기업문화를 정착시킬 때 비로소 조성될 수 있다. 기업의 조직에는 부서 · 계층 · 상하 · 동료 · 연령 · 남녀 간 등 많은 관계가 형성 · 유지되므로 바람직한 예의범절은 조직의 의사소통을 활발하게 이끌어 주며, 조직활동의 질서를 촉진시키는 촉진제가 되어서 다음과 같은 효과를 기대할 수 있다.

- 직장 내의 바람직한 인간관계를 구축할 수 있다.
- 상호간에 협조 · 협력을 얻을 수 있다.
- 팀워크 발휘에 참여할 수 있다.
- 조직 내에서 강한 신뢰감을 갖게 되어 자신에 대한 좋은 평가를 받을 수 있다.

경제흐름의 동향

산업사회 초기		산업사회 중기		현대사회
손발의 경제	→	두뇌의 경제	→	마음의 경제
근면 · 성실		기술 · 지식		마음 · 감동

∷ 생활 속의 에티켓과 매너

흔히 생활주변에서 왜 예절은 강조되는 것일까, 또 잘 지켜지지 않는 이유는 무엇인가, 이와 같은 예절은 꼭 필요한 것인가 등을 생각하게 된다. 이러한 생각을 하게 되는 이유는 다음과 같다.

첫째, 예절에 대한 고정관념 때문이다. 예절이란 억압적이고 난해한 것으로 생각하여 가능하면 예절이 없는 자연스러운 생활이 좋겠다고 생각하게 된다. 그러므로 예절은 무엇인가 인간을 속박하는 것으로 간주하는 관념이 보편화되어 있다.

둘째, 규제하거나 강요당하는 것은 불편하고 귀찮다고 생각하기 때문이다. 예절이 없는 상태란 질서가 파괴되어 발전보다는 정체가 있을 것이므로 예절과 규범을 안 지키는 것보다 지키는 것이 편리하고 상대방에게 좋다.

셋째, 안이하게 생각하기 때문이다. 실천을 하지 않으면서 어려운 이론과 지식으로만 소화하려고 하여 조금씩 알고 있는 것에 만족하게 된다.

시대가 변화함에 따라 예절도 많이 간소화 되었으며 무리한 것은 조금씩 제거되어 현재의 실생활에서 꼭 필요한 것만 남아 있다. 그러므로 예절을 지켜서 올바른 생활을 영위하려면 예절을 몸에 익히는 것이 중요하다.

자율적인 규범

예절에는 지정된 공식과 획일적인 방법은 없으나 일정한 형식은 있다. 예절이란 대다수 사람의 각기 다른 개성과 지식 그리고 인격과 교양에 따라 동일한 형식이라도 상이하게 나타난다. 예절은 타율적이 아닌 자율적이며 유연성이 구가된 규범이 되어야 하고 자신의 개성이 가미된 창조적인 것에 본질을 두고 있다. 그러므로 예절은 오래 전부터 전해져 내려오는 굴레가 아니라 현대적인 감각이 충만된 중요한 생활의 조건으로 볼 수 있다.

화기애애하고 쾌활한 분위기를 조성하는 예절은 자신의 도덕과 수양 없이 이루어지는 것이 결코 아니다. 더욱이 상품과 서비스의 차이가 근소하고 기술개발이 급속도로 진전되는 정보화 시대에는 자기의 이미지를 좋게 형성하는 것이 누구에게나 있어서 소중한 것이다.

교양 있는 생활예절

공자는 "예(禮)가 아니면 보지 말고, 예가 아니면 말하지 말고, 예가 아니면 움직이지 말라"고 하였다. 이는 인간의 사회생활에 있어서 사람이 지켜야 할 기본율이 무엇인가를 일깨워 주는 말이다.

좋은 인간관계를 갖기 위해서는 자기자신을 떠나 상대방을 이해하려는 생각과 상대방을 존경할 수 있는 마음가짐이 필요하다. 결국 예절은 자신의 인격을 함양시킬 수 있는 계단과도 같은 개념으로 볼 수 있다. 그러므로 우리 모두는 평상시에 자신의 일상생활을 통하여 생활화된 교양 있는 예절을 몸소 실천해야 한다.

첫째, 예절이 마음속에서 우러나오도록 노력한다.
둘째, "미안합니다, 고맙습니다"라는 말부터 자연스럽게 나오도록 익힌다.
셋째, 기준 또는 상식에서 벗어나지 말아야 한다.
넷째, 마음으로 느끼고 행동으로 실천하는 산 예절을 발전시킨다.

교양 있는 사람이란 다음과 같다.

- 어떤 경우에도 이성을 적용할 수 있는 사람
- 넓은 취미와 관심을 가진 사람
- 자기훈련이 잘된 사람
- 최소한도 만족할 만한 자기철학의 뿌리를 가진 사람
- 물질적인 것을 초월한 면에서 즐거움을 발견할 수 있는 사람

생활 속의 진선미(眞善美)

서양에서 현저히 증가하고 있는 것은 변호사의 수와 법적인 분쟁사건이라고 하듯이 서구의 문화는 '계약의 문화'라고 해도 과언이 아니다. 모든 일이 문서화되어 있으며 계약을 교환하는 행위에서부터 시작된다. 반면에 한국의 문화는 '수치(羞恥)의 문화'라고 말할 수 있다. 수치스러운 일을 당하면 죽음마저 불사하기도 한다. 수치를 당하지 않는 것이 중요한 생활신조이며 누구나 수치에 대한 자기기준을 가지고 있다.

인간관계를 원만하게 하고 직장생활을 원활히 해 나가려면 무엇보다도 아름다운 마음씨를 가져야 한다. 예절은 아름다운 마음씨가 행동으로 나타나는 것이기 때문에 예절바른 직장인이 되려면 언제나 아름다운 마음씨를 가지고 올바른 생각을 하도록 노력하는 것이 무엇보다도 중요하다. 따라서 자기자신의 욕망을 충족시키기 위하여 남의 것을 탐내지 않으며, 다른 사람에게 자기것을 나누어 주고, 상사에게는 공손히 대하며, 후배에게는 거짓 없이 이끌어 주는 마음가짐으로 직장생활과 일상생활을 전개시켜 나가야 할 것이다.

예절을 지키고 생활의 예지를 추구하는 것은 높고 먼 곳에 있는 것이 아니라 생활 속에 있다. 즉 하루하루의 삶 속에서 그리고 자신의 내면세계와 조그마한 관심을 지닌 마음의 태도만으로도 사람은 진(眞)을 갖게 된다.

선(善)이란 결국 '남을 위해 주는 삶'인 것이다. 동료나 주위 사람이 곤경에 처했을 때 도와주려 하고, 어려움에 처한 이웃에게 친절한 말 한마디라도 하며, 부드러운 미소로 길을 안내하여 주고, 내가 남에게 짐이 되지 않고 남의 짐을 나누어 가지려는 마음과 그러한 마음을 일상생활에서 실천한다면 그것이 곧 선인 것이다.

사랑은 가난한 우리의 마음을 살찌운다. 동료・상사・후배를 극진히 사랑하고, 우리 회사의 상품・서비스・기업문화・조직풍토를 사랑하고, 가족과 이웃・지역사회를 사랑하는 실천의 삶, 그것은 바로 미(美)인 것이다.

직장인에게 있어서 자아실현의 궁극적인 목표는 총체적인 인간, 즉 인간다운 삶의 추구에 있는 것이라고 볼 수 있다. 우리의 삶은 진・선

· 미의 조화이며, 일상생활 · 직장생활 속에서 살아 움직이는 진솔한 나를 계속적으로 발견할 때 자기성장은 이루어진다.

호감받는 에티켓의 부문

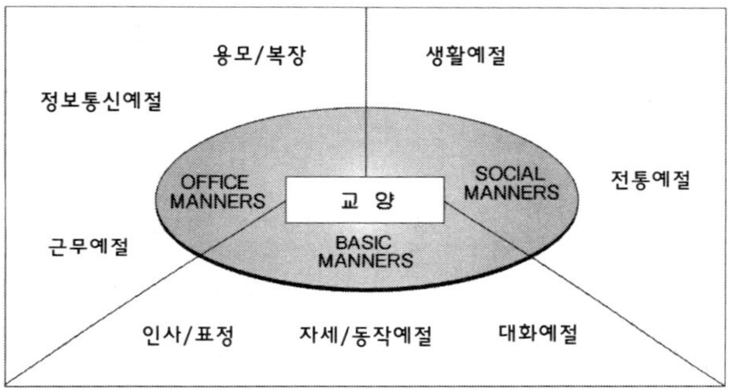

∷ 매력의 창조

좋은 매너로 상대방을 배려하면 나에 대해 호감을 갖게 된다. 나의 것을 다른 사람과 공유하면, 나에 대해서 공감을 갖고 나에 대해 더 큰 만족감을 갖게 된다. 왜냐하면 내 주변에 있는 모든 사람들이 나의 후견인(서포터)이 될 것이기 때문이다. 내가 기쁘게 해준 상대방은 자신을 기쁘게 해 준 나를 좋아하게 되고, 그것이 나에게 돌아와 더 큰 기쁨이 되는 것이다.

따라서 먼저 주는 것이다. 내가 누구에게든지 기쁨을 주었다면, 그

기쁨은 나에게 되돌아온다. 이런 식으로 해서 먼저 자신의 주변 사람들을 배려하고 친절을 베풀면, 그들이 모두 나를 필요로 하고 잠시라도 내가 없으면 아쉬워서 찾을 정도가 된다. 그러므로 좋은 매너와 나의 매력은 엄청난 경쟁력이 되는 것이다.[10)]

하루 24시간 중 가장 많은 시간을 보내는 직장에서 자신의 이미지가 어떤가에 따라 사람들에게 인정을 받고, 성공여부도 결정된다고 볼 수 있다. 인생의 2/3을 직장에서 보낸다고 생각하면 직장에서의 이미지를 좋게 하고, 직장생활에 만족할 수 있는 사람만이 인생을 성공적으로 살아갈 수 있는 사람이라고 해도 과언은 아닐 것이다.

직장에서의 이미지는 무엇보다도 다른 사람의 영향을 많이 받는다.[11)] 직장생활은 다른 사람들과 접촉하면서 이미지를 끊임없이 창출하게 된다. 다른 사람에게 비추어지는 자신의 이미지를 가꾸기 위해서 예절을 바탕으로 한 자신의 차별화는 필수 조건이며 기본조건이다. 올바른 예절을 지키고 산 예절을 터득하려면, 그 내용을 분명히 인식하고 실천에 관심을 가져야 한다.

예절은 심리적 요소와 외적 요소로 구성되어 있으며 두 가지의 요소는 표리일체의 관계에 있다. 그러므로 심리적 요소와 외적 요소를 동시에 추구할 때 상대방이나 주위 사람들로부터 호감을 얻을 수가 있다.

심리적 요소

• 상대방의 인격이나 입장을 생각해 주는 마음
• 자신의 겸허한 마음

외적 요소

- 상대방의 감정과 자존심을 손상시키지 않는 말씨
- 밝은 표정
- 품위 있는 쾌활한 동작
- 깨끗하고 산뜻한 옷차림
- 단정하고 청결한 몸단장
- 상대방을 불쾌하게 하지 않는 버릇
- 좋은 반응성
- 규칙의 준수

나의 삶을 다음의 다섯 가지 측면에서 점검하는 것이 자신의 매너를 좋게 하고 자신의 경쟁력을 키워나가는 것이다. 다시 말해서 자신이 원하는 이미지와 실제적인 자신의 이미지 간의 차이를 좁히는 것이다. 이 5가지 요소는 '덧셈의 원칙'이 적용되지 않고 '곱셈의 원칙'이 적용된다. 즉 5가지 중 1가지 요소를 놓치면 전체적으로 이미지가 나빠지는 것이다. 좋은 이미지를 낳기 위해서는 어느 한 요소라도 소홀함이 없어야 한다는 뜻이다.[12)]

- 밝은 표정 갖기
- 정감 있는 인사하기
- 부드럽고 상황에 맞는 말씨와 대화매너 지니기
- 단정한 용모와 복장 유지하기
- 바르고 절도 있는 자세 갖기

에티켓은 더불어 살아가는 지혜

일상의 생활 속에서 내가 싫은 일은 남에게도 하지 않도록 하고, 남이 나에게 해주었으면 싶은 일을 내가 먼저 해준다면 우리가 사는 세상은 얼마나 행복할까? 그렇게 산다는 것은 어려울지 몰라도 우리 모두가 이런 마음으로 살아가려고 노력한다면 이 세상은 보다 평화로우며 화목하게 될 것이다.

우리는 지난 수십 년간 경제적 성취에만 매달려 왔다. 끊임없이 경쟁하고 여기에서 살아남는 일이 모든 것에 우선하였다. 나만 좋으면 그만이라는 가치관에 지배되었고 더불어 살아가는 지혜는 점차 망각되었다. 남을 존중하고 배려하면서 상호유대를 가지려는 자세는 우리의 주변에서 사라졌고 예의범절은 말로만 떠도는 듯했다.

요즘 발표되는 에티켓 칼럼만 보아도 지극히 상식적이고 당연히 해야 할 일들을 새삼스럽고 대견한 듯 일깨워 주고 있다. 이는 우리가 얼마나 기초적인 예의와 범절마저도 외면하고 살아왔는지를 알게 해준다. 얼마나 부끄러운 일인가. 에티켓 불감증인 이 사회는 모든 사람들을 언짢게 하고 불편하게 하며 그렇게 추구해 왔던 물질적인 여유마저도 풍요를 느끼지 못하게 한다.

이런 환경 속에서 모두가 참여하여 잊혀져 가는 삶의 지혜를 찾아 모으고 모범적인 행동을 격려하여 널리 전파시킴으로써, 질서 있고 평화로우며 화목한 세상을 만들어 가려는 글로벌 에티켓 운동이 전개되고 있다는 것은 늦으나마 참으로 다행한 일이다.

새천년 새해에는 이런 불씨를 살려 스스로 교양을 높이고 더불어 사는 이웃을 존중하고 예의 바른 처신으로 인간적 유대를 확립하는 행동을 통하여 보다 행복한 세상을 가꾸어야 하겠다.

08 성차이 인식과 성희롱 예방

:: 성차이의 인식

'왜 여성은 남성과 동등한 역할과 지위를 부여받지 못하고 주체성 없이 살아가고 있는 것일까?' 라는 질문을 여성이라면 누구나 던져 볼 수 있다. 여성경시, 여성비하, 여성차별은 우리나라만 존재하는 것이 아니라 세계 공통의 현상이다. 그것은 어느 날 갑자기 생긴 것이 아닌 인류역사 이래의 지속적 현상인 것이다.

인간은 만물의 영장이라고 한다. 그러나 동물은 성차별을 하지 않는다. 만물 중에서 오직 인간만이 동일한 종(種)을 대량으로 학살하고 있으며, 오직 인간만이 자연적인 남녀의 '구별'을 '차별'로 착각하고 있다.

남녀에 대한 고정관념들은 현실적으로 남녀간의 역할차이, 권리와 의무의 차이 등을 야기시켰으며, 또한 그러한 차별을 정당화시켜 주고 있다. 성격과 능력 면에서 남녀의 차이에 대한 고정관념은 정말 신뢰할 수 있을까? 과학적인 조사연구에 의하여 밝혀진 지적 능력의 성차이는 다음과 같다.

첫째, 언어적 능력은 여성이 뛰어나다.

둘째, 시간적·공간적 능력은 남성이 뛰어나다.

셋째, 수량적 능력은 남성이 뛰어나다.

성취동기

성취동기의 면에서 성차이는 어느 정도일까? 성취동기 자체에는 남녀간의 성차이가 없으며, 남성과 여성이 성취를 지향하는 분야는 사회에서 주어진 성역할 규범에 따라 차이를 보인다. 이것은 성취하였을 때 사회적으로 따르는 긍정적·부정적 결과를 예견하기 때문이다. 결국 여성의 낮은 성취도는 사회적 편견과 차별, 육아의 책임에서 파생되는 제약과 상관관계에 있다고 볼 수 있다.

머레이는 "성취동기란 단순히 우수하다는 기준을 능가하여 성공하기 위해서는 어떤 일이든 잘 해내고 주어진 과업을 완성시키려는 강한 욕구이다"라고 지적하였다. 성취동기란 성공에의 두려움이라는 개념이 뒤따르고 있다. 다울링은 「신데렐라 콤플렉스」에서 여성의 사회적 성공을 막고 있는 것은 여성들 자신이 갖고 있는 심리적 장벽이라고 단정지었다.

대인관계

남성과 여성은 모두 대인관계에 관심을 쏟으나 표현방식에서 약간의 차이를 보인다. 남성은 능동적으로 대인관계를 형성하나 여성들은 대인관계를 감정적으로 원만히 이끌어 가면서 세심하게 보살핀다. 남성은 성장과정에서 대인관계의 공격성이 강하다. 그러나 여성도 일단 공격을 받으면 대응하는 공격적 행동을 취한다.

∷ 양성적(兩性的) 인간상의 구현

성역할이란 성별에 따라서 사회가 기대하는 바에 맞추어서 행하는 구체적인 행동양식과 행동기준을 의미한다. 그러므로 성역할의 내용은 인간 개개인이 소속된 사회문화적 상황과 시대적인 배경에 따라 다르게 나타난다. 그러나 우리 사회는 나름대로의 표준화된 성역할에 대한 고정관념이 일반화되어 있다. 남녀간의 성역할이 다른 것은 당연하나, 단순한 생리적 차이에 의한 역할규정은 당위성이 없다.

선천적 성이란 염색체의 배합양상·생리적 및 신체적인 특성과 같이 생물학적으로 주어진 속성이며, 후천적 성이란 태어난 이후에 사회적으로 학습되는 성질의 것이다. 즉 선천적 성이란 '남성(male)' 또는 '여성(female)'임을 의미하며 후천적 성은 '남성다움(masculinity)'

또는 '여성다움(femininity)'을 말해 주는 것이다. 따라서 선천적 성의 입장에서 보면 '남성'이 '여성'으로 바뀔 수 없지만, 후천적 성의 입장에서 보면 '여성'도 얼마든지 남성다운 성격을 가질 수 있으며, 반대로 '남성'도 여성다운 성격을 지닐 수 있다.

결국 '남성'이란 개념은 '여성'이란 개념과 이율배반적이지만, '남성다움'과 '여성다움'의 두 개념은 서로 대칭적인 관계에 있는 것이다. '여성다움'은 '유쾌한, 도움을 베푸는, 온순한, 동정적, 이해심 많은, 다정다감한, 수동적, 감정적, 충동적, 부드러운, 속기 쉬운, 민감한, 수줍어하는, 의존적'인 특성이다. 반면에 '남성다움'은 '공격적, 주장하는, 야심만만한, 지배적, 경쟁적, 유능한, 활동적, 격렬한, 개인주의적, 자기의존적, 독립적, 모험적'인 기질의 특성으로 살펴볼 수 있다.

'양성성(兩性性, Androyny)'은 그리스어의 *Andro*(Male) *Gyn*(Female)의 합성어로 여성과 남성의 특성을 모두 포함하는 보다 확대된 활동영역 및 개인을 말한다. 이것은 남성과 여성의 긍정적인 특징을 공유한 것으로 개인의 행동에 바람직한 영향을 끼치게 된다. 또한 심리적·정서적으로 보다 다양한 상황에서 일을 처리할 수 있으므로 급변하는 현대생활의 적응에는 바람직한 성역할이라고 볼 수 있다.

전통적인 성역할의 개념은 급격한 변화를 보인다. 최근에는 학교·직장·사회의 역할에 있어서 성별보다는 개인의 능력과 업적에 따라 평가되는 역할이 더욱 중요시되고 있다. 그리고 미래사회가 요구하는 인간상도 양성적인 특성의 소유자를 내세우고 있다.

'양성적인 인간상'이란 전통적인 성역할의 행동에 구속받지 않고, 다양하게 행동할 수 있는 심리적 자유를 지닌 사람을 의미한다. 또한 자존감이 높고 대인관계에서 효율적인 적응을 보이며 창조적이고 융통성이 높다. 반면에 불만도가 낮고, 지지나 따스함 · 보살핌 · 자기주장 · 독자성을 잘 표현하여 정신건강과 자신의 성숙을 도모할 수 있다. '양성적인 인간상'은 양성의 잠재력을 십분 발휘하여 통합된 인간으로서의 자아실현을 수월하게 한다.

성희롱의 정의와 유형

성희롱이란

여성에 대한 성폭력이 심각한 사회문제의 하나라는 사실은 이제 재론의 여지가 없다. 성폭력의 유형도 매우 다양하여 여성들은 강간이나 윤간 이외에도 성적 추행, 직장 내에서의 성적 희롱, 음란전화, 대중매체나 컴퓨터를 통한 성적 폭행과 폭언 등의 직접적인 피해 혹은 잠정적인 피해의 위협 속에서 살고 있다.

남성에게 보다 허용적인 우리 사회의 성규범은 남성들의 그릇된 성행위까지도 남성다움의 신화로 정당화시키게 된다. 그리고 억제할 수 없는 성충동이라는 미명 아래 남성에게 보다 허용적이면서, 여성에게는 순결을 목숨보다도 소중히 여길 것을 강조하는 이중적인 성규범이 놓여 있다.

남성들의 왜곡된 성문화는 여성들을 성적으로 대상화하여 전인격적인 존재로 의식하지 않게 된다. 그러므로 남성의 성적 욕구는 억제할 수 없는 것이므로 강간이나 추행으로 표출되더라도 너그럽게 이해되어야 한다는 모순을 가져온다. 이상에서 살펴본 통념들은 남성과 여성에게 서로 다르게 규정되는 이중적인 성규범과 왜곡된 성문화에 근거하고 있다.

통상 건강을 규정할 때 단순히 병이 없는 상태만을 말하지는 않는다. '건강한 성'이란 신체적·정서적·지적·사회적 총화로서의 성적 존재가 되어서 인격성숙과 대화와 사랑을 긍정적으로 통합해 갈 수 있는 상태를 의미한다.

성폭력은 비정상적인 개인 남성에 의하여 발생하는 문제가 아니고 구조적인 사회·문화적 배경을 지니고 있다. 그러므로 성폭력의 근절을 위해서는 이중적인 성규범을 극복하고, 남녀에게 평등하게 적용되는 성규범의 정착이 이루어지면서 폭력적이고 왜곡된 성문화를 척결해야 될 것이다.

직장에 따라 차이가 있지만 대부분의 직장에서 성희롱과 성폭행이 발생하고 있다는 것은 모두가 인정하는 사실이다. 말과 행동을 조심할 때가 왔다. 지금까지는 일단 성문제가 일어나면 가해자인 남성은 살아남고 피해자인 여성은 매장되는 경우가 많았다. 그리고 성희롱이란 한계가 모호하여 잘못 대응하다가는 자신이 이상한 여자로 몰릴 염려가 있기 때문에 대부분의 여성들이 참아 넘길 수밖에 없었다.

성희롱이란 업무 고용, 기타 관계에서 공공기관의 종사자와 사용자, 또는 근로자가 그 지위를 이용하거나, 업무 등과 관련하여 성적 언동 등으로 성적 굴욕감 및 혐오감을 느끼게 하거나, 성적 언동 기타 요구 등에 대한 불응을 이유로 고용상의 불이익을 주는 것을 말한다. (남녀차별금지 및 구제에 대한 법률 제2조 2항)

성희롱의 정의

용 어	해 설
업무, 고용 기타 관계	직업으로서 행하는 직무관계, 임금을 받고 일하는 관계
지위를 이용하거나 업무 등과 관련	행위장소가 직장내인지 여부를 불문하고 공공기관의 종사자, 사용자 또는 근로자의 지위를 이용하거나 기타 업무 관련성이 존재하는 경우
성적 언동 등	상대방이 원하지 아니하는 성적 의미가 내포된 육체적·언어적·시각적 행위
고용상의 불이익	채용탈락·감봉·승진탈락·전직·휴직·정직·해고 등과 같은 행위 또는 근로조건을 불리하게 하거나 고용환경을 악화시키는 행위

성희롱의 유형

성희롱의 유형에는 육체적 행위, 언어적 행위, 시각적 행위가 있으며 다음과 같이 구분된다.

육체적 행위

- 입맞춤, 포옹, 뒤에서 껴안기 등의 원하지 않는 신체적 접촉
- 가슴, 엉덩이 등 특정의 신체부위를 만지는 행위(어깨를 잡고 밀착하는 행위)
- 안마나 애무를 강요하는 행위

언어적 행위

- 음란한 농담이나 음담패설, 외모에 대한 성적인 비유나 평가
- 성적 사실관계를 묻거나 성적인 내용의 정보를 의도적으로 유포하는 행위
- 성적 관계를 강요하거나 회유하는 행위, 음란한 내용의 전화통화
- 회식자리 등에서 술을 따르도록 강요하는 행위

시각적 행위

- 외설적인 사진, 그림, 낙서, 음란 출판물 등을 게시하거나 보여주는 행위
- 직접 또는 팩스나 컴퓨터 등을 통하여 음란한 편지, 사진, 그림을 보내는 행위
- 성과 관련된 자신의 특정 신체부위를 고의적으로 노출하거나 만지는 행위

∷ 성희롱의 대처

개인적 대응

중지할 것을 항의한다

- 직접적으로 거부의사를 전달한다.(당당하게 자신의 의사를 표현

한다)

- 가해자와 직접 부딪치기 어려울 때에는 불쾌했던 점과 성희롱 중지 요구 등을 편지로 발송한다.(편지를 가해자에게 발송할 때 내용증명으로 보낸다)
- 숨기지 말고 주위에 믿을 만한 사람에게 도움을 요청한다.(제3자 신고 가능)

증거자료의 수거와 공식적인 처리의 준비를 한다

- 5W1H에 의거 내용정리
  (자신의 느낌과 어떻게 대응했는지를 자세히 메모한다.)
- 다른 피해자가 있는가를 확인하여 공동으로 대응
- 목격자가 있는지를 확인한 후 진술서, 녹음 등 증거 확보
- 가해자와의 대화녹음, 항의편지 사본 등을 준비

내부기관에 도움을 요청한다

- 본인의 상사나 가해자의 상사에게 알린다, 여직원회나 노동조합에도 알린다.
- 직장내 고충처리위원회에 정식으로 회부한다.

외부기관에 도움을 요청한다

- 여성단체나 성폭력 상담기관, 관할 노동부의 고용평등위원회, 여성특별위원회

직장에서의 대응

- 회사내부의 소속직원이나 외부의 전문가를 상담요원으로 지정하여 공정하게 처리한다.
- 제기된 사안에 대해 신속하고 공정하게 조사·처리하고 개인정보의 유출을 방지한다.
- 가해자에 대해 공개사과, 각서쓰기, 정직, 경고, 견책, 휴직, 전직, 감봉, 대기발령, 해고 등 피해자가 납득할 만한 조치를 취한다.
- 처리 후, 반드시 피해자에게 그 결과를 통보한다.

성희롱의 처리절차

성희롱 사건 발생

▼

중지요청(구두, 서면)

▼

기록과 증거확보

▼

공식적인 이의제기(직속상관, 여직원회, 노동조합, 고충처리위원회)

▼

해결(공개사과, 각서, 경고, 전직, 감봉, 해고 등)
미결(여성단체, 노동부 고용평등위원회, 여성특별위원회)

∷ 성희롱의 예방대책

공공기관의 장 및 사용자는 성희롱 방지를 위하여 교육실시 등 필요한 조치를 취하여야 한다. 성희롱 예방조치의 유형에는 성희롱 상담·고충에 대한 전담창구 마련 및 정기점검, 성희롱 상담자에 대한 교육훈련 지원, 성희롱 예방교육·홍보용 자료 게시 또는 비치, 성희롱 행위자에 대한 적정한 대처 및 재발방지대책의 수립, 성희롱과 관련된 피해자의 불이익한 조치와 금지 등이 있다. 성희롱 예방을 위한 행동요령은 다음과 같다.

상사로서의 태도

- 부하 직원을 칭찬할 때 쓰다듬거나 가볍게 치는 행위도 성희롱으로 오해받을 소지가 있으므로 그런 행동은 신중을 기해야 한다.
- 부하 직원을 '딸 같다, 아들 같다' 하면서 쓰다듬거나 안마를 요구하는 신체접촉을 안 한다.
- 자신이 관리하는 영역에서 성희롱이 일어나지 않도록 예방에 힘쓰며, 일단 성희롱이 발생하면 그 행동을 중지시켜야 한다.
- 중재, 경고, 징계 등의 조치 이후 가해자가 보복이나 앙갚음을 하지 않도록 주시한다.
- 성희롱을 당하면서도 거부하지 못하는 피해자가 있다는 것을 알면 중지시켜야 한다.

동료로서의 태도

• 남자

– 평소에 자신과 상대방의 생각에 대해서 충분히 의사소통을 하고 상대방의 의사를 존중한다.

– 상대방에게 성적 행동을 강요하지 않는다.

– 상대방에게 동의를 구하지 않은 채 스킨십을 하지 않는다.

– 상대방의 거부의사(언어, 행동 등)을 왜곡해서 받아들이지 않는다.

– 상대방의 침묵을 동의로 받아들이지 않는다.

– 상대방을 비하하는 성적인 농담을 하지 않는다.

– 여성을 성적으로 대상화·상품화하는 문화에 대해 문제를 제기한다.

– 성희롱은 가해자에게 책임이 있음을 명확히 한다.

• 여자

– 성희롱에 대한 예비지식과 대처방법을 알아두어야 한다.

– 평소에 자기주장을 분명히 해야 한다.

– 성에 대한 가치관, 행동의 한계에 대한 기준을 갖는다.

– "예"와 "아니오"가 뒤섞인 태도를 보이지 말고 의사표현을 분명히 한다.

– 자신이 원하지 않는 스킨십을 상대방이 했을 때는 단호하게 "싫다"고 말한다.

– 외부와 차단된 공간(노래방, 비디오방 등)에 갈 경우에는 자신과 상대방의 생각이 서로 다를 수 있다는 것을 알아야 한다.

직장 내 성희롱 예방을 위한 개인의 노력

1) 가해자가 되지 않기 위한 유의사항

- 음담패설을 삼간다.
- 직장 내에 음란한 그림이나 사진은 붙이지 않는다.
- 직원의 외모나 사생활에 지나치게 간섭하지 않는다.
- 타인과의 불필요한 신체접촉을 하지 않는다.
- 상대방이 거부의사를 하였을 경우에는 즉각 이를 중지한다.
- 자신의 지위를 이용하여 사적인 만남을 강요하지 않는다.
- 회식자리나 야유회에서 직원에게 술을 따르게 하거나 서비스를 강요하지 않는다.
- 승용차에 동승하는 경우는 가급적 나란히 앉지 않는다.
- 직원이 성희롱을 하는 경우에는 이의를 제기한다.
- 성희롱 예방 프로그램에 적극 참여한다.

2) 피해자가 되지 않기 위한 유의사항

- 자신의 의사표시를 분명히 한다.
- 새로 직장에 들어갈 경우에는 전임자에게 성희롱이 있었는지의 여부를 알아본다.
- 회사의 사규에 성희롱 예방과 구제절차에 관한 규정이 있는지 알아본다.
- 회사 내에 성희롱이 받아들여질 수 없는 분위기를 조성한다.
- 동료들 간의 음담패설에 참여하지 않는다.
- 음란한 사진이나 그림을 붙이는 행위에 대하여 이의를 제기한다.
- 회사에 대하여 성희롱 예방대책의 마련을 촉구한다.
- 성희롱을 당한 동료를 비난하지 않고 공동으로 대처한다.
- 업무시간 외에 원하지 않는 만남을 피한다.

김천수, 「성희롱 예방과 대책」, 중앙경제, 2002, pp.42~43

09 회의참가와 운영

:: 회의종류

회의란 기업의 경영조직에 있어서 업무를 관리하기 위한 활동에 적용되는 중요한 수단이며, 회의란 3명 이상의 참가자가 공통의 장소에 모여서 정보를 전달·가공하여 문제해결을 도모하는 것이다. 회의는 조직구성원 간에 신뢰관계를 구축하기 위한 지(知)의 정리, 정(情)의 정리, 그리고 의(意)의 통합 터전으로서 매우 중요한 것이다. 회의란 개최함으로써 다음과 같은 효과를 얻을 수 있다.

- 참가자에게 내용을 확실하게 이해시킬 수 있다.
- 업무에 대한 조정, 정보교환을 통하여 중지를 모을 수 있다.
- 의견의 교환을 통하여 참가자의 지식과 경험을 통합할 수 있다.

• 참가자의 지식 · 경험 · 의견으로 좀더 좋은 계획을 수립할 수 있고 문제해결을 꾀할 수 있다.
• 참가자의 실행의욕을 높일 수 있다.
• 다수를 참여시킴으로써 사기를 높이고 귀속의식을 기를 수 있다.
• 자기계발과 상호계발의 기회가 된다.

목적별 분류

정보전달회의

참가자가 모르는 지식이나 정보를 리더가 참가자에게 전달하는 회의이며, 상부에서 결정한 지식 · 정보를 일방적으로 하부에 전달하기 위한 회의이므로 리더의 통제는 상당히 강하다.

토의회의

참가자의 지식과 경험에 의한 의견 · 생각이 적극적으로 교환되는 회의로서 다음의 3가지 유형으로 분류된다.

• 지도회의
리더가 대체적인 결론은 알고 있으면서 결론을 발표하지 않고 참가자로부터 적극적인 의견 · 생각을 유도하여, 리더의 결론과 같은 것 또는 좀더 좋은 것에 도달시키는 회의이다.

• 탐구회의
하나의 문제에 대하여 참가자로부터 많은 정보 · 의견을 구하는 회의이다. 이 회의는 이와 같은 정보 · 의견을 리더가 차후에 활용하려는 것이 특징이다.

- 문제해결회의

  참가자의 의견·생각을 적극적으로 교환시켜서 하나의 문제에 대한 해결방안을 모색하는 회의이다. 이 회의는 참가자로부터 결론이 도출되므로 참가자의 참여폭이 넓다.

의사통일회의

조직목표나 조직을 에워싼 내·외적 환경에 관한 정보나 견해의 차이를 서로 이야기하고 조정한 후, 그것을 통일할 목적으로 하는 회의이다.

형식적 분류

원탁회의

10~20명 정도의 참석자가 탁자를 둘러싸고 앉아서 자유롭게 발언하는 회의이다. 서로 마주보고 앉아있기 때문에 홀가분한 분위기 속에서 생각나는 대로 자연스럽게 의견을 토의할 수 있다.

공개토론

고대 로마에서 집회를 위한 광장을 포롬이라고 불렀다. 공개토론에는 대표자 토론과 강연형 토론이 있다.

- 대표자 토론

  리더의 사회로 테마에 대하여 지식·경험이 풍부한 수명의 전문가가 토의를 하고, 참가자는 그 토의를 듣는 회의방법이다. 그런 다음에 참가자도 참가하여 리더의 사회로 전체토의를 실시한다. 이 회의는 패널멤버의 선택여부가 회의의 성패여부에 직결된다.

- 강연형 토론
  어느 테마에 대하여 상이한 의견을 갖고 있는 수명의 전문가가 10~15분 정도의 강의를 차례로 한 후, 참가자도 질문하고 의견을 발표하여 전체토의를 진행시키는 회의방법이다.

집단토론

참가자의 토의를 전제로 하고 목적달성을 추구하는 회의방법이다. 참가자를 소그룹으로 분류한 후, 특정 테마에 대하여 소그룹별로 토의하고 전체의견을 정리한다. 이 회의는 참가자들 사이에 끼고 싶다(사회적 욕구), 자기의 의견을 인정받고 싶다(자아욕구), 자기의 생각을 반영시키고 싶다(자기실현 욕구) 등의 인간의 욕구본능에 따른 기법이다. 능동적인 참여와 자율정신에 입각하여 참가자 상호간의 상호계발을 도모할 수 있다.

의회용 토론

회의에 임하기 전에 테마에 대한 자료를 배부하고 참가자들이 그 내용을 숙지하고 있음을 전제로 하여 찬성자와 반대자의 의견을 듣게 하는 회의이다.

아이디어 수집회의

아이디어 수집개발을 위한 회의로서 문제해결 테마에 대한 아이디어에 대하여 참가자가 룰을 준수하고 진행하는 방법이다. 수집된 아이디어는 별도의 회의에서 정리·평가·요약된다.

:: 회의참가

회의의 준비

필요한 정보와 자료를 정리하고 참가자 전원에게 통지

- 설명에 필요한 자료, 실물, 사진, 그림 등을 충분하게 준비한다.
- 각자에게 배부할 자료는 인원 수에 맞추어서 충분히 준비하고 가능하면 미리 배부한다.
- 참가자에게 미리 회의날짜, 시간, 장소 등을 연락하고 철저히 주지시킨다.
- 필요에 따라 자료, 노트, 필기도구 등을 지참하도록 알린다.
- 의제에 관해 미리 생각해 보고 참석하도록 의뢰한다.

회의장의 준비

- 자유롭게 이야기하며 차분하게 토의에 집중할 수 있어야 한다.
- 밖에서 보이거나 방해받지 않아야 한다.
- 출입 또는 기타 실내동작이 토의에 지장이 없도록 배치를 한다.

• 의자, 테이블, 준비사항 등을 준비한다.

회의장 배치

회의장의 배치는 회의유형, 성격, 참가자의 수, 회의장의 상태에 따라 달라진다.

• 원탁형

원탁형은 서로 마주보고 앉기 때문에 참가자 전원의 얼굴을 볼 수 있다. 이 배치는 대등한 좌석의 배치로 자유로운 분위기가 가능하므로 프리토킹과 아이디어 수집 회의에 적당하다.

• ㅁ자형

참가자가 많을 때는 중간을 비워 놓고 ㅁ자형으로 한다.

• ㄷ · V자형

ㄷ자형은 연수회의 등에 사용되고 많은 참가자가 흑판과 화이트보드를 볼 수 있다. V자형은 빔 프로젝터나 VTR을 사용하여도 참가자가 이동하지 않으므로 편리하다.

• 교실형

참가자가 다수인 경우의 회의유형이다. 정보전달을 목적으로 하는 설명회 등에 적합하다.

비용 · 용품

회의진행에 필요한 비품과 용품은 회의내용을 생각하여 차질 없이 준비한다.

회의용 비품・용품

회의용 비품	책걸상, 흑판, 화이트 보드, 스크린, 커튼, 마이크, 스피커, 괘도걸이
시청각기기	VTR, 슬라이드, 녹음기, OHP, TV, 빔 프로젝터
문구류・기타	분필, 매직, 스테이플러, 모조지, 테이프, 압정, 필기구, 포인터, 명찰, 명패, 고무밴드, 화분, 꽃, 쓰레기통, 양복걸이, 전화, 인터폰, 시계, 회의 기념품, 안내게시물

회의장 배치

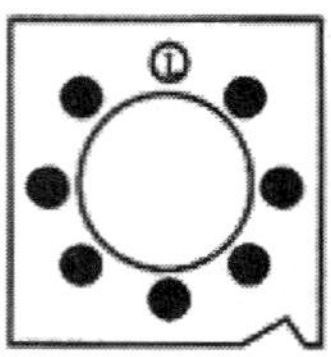
① 원탁형

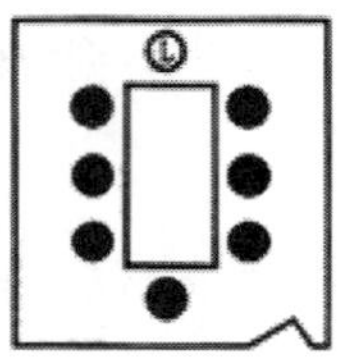
② 원탁형

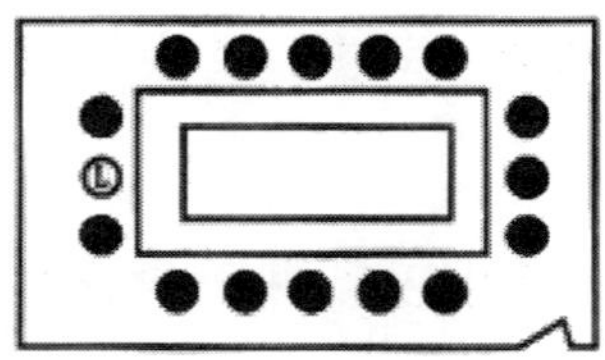
③ ㅁ자형

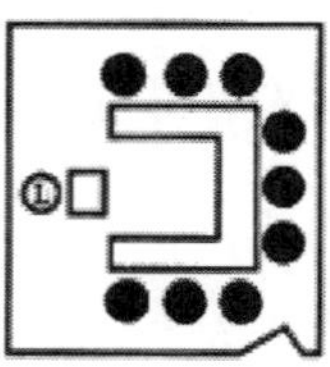
④ ㄷ자형

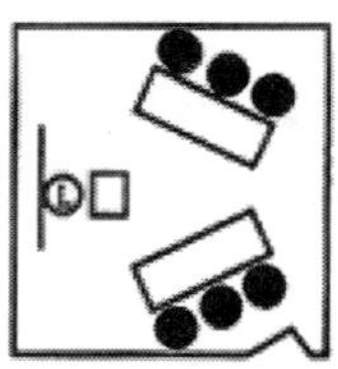
⑤ V자형

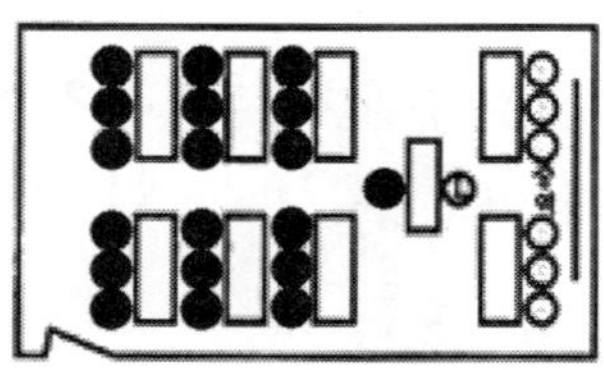
⑥ 교실형

참가자의 유의사항

- 발언은 간단히, 타이밍을 맞추어서 적극적으로 한다.
- 업무향상에 플러스가 되는 말은 적극적으로 발언한다.
- 전체와 관계가 없는 것은 피하도록 한다. 회의목적에 맞추고 본 의

제에서 벗어나지 않도록 한다.

- 의견을 달리 하는 사람의 발언에도 귀를 기울인다.
- 반대의견을 말할 경우에도 친근감을 갖고 개인감정과 반대를 위한 반대는 삼간다.
- 감정에 치우쳐 판단을 그르치거나 말초적인 작은 문제를 가지고 논쟁하지 않는다.
- 혼자 회의를 독점하지 말고 참가자 전원이 발언할 수 있도록 한다.
- 반대한 의견이라도 결정된 것은 그대로 따르며 실행에 옮긴다.
- 서두르는 식의 결의사항, 잘못된 의사결정, 의견차이의 노출 등과 같이 잘못된 점 등을 항상 주의한다.
- 회의 중 문제분석, 대안의 해결, 의사결정, 정보, 조정과 같은 목표를 항상 검토한다.

의견의 제시요령

- 의견을 첫 번째로 내는 것을 두려워하지 않는다. 코멘트를 하거나 질문이 있으면 일찍 하는 것이 좋다. 망설이면 망설일수록 기회를 완전히 놓치기가 쉽다.
- 심각한 것이라도 일장 연설을 하지 않는다. 코멘트는 간결 명료하고 요지에 꼭 맞아야 한다. 심플하고 직선적인(그러나 자극적이 아닌) 언어를 사용한다.
- 말하고자 하는 것에 대하여 구체적인 실례를 들어 이야기하고 추상적인 이야기는 피한다.

- 말은 천천히 하되 회의장 안에 있는 사람들에게 다 들릴 수 있는 톤으로 한다. 단조로운 톤은 듣는 사람을 지루하고 무관심하게 만들므로 톤을 바꿔가며 이야기한다.
- 자기비하의 말은 피한다. "제 생각이 틀리는 것인지는 모르지만"이라든가, "제가 아는 건 없지만"하는 따위의 말을 한다고 해서 당신이 더 겸손한 사람으로 보이는 것이 아니므로 그런 말을 피한다.
- 제안된 의견이 바람직하지 못하면 비난하기보다는 다른 방법을 제시한다. 자신의 의견을 바로 앞에 발표된 의견의 확대라는 식으로 이야기한다.
- 회의 초반에서 언급되었던 것을 이야기할 때는 그것과 당신의 의견과는 어떤 관계가 있는가를 명확히 이야기한다.
- 어떤 모임이든 중요한 주제가 토론되는 자리라면 메모를 하는 것이 중요하다.

발언해서는 안 되는 사항

- 거듭 반복되는 발언 또는 말의 방향만 바꾸었을 뿐 똑같은 내용을 반복하는 것
- 서두가 너무 긴 것
- 결점만을 지적하고 개선책을 제시하지 않는 것
- 공격적인 발언
- 타인의 말을 가로막는 발언
- 상대의 의견과 관계가 없는 자기식의 발언

- 회의의 흐름을 무시한 발언
- 다음의 행동으로 연결되지 않는 발언
- 자기주장만 있고 목적이 없는 발언
- 필요 이상으로 상세한 발언
- 회의주제와 관계가 없는 발언
- 상대의 말꼬리를 물고 늘어지거나 중요한 부분을 생략한 발언
- 반론을 위한 반론
- 변명이나 핑계

회의운영

회의운영의 순서

회의를 훌륭하게 진행시키기 위해서는 다음과 같은 순서를 밟는 것이 좋다.

도입한다

회의를 원활하게 이끌어 가기 위해서는 먼저 참가자의 마음을 편안하게 한 다음 회의주제를 소개한다. 모두가 함께 의논할 문제를 확실히 명시하고, 문제에 관계되는 필요한 정보나 데이터를 설명하여 회

의목적을 명확하게 한다. 이렇게 하면 참가자의 관심도 높아지고 문제에 대한 주의력이 집중된다.

의견을 이끌어 낸다

문제에 관계되는 참가자의 생각이나 의견은 질문을 통해 끄집어 낸다. 그리고 문제에 관계되는 참가자의 경험이나 정보도 이끌어 낸다.

결론으로 이끈다

내 놓은 의견·생각·정보를 질문으로 비교·구별·통합하거나 문제해결에 도움이 되는 의견이나 생각을 서로 평가시킨다. 그리고 의견이나 생각을 일치시키고 결론으로 이끌어 간다.

회의운영의 순서

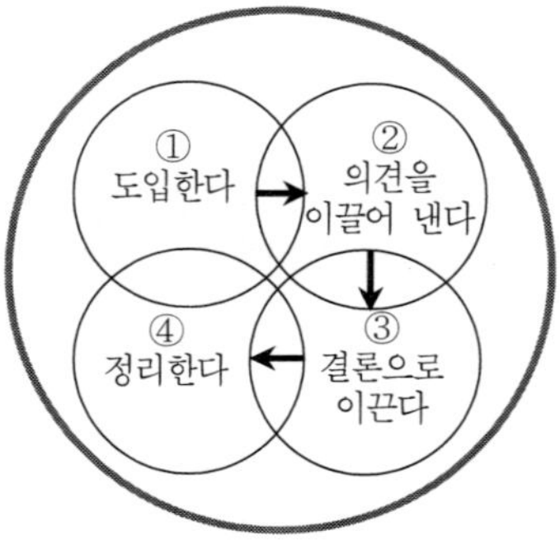

정리한다

마지막으로 전체의 회의를 정리한다. 동의를 얻은 결론이나 일부의 주요 의견을 다시 한번 확인시킨다.

효율적인 회의운영

회의가 공허한 논쟁으로 끝나는 것은 많은 사람들이 시간을 제대로 운영하지 못하기 때문이다. 회의가 지지부진한 것은 목표가 불확실하고 원활하게 진행되지 못하는 까닭이다. 따라서 회의를 얼마나 잘 진행하느냐에 따라서 리더의 능력과 회의성과가 달라질 수 있다.

- 꼭 필요할 때만 회의를 소집한다.
- 어떤 회의이든 사전에 철저하게 계획하고 준비한다.
- 의사일정을 작성하여 배포한다.
- 회의개최와 폐회의 시간을 엄수한다.
- 어떤 경우이든 자제력을 잃지 않고 지엽적인 발언을 제지한다.
- 토론을 철저하게 마무리한다.
- 참가자들의 재능과 경험을 최대한 활용한다.
- 가끔 토론내용을 검토하고 정리한다.
- 건의사항을 기록하고 특정 업무를 분담시킨다.
- 회의를 평가하고 앞으로 개선할 점을 파악한다.

생산적인 회의를 하려면

회의는 중요한 커뮤니케이션 수단임에는 틀림없다. 그러나 그 회의가 실용적으로 조직화되지도 못하고 최소한으로 절제되지 못하면 오히려 업무의 발목을 잡기 십상이다. 회의는 반드시 회의다워야 하고 회의답지 않은 회의는 과감하게 없애야 한다. 회의가 회의다워지려면 어떻게 해야 하는가?[13)]

- 회의에는 분명한 목적이 있어야 한다. 목적이 분명하지 않은 회의는 아무 의미가 없다.
- 반드시 회의를 해야만 하는 필연성이 있어야 한다. 굳이 회의를 통하지 않아도 될 일이라면 회의를 소집할 필요가 없다.
- 회의는 반드시 필요한 최소한의 규모로 진행되어야 한다.
- 회의는 철저하게 경제적이고 실용적이어야 한다. 회의시간은 현장의 특성에 따라 회의하기에 가장 좋은 시간을 선택해야 한다. 또한 불필요한 진행상의 군더더기는 모두 제거하고 스피드하게 진행해야 한다.
- 회의의 안건과 그에 따른 토론 범위는 반드시 필요한 선까지로 엄격하게 제한되어야 한다(무엇에 대해서 의견을 구할 것인지 구체적으로 밝히면 더욱 좋다). 그리고 그것은 사전에 공고되어야 하며, 회의에 필요한 기초자료를 미리 준비하도록 해야 한다.
- 회의는 말 그대로 자유로운 의사소통의 마당이어야 한다. 리더의 일방적인 지시나 훈계를 듣는 자리가 되면 시간낭비일 뿐이다. 그런 거라면 굳이 회의를 할 필요 없이 전달을 해도 충분하다.
- 정해진 시간, 특히 끝나는 시간을 엄수하되 가능한 한 빨리 끝내야 한다. 대개의 회의는 "시작 시간은 정해져 있어도 끝나는 시간은 끝나봐야 알 수 있다."는 식이다. 그래서는 하루 업무를 계획대로 진행할 수가 없을 뿐더러 스케줄이 엉망이 되어 버린다.
- 회의를 주재하는 리더는 회의목적에 맞는 구체적인 진행 프로그램을 미리 구상하고 진행해야 한다. 그리고 본론에서 벗어나는 발언을 제어하고, 의견이 분분한 사항은 어떤 식으로든 교통정리

를 해서 시간을 끄는 일이 없도록 해야 한다.

- 회의는 반드시 기록되어야 한다. 그리고 그 자리에서 결정된 사항은 기록된 형태로 참가자에게 공유되어야 한다.
- 회의는 결론을 내야 한다. 그리고 그 결론에 따라 임무가 부여되고 구체적인 일정이 수립되어야 한다.

:: 회의종료 후의 자기반성

진행방법

- 화제만 산발적으로 나왔을 뿐 깊이가 없었다.
- 타인이 말하는 사실에 무조건 동의하며 대화를 나누었을 뿐이다.
- 리더가 시간을 지키게 하며 통제하였다.
- 소수의 참가자가 화제를 독점하였다.
- 각자가 스스로 참여도를 통제(자기통제)하며 의견을 활발하게 교환하였다.

결정방법

- 발언이 있어도 적극적으로 이를 전개하지 않았다.
- 소수 의견에 모두 찬성을 하고 압도되었다.

• 타협에 의한 결정이 이루어졌다.
• 결정은 참가자 전원의 이해와 동의에 의해 이루어졌다.

커뮤니케이션

• 발표된 아이디어나 의견에는 신념의 뒷받침이 없었다.
• 예의 바른 우호적 토의였었다.
• 여러 가지 각도에서 아이디어와 의견이 나왔지만 서로 양보하기만 하였다.
• 자기입장을 쟁취하는 토의가 이루어졌다.
• 의견이나 신념을 솔직하게 발표하고 의견의 불일치는 올바른 이해가 얻어질 때까지 대화를 나누었다.

분위기

• 발언은 단조로우며 생기가 없었다.
• 마음이 편하고 유쾌하게 진행되었다.
• 얻은 바가 있어서 만족스러웠다.
• 이기느냐 지느냐의 대화로 긴장을 느꼈다.
• 성과와 보람이 있어서 전원이 마음으로부터 열심히 참여하였다.

회의운영

• 전원이 어떤 것을 결정하는 일에 관심이 없었다.

- 좋은 일은 서로 찬성하였지만, 잘 이해할 수 없는 일이나 분명하지 않은 점은 추궁하지 않았다.
- 대화를 효과적으로 진행하기 위해 색다른 방식과 제안이 나왔다.
- 비건설적으로 보이는 발언이나 태도가 있었다.
- 무엇을 배울 것인가, 어떻게 개선해야만 될 것인가의 관점에서 끊임없이 반성하였다.

회의 때 조는 당신, 떠나라

친구나 주변사람의 회사로 전화를 걸면 동료가 대신 전화를 받아 '지금 회의 중 인데요.'라고 답하는 경우가 많다. 하지만 전화를 끊고 바로 휴대전화로 전화를 걸면 상대방이 멀쩡히 전화를 받는다. 회의 중 휴대전화를 받아도 되는'중요하지 않은 회의'가 허구한 날 반복된다는 뜻일까? 업종이나 기업에 따라 차이는 있지만 하루 중 회의시간이 차지하는 비율은 일반사원이 5%, 간부사원이 10%, 영업계열이 15%, 일반 관리직이 15~20%로 직급이 오를수록 더욱 높아진다.

일본의 유명 컨설턴트인 다카하시 마고토씨는 그의 책 「성공한 기업회의는 이렇게 다르다」에서 '비효율적인 회의'의 전형으로 10가지를 들었다. 장시간 회의, 결론이 나지 않는 회의, 의제가 모호한 회의, 우선 열고 보는 회의, 강압적인 회의, 발언자가 적은 회의, 독재형 회의, 잡담이 많은 회의, 중도이탈자나 불참자가 많은 회의, 결론이 좀처럼 반영되지 않는 회의가 그것이다.

혹시 회의 진행자가 리더십이 없고, 시간관리를 못하고, 회의 분위기를 살리지 못한 채 자신의 의견을 강요하는 스타일인가? 그렇다면 회의 참석자로서 본인은 어떤가. 아무 준비없이 참석하고, 언제나 지각하거나 도중 빠져나가고, 상대가 하는 말에는 귀를 기울이지 않지만 자신이 발언할 때는 장황하게 늘어놓지는 않는지. 게다가 찬성은 하지만 주관이 없고, 반대를 해도 대안을 제시하지 못하는 '시간끌기형' 참석자는 아닌지 반성해 보자.

하지만 보다 효율적인 회의를 위해서는 몇 가지 유의해야 할 사항이 있다. 우선 회의시간을 적절히 관리해야 한다. 일본의 자동차 회사인 혼다는 회의실을 2시간 이상 이용하지 못하도록 사규로 정해놓고 있다고 한다. 회의시간은 2시간을 넘지 않는 게 좋다는 뜻. 이를 위해서는 우선 지각생이 없어야 하는 데, 다카하시는 회의시간을 15분 단위로 시작할 것을 권하고 있다. 즉 회의시간을 1시 15분, 5시 15분 등으로 정해 참석자들에게 심리적 부담감을 주라는 이야기이다.

조선일보, 2003년 2월 27일자

Middle up-down Leadership

PART 4

개인과 조직의 창조적 변화를 이룩하라

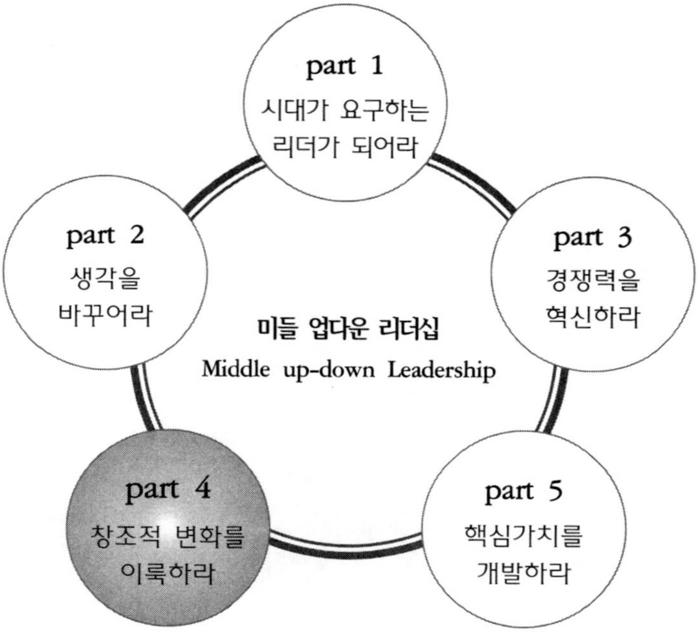
part 1
시대가 요구하는
리더가 되어라
part 2
생각을
바꾸어라
part 3
경쟁력을
혁신하라
미들 업다운 리더십
Middle up-down Leadership
part 4
창조적 변화를
이룩하라
part 5
핵심가치를
개발하라

10
비즈니스 커뮤니케이션

:: 커뮤니케이션이란

커뮤니케이션(Communication)은 정보전달・의사소통・정보교환・감정이입의 의미를 뜻하며, 의견・정보・지식・가치관・기호・방침・감정 등을 전달하거나 교환함으로써 상대방의 행동을 변용시키는 과정이다. 커뮤니케이션은 언어나 시각을 통하여 상대방이 이미 알고 있는 의미나 경험을 되살리면서 전달하는 것이다. 그러나 전달내용에 대해서 모든 사람이 동일한 의미와 가치를 공유하는 것은 아니다.

커뮤니케이션은 조직생활의 주춧돌이다. 인간에 관한 대부분의 문제들은 커뮤니케이션이 충분하지 못하였거나, 전혀 커뮤니케이션이 없었기 때문에 일어난다. 인간관계와 조직생활을 원활히 하기 위해서는 커뮤니케이션이 중요한 역할을 하게 된다. 커뮤니케이션은 자연발생적인 것이 아니고 의도적인 것이므로 의도하는 것을 달성하기 위하여 자기 이외의 존재가 항상 필요하다. 그러므로 효과적인 커뮤니케이션이란 커뮤니케이션의 목적을 분명히 파악하고, 목적에 부응하는 역할과 기능이 수반되어야 한다.

커뮤니케이션의 과정

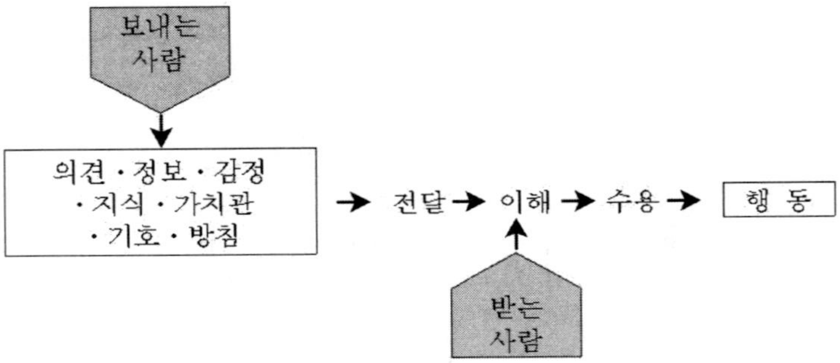

그리고 커뮤니케이션은 언제나 자연스럽게 이루어지는 행위이다. 효과적인 커뮤니케이션을 구사하려면 커뮤니케이션의 장애를 인식하고 거기에 따른 대책을 강구하여야 한다.

정보화사회를 맞이하여 이메일은 개인생활뿐 아니라 조직생활 및 사회생활에 있어서 커뮤니케이션과 정보전달의 주요 수단이 되었다. 특히 이메일은 저장성과 신속성이 뛰어나다. 의사와 정보를 체계적으로 정리하고 가공하여 주고받을 수 있다는 점에서 다른 커뮤니케이션 수단보다 매우 효과적이다.

이메일을 업무와 인간관계의 측면에서 활용하는 것은 이미 개인적인 취향의 차원을 넘어섰다. 그리고 회의의 사전 준비나 사후 마무리 과정에서도 대단한 위력을 발휘한다. 또한 수행 중인 업무의 중간 상황을 체크하면서 격려의 메시지를 보내는 데도 이메일은 안성맞춤이다.

정보를 신속하고 저렴하게 찾는 것이 곧 성패의 관건이 되는 정보화사회에서 이메일은 바로 자신의 경쟁력을 높이는 도구이다. 이메일은 장벽을 극복하고 부하와의 이해를 증진시키며 신속한 결정을 할 수 있는 훌륭한 도구이다. 이메일을 최대한 활용하면 할수록 자신의 경쟁력은 그만큼 높아진다. 다만 오해의 소지가 있는 이메일은 보내지 않도록 각별히 주의하여야 한다.[14)]

이메일 활용방법

- 날마다 메일함을 정리한다.
- 이메일을 받은 즉시 지울 것인지, 당장 읽을 것인지, 다른 사람에게 전달할 것인지, 참고용으로 저장할 것인지, 나중에 읽기 위해 보관할 것인지를 결정하여 처리한다.
- 메일 보관함을 효율적으로 설정한다.
- 송수신 자료정리 기능(필터), 주소록, 보기, 자동서명 기능 등을 활용한다.
- 신속하게 회신하려면 답장쓰기를 이용한다.
- 회신하기 전에 쓸 말을 미리 생각한다. 주제어를 짤막하게 기록한 다음 논리적으로 정리한다. 중요한 내용을 가급적 먼저 쓴다.
- 이야기하듯 글을 쓴다. 오해를 막기 위해 명확한 표현이 필요하다.

- 속어나 은어를 사용하지 않는다.
- 필요한 정보만을 보낸다.
- 불필요한 파일은 첨부하지 않는다.

외국에 이메일을 보낼 때의 주의사항

- 내용을 미리 생각한다.
- 읽기 쉽도록 표제를 붙여 내용을 편집한다.
- 문장이나 문단은 짧게 한다.
- 간결하며 명료하게 작성하고 수신자가 편하게 받을 수 있는 시간에 보낸다.
- 애매모호한 표현은 삼간다. 쉬운 단어와 능동사를 사용하고 한 가지만 뜻하는 단어를 이용한다.
- 한 번 읽고 곧바로 이해하기 힘든 은유적 표현을 쓰지 않는다. 예컨대 '시간이 빨리 흐른다(Time passes quickly)'는 의미를 전달하기 위해, '시간이 쏜살같다(Time flies)'는 은유적인 표현은 쓰지 않는 것이 좋다.
- 속어나 특정 지역의 은어를 사용하지 않는다.
- 영어로 쓴다.(만약 수신자의 언어에 능통하다면 그 나라 말로 써도 좋다)
- 모든 질문에 자세하게 답변한다. 아무리 사소한 것이라도 유의한다.
- 마지막으로 이메일을 보내기 전에 교정을 본다. 불필요한 단어를 없애고 철자법이 바른지 검토한다.

∷ 의사전달능력은 핵심 경쟁력

요즈음 북핵·독도·교과서 문제 등 각종 현안을 접하다 보면 커뮤니케이션 능력이 경쟁력이요, 나아가 국력이라는 생각이 절실히 든다. 자신의 생각을 상대방에게 알리는 커뮤니케이션 능력의 중요성은 이미 정치·외교·사회는 물론 과학기술에 이르기까지 전 분야에서 인식되고 있다.

LG경제연구원은 「인식의 차이를 만드는 리더의 유형」 보고서에서 부하와 의사소통을 제대로 하지 못하는 리더의 유형과 형태에 대하여 지적하였다. 첫째, 부하직원의 생각에 귀를 기울이지 않는 귀머거리 유형이다. 둘째, 자신의 생각만을 강요하는 유아독존 유형이다. 셋째, 자신의 의도를 부하직원에게 이야기하지 않으며 리더가 부하직원에게 불필요한 걱정이나 불안감을 주지 않기 위해 의도적으로 정보를 숨기는 과묵형이 있다.

이제 우리 개개인의 경쟁력은 의사전달능력과 비례하고 있다. 주위를 둘러봐도 자신의 생각을 상대방의 눈높이에 맞춰 설득력 있게 전달하는 사람들이 성공하는 것을 볼 수 있다. 상대방 눈높이를 고려하여 말하는 커뮤니케이션 능력은 모든 조직구성원 개개인의 경쟁력 중 하나이다.

이제 '어떻게 해야 하는지를 아는 것'에 그쳐서는 안 되고, '무엇을 하는지 알리는 것'이 중요하다. 커뮤니케이션을 해야 하는 관리감독자는 자신은 물론 부하의 심리를 잘 이해하고, 최적의 설득 전략을 개발할 줄 알아야 한다. 또한 호소력 있는 메시지를 만들고 효과적으로 전달하는 방법도 알고 있어야 한다.

우리는 말을 할 때 상대방을 염두에 두고 상대방과 같이 나누고자 하는 생각이나 감정을 표현한다. 독백이 아니고서는 진공 상태에서 대상도 없이 말하지 않는다. 내 생각만 옳다고 주장하고 남의 피드백을 받아들이지 않는 것은 독선이며, 의사소통의 기본이 되는 발신자의 메시지에 대한 수신자의 반응 자체를 부인하는 것이다.

반응이란 수신자가 메시지 내용을 해석한 후 이해한 내용으로 느끼는 감정이며, 메시지가 어떻게 접수되었고 해석되었는지를 알려주는 지표이다. 때로는 발언의 진의가 왜곡되었다고 판단하여 대응할 수 있는 것도 바로 상대방의 피드백이 있었기 때문에 가능한 것이다. 수신자가 자신의 생각과 다른 반응을 했다면 억울해 하기보다는 의도한 효과를 거두지 못한 자신의 커뮤니케이션 노하우를 재점검해 보아야 한다.[15]

성공적인 커뮤니케이션을 하기 위한 노하우는 첫째, 메시지를 잘 준비해야 한다. 둘째, 메시지를 전달하는 대상인 수신자의 눈높이에 맞추어야 한다. 셋째, 메시지 전달 어조의 선택은 효과면에서 중요하다.

커뮤니케이션 상황에서는 예측 불허인 경우의 수가 있다. 우리 모두가 알아두면 도움이 될 두 가지 상황에 대해 살펴보면 다음과 같다. 상대방으로부터 모욕을 당했을 때 어떻게 대처해야 하나? 으뜸은 무시하는 것이고, 그 다음은 웃어넘기는 것이며, 그럴 수 없다면 더 세게 받아치는 것이다. 위기에 처했을 때는 어떻게 헤쳐 나가야 하나? 발단 초기에 진상을 통째 한 번에 알리는 것이 관건이다.

⁚⁚ 호감을 주는 말씨

말은 이야기 하는 사람의 인품이며 사상이다. “한 마디 말로 천 냥 빚을 갚는다.”라는 속담처럼 말로써 성공의 열쇠를 쥐는 사람이 있는가 하면 말로써 자신의 무덤을 파는 사람도 있다. 말이란 쓰이는 곳에 따라 약이 될 수 있지만 독이 될 수도 있다.

이와 같이 인간의 생활에 있어서 말이란 중요하므로 자기의 의사와 생각을 표현할 때 자신의 말이 상대방이나 주위 사람들에게 어떠한 영향을 미칠 것인가에 대하여 항상 염두에 두어야 할 것이다. 사회인이 되면 초면인 상대와 만나는 기회가 매우 많아진다. 상대가 당신을 어떻게 평가할지 매우 신경이 쓰이게 되는데, 이때 언어 구사력이 자신의 첫인상을 결정짓는다고 해도 무리가 아니다.

사람은 배우고 노력함으로써 교양을 높이고 자신의 식견을 풍부하게 할 수가 있지만, 모처럼 풍부하게 된 식견도 말을 잘 사용하지 못하면 주위의 사람들에게 오해를 받거나 자신의 인격을 떨어뜨리게 된다. 따라서 자신을 주위 사람들로부터 정확하게 인정을 받게 하기 위해서는 말을 잘 사용하는 방법을 터득하는 것이 필요하다.

다른 사람으로부터 호감을 받을 수 있게 말하는 방법은 언제나 상대방의 입장에서 그를 존중한다는 자세에서 비롯된다. 또한 아무리 서로 다른 의견을 가졌다 하더라도 서로의 공통점을 찾아내려고 노력하면 서로 화합할 수 있는 대화를 할 수 있다.

교양 있게 이야기한다

같은 말이라도 기분 좋게 받아들일 수 있는 언어를 쓸 줄 아는 사람이 있는가 하면, 본래의 뜻은 아니지만 뒷맛이 나쁜 여운을 남기게 말을 하는 사람이 있다. 그 사람이 쓰는 말씨에 따라 인품이나 교양이 반영된다는 사실에 항상 유의해야 한다.

요령 있게 이야기한다

말은 사실대로 이야기하는 것이 원칙이 될 수도 있지만, 상황에 따라서는 조금은 미화하여 이야기하는 것이 듣기도 좋고 예의에 어긋나지 않는 경우도 있다. 자기의 지식을 과장시킨 외국어나 전문용어를 지나치게 구사하는 것도 상대방의 처지를 생각하지 않은 요령 없는 자기만의 만족에 지나지 않는다.

재치 있게 이야기한다

상황에 따른 적절하고 재치 있는 말은 생활의 활력소이며 감정을 순화시킬 수 있는 청량제의 역할을 해준다.

상황에 맞게 이야기한다

말하는 사람은 적극적인 태도를 취하되 듣는 사람에게 이롭지 못한 내용은 피한다. 또한 상대방의 반응을 보고 흥미가 없어 보이는 이야기는 바람직스럽지 못하다. 항상 상황에 부응할 수 있는 화제의 선택을 신중히 해야 한다.

성실하게 관심을 표명한다

인간은 자기에게 관심을 가져주는 사람에게 관심을 갖는다. 호감을 얻으려면 관심을 끌기 위해 노력하기보다 내가 먼저 순수하게 관심을 갖는 것이 옳고 빠른 길이다. 관심을 보이면 아무리 바쁜 사람이라도 주의를 기울이게 되고 협력도 이루어진다.

듣는 태도의 성실성을 갖는다

인간의 심리란 누구나 자기의 말에 귀를 기울여 주고 자아를 만족시켜 줄 사람을 찾고 있다. 진심으로 흥미를 갖고 상대방의 이야기에 귀를 기울여라. 상대방은 즐거울 것이고 자신의 중요함을 느끼게 될 것이다. 흥미 있게 듣는 태도는 누구에게나 줄 수 있는 최고의 찬사와 같다.

진실하게 칭찬을 해준다

나로 인하여 상대가 기뻐하면 나에게 큰 즐거움이 되고 상대도 될 수 있는 한 나를 돕게 된다.

⁚⁚ 바람직한 커뮤니케이션

조직생활은 커뮤니케이션의 연속으로 이루어지고 있으며 그것을 잘 하고 못하는 것은 자신에게 커다란 영향을 미치게 된다. 더욱이 조직활동은 나날이 복잡하여지므로 커뮤니케이션의 효율화와 질적 개선이 거듭 요망되고 있다. 효과적인 커뮤니케이션의 체득과 의식적인 실천은 인간관계의 개선, 원활한 조직분위기의 조성, 기업의 안정과 성장에도 직결된다.

적극적 경청

효과적인 대화능력은 자신의 의견을 효율적으로 전달하는 것 못지않게 상대방의 이야기를 정성껏 들어주는 수용의 자세가 병행되어야 한다. 적극적 경청이란 상대방이 전달하고자 하는 말의 내용은 물론, 그 내면에 깔려 있는 동기나 정서에 귀를 기울여 듣고 이해된 것을 상대방에게 피드백하여 주는 것이다.

적극적 경청은 평가・의견・충고・분석・의문을 전달하는 것이 아니라, 상대방이 의미하는 것 그 자체가 무엇인가를 이해하며 듣는 것이다. 관리감독자는 올바르고 효과적인 경청의 방법을 습득하여 의사소통의 장애와 오해가 발생하지 않도록 주의하여야 한다.

적극적 경청의 기능

- 부정적인 감정에 대하여 두려움을 감소시키게 한다.
- 상호간에 온정적인 관계를 맺을 수 있게 한다.
- 상대방이 스스로 문제를 해결할 수 있도록 한다.
- 상대방에게 적극적 경청을 할 수 있는 능력을 개발하여 준다.
- 상호간에 만족스럽고 지속적인 상호작용을 가능하게 한다.

적극적 경청의 방법

- 남의 이야기는 귀를 기울여 듣는다.
- 감정이입을 하도록 한다.
- 마음이 흐트러지지 않도록 한다.
- 이야기의 요점 파악에 주력한다.
- 커뮤니케이션에 책임을 지도록 한다.
- 상대방의 퍼스내리티보다는 그 사람의 사고에 마음을 반응시킨다.
- 감정적으로 논쟁을 하지 않는다.
- 들으면서 한다.
- 반감을 사지 않도록 한다.
- 서둘러 판단하지 않는다.
- 다른 사람의 이야기를 듣는 것은 즐거운 일이라는 마음으로 경청한다.
- 잘 듣는 것처럼 행동한다.
- 찬사를 적절히 활용한다.
- 이야기를 도중에 막지 않는다.
- 반응을 나타낸다.
- 들은 이야기를 이해하도록 한다.
- 상대방을 주목하고 듣도록 한다.
- 질문을 자주 하도록 한다.

대화

상대방의 이야기를 정성껏 들어 준다

듣는 사람의 반응에는 그 사람의 생각이나 기분이 매우 잘 나타난다. 말을 듣는 모습, 목소리의 억양, 태도, 대답의 솔직성과 강도에도 유의한다. 상대방의 생각과 기분을 이해하려면 신체적인 주의 집중이 요망된다.

상대방의 감정, 감정상태의 원인을 파악한다

대화는 세 가지 유형으로 분류할 수 있다. 사실만을 말하는 경우, 의견을 더하는 경우, 감정까지 포함되는 경우이다. 상대방의 이야기를 잘 들으려면 오감으로 진지하게 듣고, 신체언어를 통하여 상대방과 같이 느끼는 감정이입이 필요하다. 이와 같이 상대방에 대한 감정이입이 되었을 때 비로소 상대방의 기분, 마음의 동요, 기쁨, 불만, 감정의 상태와 원인을 파악할 수 있다.

상대방의 의사를 확인한다

전달된 대화내용 중 상대방의 의사를 정확하게 확인한다. 서로 다르게 생각하고 있는 점을 정직하게 인정하는 것은 중요한 일이다. 틀린 점이 있기 때문에 사람은 의논하고 이해할 수 있는 공통점을 찾아낼 수가 있는 것이다. 상대방 의사를 정확히 인식하지 않으면 논의가 혼란될 뿐 아니라 상대방에게 예의를 저버리게 된다.

자신의 생각과 감정을 전달한다

자신의 생각과 감정을 솔직하고 성실하게 사실대로 전달한다. 먼저 자신이 하고 싶은 이야기를 정리하여 요점을 이야기한다.

적절한 화제를 선택한다

흥미로운 대화는 화제의 선택에 달려 있다. 지나치게 자기일변도적인 대화가 아니면서 적절한 화제로 이야기를 전개하는 것은 상대방이 즐겁게 받아들이게 된다. 적절한 화제를 선택하려면 좀더 많은 지식을 습득할 수 있도록 준비하여야 한다.

지시

지시의 전달방법에는 문서로 하는 경우와 구두로 하는 경우가 있다. 일장일단이 있지만 정확하고 적시에 전달해야 한다.

업무계획에 따른 것일 것

지시가 실행됨으로써 계획한 업무가 달성되는 것이어야 한다.

실행될 수 있는 것일 것

지시된 내용이 실행될 수 있어야 한다. 또한 지시를 받은 부하가 그것을 할 수 있는 능력이 준비되어야 한다.

필요한 내용을 전부 순서적으로 갖추고 있을 것

하나의 지시를 몇 개의 부분으로 구분한다거나, 차후에 누락된 내용을 새로 보충한다든가, 선후가 엇갈리는 것 등은 작업을 혼란시키게 한다. 필요한 내용을 완전하게 갖추어서 명령을 하고 알고 있는 사소한 것은 부하에게 맡기는 것도 좋다.

부하에게 지시할 때 유의할 점

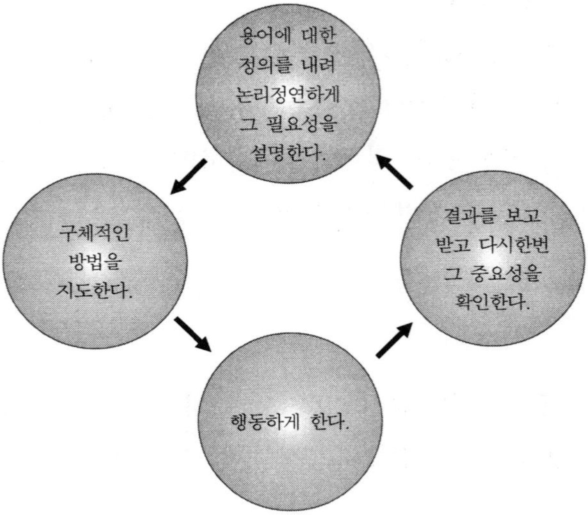

틀림없이 전달될 것

문서만으로 충분하지 않을 때는 구두로 설명하고 질문도 받는다. 상대방이 잘 이해하고 있는지의 여부를 확인하기 위해서 질문과 복창을 시켜보아야 한다.

의욕을 높이도록 할 것

작업을 잘 완수함으로써 개인과 현장을 위해 의의가 있는 사실 등을 이야기해 주는 것이 중요하다. 또한 그런 사실을 잘 이해할 수 있도록 목적이나 이유 등도 이야기해 줄 필요가 있다.

보고

조직에는 전형적인 커뮤니케이션으로서 지시와 보고가 있다. 즉 지시에 의하여 아래로 흘러간 사항이 보고로 되돌아옴으로써 커뮤니케이션 회로가 완성된다. 매우 상세한 지시에 따라 작업이 진행되어도 지시의 일방 통행만으로는 충분한 성과를 기대할 수가 없다. 왜냐하면 처리상황이나 결과가 보고의 형태로 지시자에게 되돌아오지 않으면 그 이후의 판단은 불완전한 것으로 되기 때문이다.

이와 같은 의미에서 보고가 갖는 의미는 다음과 같다. 첫째, 의사결정을 위한 여러 가지의 정보제공, 둘째, 통제를 위한 판단요소의 제공이다. 관리감독자는 보고를 상하로 흘려보내는 접점에 위치하고 있으므로 보고의 송신자 및 수신자로서의 역할을 잘 수행할 것이 요망된다.

보고할 때의 주의사항

- 무엇이 보고의 요점인지 분명히 하고 중요사항에 역점을 두어 보고한다.
- 데이터에 의거하여 보고한다.
- 문서로 보고할 경우 오자와 탈자에 주의하고, 중요사항은 조목별로 쓰되 명료하고 알기 쉬운 문장으로 작성한다.
- 간단・명료하고 불필요한 것은 생략한다.
- 구두보고 시에도 말할 내용을 미리 잘 생각해서 한다.
- 구두로 보고할 때 중요사항, 숫자, 복잡한 내용, 장기간에 걸쳐서

영향을 미치는 사항 등은 되도록 메모로 제출한다.

- 정확하게 전달되었는가의 여부를 확인한다.
- 사실에 의거해서 보고하고 사실과 자기의 의견을 명확히 구별한다.
- 시기를 놓치지 않도록 주의한다.
- 같은 문제에 대해서는 지난번 보고와 이번 보고를 연관시켜서 보고하면 알기 쉬운 경우가 많다.

보고받을 때의 요령

- 요점파악에 노력한다.
- 무엇이 요점인가를 확인하면서 보고를 받는다.
- 중요한 점, 숫자, 복잡한 내용 등은 반드시 기록한다.
- 의문점은 질문하고 애매한 점은 그냥 넘어가지 않는다.
- 내용이 현장의 목표와 실정에 맞는가의 여부를 확인한다.
- 적당히 호응하면서 분위기 조성에 배려한다.
- 노고에 대한 위로의 마음을 갖는다.
- 보고를 다 받은 후 보고내용에 대하여 피드백으로 확인한다.

상담

관리감독자와 부하와의 관계는 항상 명령과 보고를 내리고 받는 관계만이 아니고, 때로는 서로 의견을 교환하거나 개인적으로 상담을 해야 되는 경우도 있다. 상담이란 대화를 통해 인간의 일상적인 문제를 건설적인 방향으로 다루어서 일과 인간을 사랑할 수 있는 능력을 키워주는 것이다.

부하 개인의 문제일지라도 그것이 생산에 영향을 미치게 되거나 또는 부하가 개인적으로 협조를 요청하는 경우 직장의 상사로서 상담에 응하여야 한다. 상담자로서의 바람직한 마음가짐은 다음과 같다.

첫째, 부하의 의견을 수용은 하되 주도권은 잡지 말아야 한다.
둘째, 말보다는 부하가 경험한 사물・사람・사건을 경청하는 방식에 집중하고, 사건 자체와 객관적 사실에는 집착하지 않는다.
셋째, 객관적인 관점에서 문제를 해결하지 말고 부하의 관점에서 문제에 접근한다.
넷째, 부하의 보는 방식, 살아가는 방식, 이해하는 방식을 존중한다.
다섯째, 대화를 촉진시키되 해석은 하지 않는다.

상담은 관리감독자에게 하나의 업무이다. 대부분의 관리감독자들이 상담을 안이하게 임하는 경우가 많다. 상담은 결코 쉬운 일이 아니다. 오히려 가장 어려운 일이다. 효과적인 상담을 실시하려면 다음의 요령이 요구된다.

긴장을 풀도록 도와 준다

- 친절하게 맞이하고 유머를 사용한다.
- 개인적인 관심을 보인다.
- 일기, 취미, 특기, 가족 등에 관한 이야기로 분위기를 조성한다.
- 비밀을 지킬 것을 약속하고 무슨 이야기든지 마음 놓고 이야기하게 권유한다.

문제의 상황에 대한 이야기를 듣는다

- 문제와 배경에 대한 이야기를 듣는다.
- 중요한 사항은 모두 이야기할 수 있게 한다.
- 이야기를 가로막지 않으면서 비판하지 않는다.
- 사실과 의견을 구분하여 듣고 속단하지 않는다.

이야기 도중에 조언을 한다

- 문제점을 파악한다.
- 다른 각도에서 사물을 바라보도록 권유한다.
- 모르는 정보가 있으면 알려 준다.
- 문제의 정리를 도와 준다.

스스로 해결점을 찾도록 한다

- 조언의 범위를 솔직하게 설명한다.
- 능력의 한계에 대하여 이해를 부탁한다.
- 지나친 조언은 하지 않는다.
- 충분한 시간을 준다.

결론을 정리한다

- 요점을 확인하고 같이 결론을 내린다.
- 항상 상담역이 되어 줄 것을 약속한다.
- 격려해 준다.

커뮤니케이션 능력은 성공의 지름길

사람들은 각자 자신만의 독특한 화법을 가지고 있다. 저마다 개성과 취향이 다르기 때문에 사람마다 말하는 스타일이 다른 것은 당연한 것이다. 먼저 자신이 말하는 유형을 알고 장단점을 파악하여 말하는 기술을 보완해 나간다면, 성공적인 대인관계를 유지하는 데에도 도움이 될 것이다.

• 천상천하 유아독존형

스타기질이 있으며 사람들의 주목을 원하는 성향의 사람이 해당된다. 어느 자리에서건 가능한 한 길게 말하고 말을 제대로 못하는 사람이 있으면 그 자리에서 면박을 준다. 다른 사람들이 말하는 시간보다 길게 말하지 않도록 신경써야 하며, 특히 오버 액션을 조심해야 한다.

• 반대를 위한 반대형

주변에 왜 그렇게 말을 못하는 사람들이 많은지 모르겠다고 생각하는 경우이다. 여기에 해당되는 유형의 사람은 주위 사람들로부터 사사건건 반대만 한다는 비난을 듣기 쉽다. 말을 할 때 '반대'란 말이 목까지 올라와도 한번쯤 호흡을 가다듬어 본다. 그리고 상대방의 말을 일단 긍정적으로 받아들인 후 다시 한번 생각하는 인내가 필요하다.

• 난 몰라형

매사에 초연한 사람으로 시시콜콜 사소한 일에 끼는 것을 싫어하는 스타일이다. 회의시간에도 딴 생각을 하거나 옆 사람과 잡담을 하다가 눈총을 받는 일이 종종 있지만 상관없다. 공식적인 자리에서는 공적으로 말하는 습관을 길러야 한다.

• 그게 뭡니까형

화끈한 스타일로 딱부러지게 말하고 우물쭈물하는 사람을 보면 참지 못한다. 화를 잘 내고 무차별 공격을 일삼는 이 유형의 사람을 피하고 싶어하는 경우도 있다. 말하기 전에 다른 사람의 입장을 한번쯤 고려해 볼 필요가 있다.

• 왜 사냐면 웃지요형

심각한 것을 싫어하는 유형으로 쓸데없이 세상을 복잡하게 살 필요는 없다고 생각해 항상 웃음을 유발한다. 다른 사람들의 심각함도 농담으로 받아 분위기를 밝게 만들기도 하지만 지나치면 업무를 방해할 수도 있다. 농담을 할 때와 하지 말아야 할 때를 구분하는 습관을 기를 필요가 있다.

• **나를 따르라형**

사교적으로 말하는 방법을 아는 유형으로 사람을 쉽게 사귀는 사교적인 성격의 소유자들이 해당된다. 화합을 도모하고 합일된 의견을 도출하도록 노력하기 때문에 구성원들로부터 환영을 받는다. 평소의 밝은 이미지를 최대한 살려나가는 것이 성공비법이다.

• **족집게형**

누군가 자신의 의견을 정확하게 전달하지 못할 때, 요점을 정리하여 가능하면 더 많은 사람들이 그 내용을 이해하도록 돕는 스타일. 대화를 리드하기에 충분한 자질을 가지고 있다. 다른 사람들의 의견에 귀를 기울이는 장점을 가진 사람들이 주로 해당되는 유형이다.

• **동서화합형**

여러 사람의 의사를 결집시켜 절충하는 협상가이다. 의견의 균형을 찾아 합의에 이르도록 하는 중요한 역할을 한다. 제1, 제2, 제3의 합의점을 미리 만들어 성공적인 결과를 얻도록 한다.

• **아이디어 뱅크형**

새로운 아이디어를 쉽게 생각해 내기 때문에 아무리 복잡한 문제가 생겨도 해결책을 제시할 수 있다. 문제해결에 능동적이며 리더로 인정받는 경우가 많다. 여러 의견을 합리적으로 통합하는 안목이 필요하다.

• **바람잡이형**

사람들이 생각하는 것들을 행동에 옮기도록 불을 붙이는 역할을 한다. 어떤 모임에서건 일을 추진하는 리더의 역할을 한다. 종종 거칠게 일을 처리하므로 치밀한 성격의 참모가 있다면 훌륭한 리더가 될 수 있다.

이정숙, 「사람과 말하는 것이 즐겁다」, 글 읽는 세상

11
인간관계의 네트워크

:: 조직활동과 인간관계

프랑스의 사상가 루소는 "인간의 모든 지식 중에서 가장 유용하면서도 진보되지 못한 것은 인간에 관한 지식이다."라고 이야기하였다. 우리들은 오랫동안 인간으로 살아왔으면서도 인간에 대하여 너무나도 이해를 하지 못하고 있다. 인류는 약 100만년의 역사를 지녔다고는 하나 99만년 이상은 수렵사회, 즉 자연 및 동물과 싸움의 연속이었다. 그렇게도 긴 자연과의 투쟁역사를 거쳐서 형성된 것이 현대의 인간이다.

프랑스의 철학자 파스칼이 "인간은 생각하는 갈대"라고 한 것은 인간이 생존하기 위해서는 항상 생각해야만 한다는 것을 말한 것이다. 인간은 갈대와 같이 연약하였기 때문에 사고하면서 살아나가는 기술을 터득하였다고 볼 수 있다. 그리고 인간은 무엇인가를 강하게 느끼면서 살고 있다. 즉 인간은 마음, 감정을 지닌 정서적 존재로서 항상 환경의 변화에 따라 유동적으로 변화되어 왔다.

사람이 모이면 거기에는 사람과 사람사이의 관계가 생기게 되는데, 이러한 관계를 인간관계라고 한다. 현대사회에서 우리들의 관계는 과거 어느 시대의 인간관계보다도 질적 · 양적인 면에서 다면화된 복잡한 양상을 지니고 있다.

인간은 사회적 동물이며 하루 8시간을 수면시간으로 볼 때, 일생의 2/3를 인간관계의 테두리 안에서 살고 있는 셈이다. 그러므로 우리들은 직장, 가정, 이웃과의 생활에서도 이상적인 인간관계의 상태를 갈망하고 있다. 직장은 다양한 사람이 모이는 곳이므로 직장 내에서 인간관계가 잘 되기 위해서는 개인차를 지니고 있다는 것을 재인식하여야 한다.

조직이란 2가지의 기본원리에 의하여 만들어진다. 제1의 원리는 기능별 조직으로서 기업목적을 달성하기 위한 기업활동을 기능별로 나눈다. 즉 생산 · 판매 · 구매의 기능이라고 할 수 있다. 그리고 또 하나의 원리는 그런 기능을 몇 개의 계층으로 나누는 방법이다.

조직은 종 · 횡으로 나누어져 있는 하나의 메커니즘인 동시에 인간을 도외시하고는 성립할 수가 없다. 직장은 인간의 사회처럼 다양한 사람들이 모여 있는 곳이다. 더욱이 직장 내에서의 인간관계란 뚜렷한 목적의식이 없는 사람들의 단순한 집합체가 아닌, 특정의 목표를 달성하기 위하여 조직화되어 있다는 점에 유의할 필요가 있다.

그러므로 조직구성원은 서로의 역할과 임무가 정해져 있으며 그것을 지키는 것은 원칙이고 약속사항으로 되어 있다. 조직구성원이 올바르게 역할을 수행하고자 할 때 우리들은 인간관계의 문제에 직면하게 된다. 인간관계에서 오는 장애를 어떻게 극복하느냐는 자신의 업무를 잘 수행하고 조직생활을 성공적으로 결실을 맺는 데 관건이 되기도 한다.

인간의 욕구와 신뢰 형성

인간은 몸체나 지능뿐 아니라 여러 가지 면에서 상이하다. 같은 조건이라도 사람과 상황에 따라 반응하는 행동은 각양각색인 것이다. 이것은 개인이 지닌 기질, 즉 성격의 개인차가 있기 때문이다.

직장 내에서 인간관계가 잘 되기 위해서는 인간은 개인차를 지니고 있다는 것을 재인식하여야 한다. 인간은 다음과 같은 개인차에 따라 여러 가지 형태로 나눌 수 있다.

- 태도, 능력, 경력, 기술, 지식, 기능, 흥미, 감수성
- 사회적 적응성, 학력, 경험, 사고방식, 생활환경
- 체력, 성별, 연령, 건강상태, 기질, 사물을 보는 눈
- 희망, 체격, 혈액형, 종교, 기타

인간의 행동은 자극조건과 자기자신의 조건이 상호 작용하여 동기

부여가 됨으로써 이루어진다. 그리고 인간의 행동을 일으키는 요인에는 여러 가지가 있는 데, 그 중에서 어떠한 요인은 외부로부터의 자극과 일치하여 행동화가 된다. 이와 같은 요인을 인간의 요구, 즉 욕구라고 한다.

인간의 욕구는 하나의 체계를 이루고 있으며, 이 욕구의 체계를 이해함으로써 인간의 행동이 어떻게 일어나는가를 이해할 수 있다. 그런데 이러한 욕구의 체계는 사람에 따라서 다르게 나타나며, 특히 욕구의 강도는 사람에 따라서 더욱 차이가 생긴다.

인간의 여러 가지 행동에는 어떠한 원인이 있다. 인간행동의 원인은 단순한 것이 아니다. 자극을 받아들이는 방법을 좌우하는 욕구, 성격, 건강, 감정, 능력, 태도, 과거의 경험에서 얻은 지식이나 사고방식 등이 복잡하게 얽혀 있다. 대부분의 경우 욕구가 행동의 주원인이다.

신뢰는 일상생활에서 사용하는 단어이다. 사람들은 상대방과의 관계를 대변하기 위하여 신뢰라는 용어를 사용한다. 기업의 신뢰는 대외적 신뢰와 대내적 신뢰로 구분된다. 대외적 신뢰는 채권자, 주주, 고객, 거래업체, 사회를 대상으로 형성하여야 한다.

반면에 대내적 신뢰는 조직구성원과의 관계를 뜻한다. 동기를 부여하고 자발적으로 역량을 발휘하도록 하려면 신뢰가 우선적으로 전제되어야 될 것이다. 신뢰를 바탕으로 할 때 더욱 질 높은 협력이 가능하며 신속한 대응도 이루어진다. 또한 부하와의 신뢰관계는 핵심인재를 육성하고 유지하는 데 필수적이다.

부하가 관리감독자를 신뢰한다는 것은 관리감독자에 대한 믿음을 나타내거나 아니면 관리감독자에게 의존할 수 있다는 뜻이다. 반대로 관리감독자에 대한 신뢰가 낮다는 것은 관리감독자의 의도와 행동을 믿을 수 없기 때문에 관리감독자에게 의존하기 어렵다는 뜻을 내포한다.[16)]

현장에서의 신뢰 수준이 높을수록 부하들의 커뮤니케이션은 활성화된다. 더불어서 정보공유나 작업의 협력도 질적으로 향상된다. 현장의 조직은 직급에 따른 피라미드형의 수직 구조이다. 관리감독자와 부하 간의 수직적 관계의 거리가 짧을수록 직접적인 대면 접촉의 기회가 많아진다. 반대로 수직적 관계의 거리가 멀수록 직접 대면할 기회는 적어진다.

켈의 법칙에 의하면 현장 조직의 상하관계에서 심리적 거리는 직급 거리의 제곱으로 나타난다. 작업자와 관리감독자 간의 직급 거리를 2라고 하였을 때, 관계의 심리적 거리는 직급 거리의 제곱인 4가 된다. 심리적 거리가 크면 클수록 관리감독자를 대하는 마음은 편치 못하다. 즉 대화를 하거나 제안을 하는 것이 여간 어려운 일이 아니다.

기업 조직에서 신뢰가 중요한 과제로 떠오른 것은 바로 심리적 거리를 좁혀 관계의 질을 개선함으로써, 조직 내 커뮤니케이션과 협력의 질적인 수준을 높여야 하기 때문이다. 신뢰가 높은 현장에서는 관리감독자와 부하들 간의 관계에서 영향력 행사가 쌍방향으로 활발하게 진행된다. 이러한 것을 가능하게 하는 것이 바로 신뢰를 바탕으로 한 인간관계 네트워크의 형성과 리더십이다.

:: 운명적인 만남

'인간은 감정의 동물이다'라고 하는 것은 인간만큼 이성적인 동물은 없는데도 이성과 모순되게 감정적으로 되기 쉽다는 것을 말하는 것이다. 인간은 슬픔·탄식·웃음·미움·노여움 등 상반된 감정을 지니며 생활하고 있다. 그러므로 자신과 같이 일하고 있는 동료 사이에서 여러 가지 감정의 차이를 느끼며, 그 속에서 번민하여 괴로워하고 있는 경우가 많다. 그러나 우리들은 그와 같은 감정의 세계에서 빠져나올 이성을 갖지 않으면 안 된다.

인간의 감정에는 수용과 거부의 두 가지 면이 있다. 수용의 면이 강조되었을 때 무엇이든지 흡수하고 받아들이며 대단한 힘과 의욕을 발휘하게 된다. 그러나 인간은 다양하기 때문에 이와 반대로 거부하는 마음이 생기면 자기본위가 되어 힘과 의욕을 잃고 만다. 인간이 마음을 소중히 다루는 것은 수용의 마음을 중요시 하고, 이를 더욱더 발전시키도록 노력하는 것이다.

많은 경영자·관리자·관리감독자는 임금, 복지후생, 작업조건, 작업환경, 자기계발 등의 요인으로 적합한 인재들이 회사를 그만 둔다고 믿고 있다. 놀랍게도 인재들은 그와 같은 일반적인 이유와 기업 때문이 아니라 관리감독자라는 상사 때문에 직장을 떠난다는 사실이다.

갤럽의 연구 결과에 따르면 조직구성원들이 특정 기업에서 장기간 생산적으로 재직하고 일을 할 수 있는가는 전적으로 직속 상사와의 관계가 결정한다는 것이다. 부하의 입장에서 초일류 현장이나 탁월한 관리감독자란 그들이 매일 매일 대하는 관리감독자가 유능한가, 무능한가 아니면 보통 인물인가라는 평가가 훨씬 큰 영향력을 미친다.

부하가 보는 상사의 유형

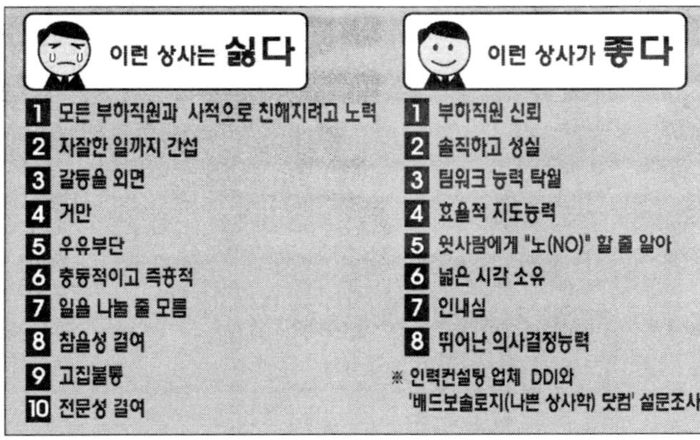

이 세상의 모든 만남은 3부류가 있다.

첫째는 '숙명적인 만남'이다. 이것은 만남 자체가 매우 숙명적이어서 자신이 어떻게 할 수 없는 만남이다. 아버지와 자녀로서의 만남, 어머니와 자식으로서의 만남, 형제자매로서의 만남, 친인척으로서의 만남이 여기에 해당된다.

둘째는 '운명적인 만남'이다. 숙명 정도는 아니더라도 나의 선택보다는 주어진 운명에 의하여 자연스럽게 이루어지는 만남이다. 즉 현장 동료로서의 만남, 관리감독자와 부하로서의 만남, 학교 선후배로서의 만남, 특정 학교 급우로서의 만남, 군 입대 동기로서의 만남이 여기에 해당된다.

셋째는 '선택적인 만남'이다. 나 자신의 선택으로 이루어지는 만남

이다. 배우자와의 만남, 같은 종교 신자로서의 만남, 사회 친구로서의 만남 등이다.[17)]

관리감독자와 부하는 회사에 입사함으로써 만나게 된다. 부하가 싫어도 오늘 만나고, 내일도 또한 만나야 되는 관계인 것이다. 따라서 부하와 관리감독자로서의 만남은 '운명적인 만남'이다.

:: 인간관계관리기법

관리감독자는 부서의 생산목표를 달성하기 위하여 부하의 능력을 최대한 활용해야 한다. 그것은 부하와 일치단결하여 훌륭한 팀워크를 이루어감으로써 가능하다. 그러나 직장 내에는 인간관계를 해치고 생산을 저해하는 문제들이 끊임없이 발생하고 있다. 관리감독자는 문제가 일어나지 않도록 부하의 통솔에 세심한 주의가 필요하다. 유능한 관리감독자는 문제를 사전에 예방하기 위해 주의를 기울인다. 관리감독자는 이러한 문제를 조기에 발견하고 이를 원만히 해결하도록 노력해야 한다.

인간관계관리기법은 사람과 사람과의 관계에서 일어나는 문제에 대하여 검토하는 기법이다. 관리감독자는 사람과 사람과의 관계를 관리감독자 자신과 부하와의 관계로 한정시킨다. 그것이 관리감독자 자신의 책임과 권한의 범위에서 문제를 원만히 해결할 수 있기 때문이다. 인간관계관리기법에서는 다음과 같이 4단계를 밟는 것이 문제를 해결하는 데 효과적이다.

(목적을 정한다)

- 제1단계 : 사실을 파악한다.
- 제2단계 : 잘 생각해서 결정한다.
- 제3단계 : 조치를 취한다.
- 제4단계 : 결과를 확인한다.

(목적을 달성하였는가?)

제1단계 – 사실을 파악한다

문제해결에서 판단의 기초가 되는 것은 '사실'이다. 그러므로 사실파악이 정확하게 진행될 때 다음의 단계가 성공적일 수가 있다. 사실을 파악하는 방법에는 5가지가 있다.

- 지금까지의 사실을 조사한다.
- 어떠한 규칙, 관습이 있는가 알아본다.
- 관계있는 사람과 이야기한다.
- 말하고 싶은 의견이나 감정을 파악한다.
- 경위전부를 파악한다.

제2단계 – 잘 생각해서 결정한다

사실을 확인한 뒤 그 조치방법을 결정하는 단계이다. 취할 수 있는 조치방법은 문제에 관한 여러 사실을 정리하고 상호관련성, 미치는 영향 등을 고려하여 신중하게 처리하여야 한다.

- 사실을 정리한다.
- 사실 상호간의 관계를 검토한다.
- 어떠한 조치를 취할 것인가를 검토한다.
- 관례나 방침을 확인한다.
- 목적에는 어긋나지 않는가? 당사자, 직장사람들, 생산에는 어떤 영향을 미치게 되는가를 살펴본다.

제3단계 – 조치를 취한다

관리감독자가 결정한 조치의 방안을 실행하는 단계이다.

- 자기가 할 것인가?
- 다른 사람의 협력이 필요한가?
- 상사에게 보고할 것인가?
- 조치의 시기를 결정한다.
- 책임을 전가하지 않는다.

제4단계 – 결과를 확인한다

취한 조치가 어떤 결과와 영향을 가지고 왔는가를 검토하고 목적의 달성 여부도 확인한다.

- 언제 확인할 것인가?
- 몇 번 확인할 것인가?
- 성과, 태도, 상호관계는 좋아졌는가?
- 그 조치는 생산에 도움이 되었는가?

:: 인간관계의 바람직한 형성

원만한 인간관계가 직장 내에서 이루어지고, 남이 내 뜻대로 움직여 준다면 삶이란 장밋빛 인생이 될 수 있는데 현실은 그렇지 못하다. 인간은 직장생활의 대부분을 자기의 일만 생각하고 처신하면서 남이 내 뜻대로 되어주기만을 모두가 바라고 있다. 그러므로 직장 내에서의 인간관계는 가장 어려운 과제이며 피할 수 없는 명제인 것이다.

상사와의 관계

상사의 입장이 된다

- 언제나 상사의 마음으로 일을 한다.
- 협력자의 입장에서 일을 한다.

상사의 부족한 점을 보완한다

- 인간은 완전할 수 없다는 기본적인 생각으로 일관한다.

훌륭한 보좌역이 된다

- 상사의 업무를 자발적으로 보좌한다.
- 임기응변의 조치를 취한다.

상사를 걱정시키지 않는다

- 상사는 나에 대해서 끊임없이 신경을 쓰고 있다는 생각을 지닌다.
- 같은 실패를 되풀이 하지 않는다.

상사의 업무나 인품을 잘 이해한다

- 업무와 인품을 어느 정도 이해하고 있을 때, 업무의 처리방법과 보좌의 방법이 보다 효율적이 된다.

기분좋게 지시에 따른다

- 상사는 나의 업무를 통해서 역할을 다하게 된다.

'가르쳐 주십시오' 하고 자주 접근한다

- 상사의 자신 있는 분야에 대해서 가르침을 받는다.
- 타인에게 인정받고 싶어하는 상사의 욕구충족을 기대한다.
- 상사와의 신뢰관계를 구축하는 계기가 된다.

상사와의 관계에 있어서 다음 사항을 유의한다

- 상사의 업무영역에 필요 이상으로 개입하지 않는다.
- 근무시간 중에는 업무 이외의 잡담을 삼간다.
- 개인적인 용무에 있어서 지나친 시중과 맹종은 바람직하지 못하다.

부하와의 관계

직장의 후배와 부하의 눈치를 보는 '후배 시집살이'로 스트레스를 받는 관리감독자가 많다. 취업포털 커리어가 조사한 결과에 의하면 60%가 "후배눈치 보느라 스트레스를 받은 적이 있다"고 밝혀졌다.

후배 때문에 스트레스를 받는 경우 중 '조금만 꾸중해도 무서운 선배로 생각할 때'가 가장 많다. 그것은 일을 가르치거나 지시할 때 후배가 어떻게 받아들일지 신경이 쓰이고, 혹시라도 후배 사이에 '안 좋은 선배'라는 소문이 퍼질까봐 걱정이 되기 때문이다.

그 밖에도 '무엇이든 생각 없이 물어보는 질문 공세', '후배의 자기중심적인 생각', '말도 잘 안 듣고 꼬박꼬박 말대꾸' 등도 스트레스를 주는 후배의 태도이다. 후배와의 갈등을 해결하는 방법으로는 '술자리' 등과 같이 대화할 수 있는 자리를 만드는 경우가 가장 많다.

관계형성의 기반

관계형성의 기반이란 조직 내에서 조직구성원 상호간에 좋은 인간관계를 유지하여 주고, 관리감독자가 부하를 원만히 통솔해 나가기 위하여 기본적으로 준수해야 할 사항이다.

- 부하는 개인으로서 다루어야 한다

  '부하를 개인으로 다룬다.'라는 말은 부하를 모두 동일시하여 집단적으로 대하기보다는 각자의 인격과 장점을 존중하여 준다는 것이다.

• 일솜씨에 대하여 본인에게 말해 준다

관리감독자가 부하의 일하는 것에 관심을 보이면 부하는 더욱더 일을 잘 하려는 마음이 생긴다. 그러므로 부하가 하고 있는 일에 대하여 관심을 가지고 경우에 따라서 칭찬도 하고 주의를 준다.

• 잘 했을 때는 칭찬해 준다

부하는 칭찬을 받는 것으로 자신의 능력을 인정받는다고 생각하여 크게 감격을 한다. 관리감독자는 평소에 없었던 부하의 훌륭한 일과 행동에 유의하면서 때를 놓치지 말고 칭찬을 한다.

• 본인에게 영향을 미치는 변경은 사전에 알려 준다

어떤 변경이 있을 때에는 부하에게 미리 예고해줌으로써 부하가 사정을 이해하고 협력하게 한다.

• 본인의 능력을 최대한 활용한다

누구든지 자기의 능력을 충분히 발휘하여 일을 하고 싶어 한다. 자기의 능력을 100% 발휘할 수 있는 상태라면 일을 완수하고자 하는 마음이 생긴다.

부하를 이해하는 데 방해가 되는 선입관

• 틀에 맞추는 버릇

한 가지 일을 보고 부하를 어떤 유형에 끼워 맞추려는 버릇을 말한다. 단 한 가지 일을 보고 단정해 버리는 습관은 부하를 올바르게 판단하는 데 방해가 된다.

• 동일시하는 버릇

한 가지 일을 보고 '저 사람은 누구누구와 꼭 닮았다.'고 단정해 버리는 경우를 말한다. 그런 경우 알아야만 될 사항을 파악할 수 없게 된다.

• 합격, 불합격의 선을 긋는 버릇

부하를 합격과 불합격으로 단정하는 버릇을 말한다. 인간은 단점과 장점을 지니고 있으므로 한 가지 일에는 약하나 다른 관점에서 보면 장점도 있다.

• 공식에 맞추려는 마음

A형의 사람을 다룰 때 ①이라는 방법만으로 다루려고 하는 버릇이다. 사람의 문제가 각양각색이라는 점을 무시해 버리고, 사람을 부품과 기구처럼 분류하거나 공식에 맞추어 넣는 방법은 바람직하지 못하다.

• 표준화 하려고 하는 버릇

관리감독자가 표준이라는 생각에 근거하여 부하의 공통점만을 찾아내고, 개개인의 독특한 취미・흥미・능력・성격 등에 대하여 경시하는 버릇이다. 관리감독자는 부하의 개인특성을 잘 파악하고 부하의 개성을 더욱 신장시키도록 노력하여야 한다.

부하를 이해하려면

부하를 잘 이해하고 어떻게 하면 직장에 순응시킬 수 있을까? 이것은 관리감독자가 부하와 자주 대화함으로써 그의 기분, 감상, 사물에 대한 반응, 기타 등을 파악할 때 가능할 것이다. 관리감독자가 부하 개개인을 잘 알기 위해서는 다음과 같은 질문과 관찰을 하는 것이 중요하다.

- 그는 일에 대하여 흥미를 가지고 있는가?
- 그는 일에 대하여 주의력이 충만한가?
- 그는 일을 잘 하고 있는가?
- 그는 지도내용을 항상 이해하고 있는가?
- 그는 그 일의 적격자인가?
- 그는 동료들과 보조를 잘 맞추고 있는가?
- 그는 자기 힘으로 일을 하고 있는가?
- 그는 상사에게 인정을 받으면 어떤 반응을 나타내는가?

동료와의 관계

동료 사이란 직장 내에서는 서로 협력하면서 업무를 수행하는 동시에 자기성장을 위하여 경쟁의식을 갖는 공적인 관계를 의미한다. 그리고 직장 밖에서는 친구로서 대하게 되는 사적 관계를 지닌다. 직장에서는 마음이 맞는 사람만 선택하여 교제하는 개인적인 태도는 바람직하지 못하다. 동료라면 남녀를 구분하지 말고 고루고루 교제하는 마음가짐이 필요하다.

경쟁을 강조하는 요즘 직장 내의 인간관계는 살풍경하다. 미국 갤럽연구소의 직장 내 조직연구 및 리더십 컨설팅 팀장인 톰 래스는 저서 「프렌드 십」에서 직장 내 친구의 중요성을 역설하였다. 동료와 직원들이 경쟁의 상대가 아니라 친구관계가 되어야만 조직이 성공한다는 것이다. "직장에서 절친한 친구가 세 명 정도 있는 사람은 일에 충실할 확률이 96%였다." 반면 "직장에 절친한 친구가 없으면 일에 충실할 가능성은 12분의 1이다."

직장 내에서 절친한 친구가 있는 직원은 30%에 불과하다. 직장 내 친구가 있는 사람들의 특성을 정리하면 다음과 같다. 고객들에게 더욱 충실하다. 회사생활이 재미있다고 느낀다. 혁신을 도모하고 새로운 아이디어를 공유한다. 사고가 적은 안전한 직장이 된다는 것이다.

톰 래스는 직장 내 절친한 친구를 바이탈 프렌드(Vital friend)라고 명명하였다. 바이탈 프렌드가 있는 직원은 직장에 사표를 내지 않으며 일에 재미를 느끼고 성과를 향상시킨다. 새로운 것은 곧 낡은 것이 되고, 치우친 것은 다시 제자리로 돌아온다. 급속한 산업화와 정보화의 길을 달리고 있는 우리 모두에게 경쟁이란 새로운 화두이지만, 직장 내 절친한 친구가 있다는 사실이 다시 새로운 경쟁력으로 등장할 날이 다가올지도 모른다. 절친한 친구와의 관계로 직장 내 동료관계를 발전시키려면 다음의 실천사항이 요구된다.

- 자기의 책임을 다한다.
- 항상 직장전체의 일을 생각한다.
- 좀더 많은 사람과 교제한다.
- 곤경에 빠졌을 때는 서로 돕는다.
- 좋고 싫은 것을 노골적으로 나타내지 않는다.
- 바쁜 일 속에서도 상대방을 생각해 주고 헤아려 주며 서로 격려해 주는 습관을 기른다.
- 감정의 응어리를 빨리 풀도록 노력한다.

이성과의 관계

남성과 여성의 만남은 자연의 섭리로서 자연스러운 것이다. 직장에서는 많은 남자사원과 여자사원이 함께 근무하게 되므로 일상적인 접촉은 당연하며 또한 자주 있게 된다.

직장 내에서는 이성간에 때로는 직장 동료로서의 범주를 벗어나 이성교제로 발전하게 되는 경우도 있을 수 있다. 직장 내에서의 건전한 이성교제는 서로의 장단점을 깊이 파악할 수 있고 서로를 잘 이해할 수 있으므로, 긍정적으로 받아들여질 수도 있다. 그러나 직장에서의 남녀교제는 신중을 요한다. 두 사람의 관계가 너무 표면화되어 주위 사람들로부터 화젯거리가 되거나 또는 조직의 화합과 인간관계에 영향을 주지 않도록 주의해야 하며, 특히 제3자의 눈에 거슬리는 행동이 없도록 신중히 처신해야 할 것이다.

남녀간의 교제는 개인의 사생활과 프라이버시에 관한 사항이다. 같은 직장 내에서의 교제는 동료로서의 울타리를 넘지 말아야 하며, 두 사람의 사적인 관계는 직장 밖에서 근무시간 외에 이루어져야 한다. 그러나 직장 내에서 바람직한 인간관계를 구축하기 위해서는 이성과의 관계에서 다음의 사항을 유의하여야 한다.

- 여성은 공평하게 대우한다. 직장에서는 될 수 있는 대로 여사원과는 일정한 거리를 두고 공평하게 대우하도록 유의한다.
- 용모를 비판하지 않는다. 연령, 결혼, 장기간의 재직년수, 용모상의 단점 등을 함부로 이야기하지 않는다.
- 호의적인 여사원의 심리와 태도를 활용한다.

- 특정의 여사원만을 칭찬해서는 안 된다.
- 여성 상사를 보좌하더라도 남성 상사와 동일하게 보좌한다.
- 주부 여사원에게는 인생의 선배에 대한 예우와 배려를 한다.
- 이성과는 실력과 업적으로 선의의 경쟁을 한다.
- 항상 상대방에 대하여 정중한 말과 행동으로 대한다.
- 특정인의 이성하고만 친하게 지내지 않는다.
- 개인적으로 만나게 되는 경우에는 오해받기 쉬운 일은 피한다.
- 이성 간에 있어서 단편적인 친절과 호의를 진심으로 간주하지 않는다.
- 근무 장소 이외에서 가급적 이성을 만나지 않도록 한다.

한국인의 '끼리끼리이즘'

한국인은 너와 나는 남이 아니라는 동류의식(同類意識)이 별나게 강하며, 이 의식이 현대라고 해서 사라진 것은 아니다. 집에 새댁이 들거나 새머슴이 들면 반드시 학대를 가함으로써 이질을 배제하고 동류화시켰다.

단체나 학교·군대 심지어 감옥에까지도 신래자를 학대하는 문화가 잔존한 것도 그 때문이다. 조상대대로 한 마을에 정착해 살아온지라 독불장군이거나 이질적인 것은 공생공존을 해친다 하여 남 나름의 타인지향적인 삶을 살아왔다.

조물주가 사람을 만들 때 마음을 열 칸으로 갈라 넣어주면서 이렇게 말했다. 이 열 칸의 마음 가운데 세 칸만 네가 갖고 나머지 일곱 칸은 남을 위해 비워두라고-. 그렇게 빗장도 걸지 않고 비워둔 마음에 편하게 드나드는 사람들과 더불어 살고 싶어하는 것이 한국인이다.

근간에 프랑스 피가로지(紙)가 보도한 바로, 프랑스의 한국인은 한 지구에 끼리끼리 모여 살고 한국식으로 자급자족할 수 있게끔 끼리끼리 구조가 잘 돼 눈에 띄지도 않는다고 했다. 국제화 사회에서 바람직하지 못한 폐쇄성이긴 하지만 수천 년 동안 체질화된 의식구조가 하루아침에 달라질 수는 없는 노릇이다.

12 부하의 지도와 육성

∴ 지도육성의 요령

지도육성이 관리감독자의 중요한 역할이라는 것은 말할 나위가 없다. 그러나 관리감독자 중에는 생산목표의 달성에만 급급할 뿐, 부하의 지도육성은 2차적인 일이 되고 있는 경우를 주변에서 쉽게 볼 수 있다. 관리감독자는 부하의 리더로서 임명되었지만 일반적으로 직장에서는 업무중심으로 라인이 편성되어 있는 경우가 많다.

따라서 관리감독자는 라인 고유의 업무를 가장 잘 수행할 수 있는 적격자가 선정된다. 그리고 관리감독자라는 지위는 사회적으로 확립된 지위도 아니고 뚜렷한 권위의 상징도 아니다. 그러므로 관리감독자가 스스로 부하의 지도육성이란 과제를 일관되게 지속적으로 유지하고 실천한다는 것은 참으로 어려운 일이다.

관리감독자의 제1의 요건으로서 책임이 부과된 업무를 잘할 수 있는 적격자이어야 한다는 것은 명백하다. 그러나 가정이나 학교에서도 형이 아우를, 상급생이 하급생을, 선배가 후배를 이끄는 것은 지극히 당연한 일이다. 그러므로 직장의 상하좌우에서 부하의 지도육성에 대하여 관리감독자의 강력한 역할을 기대하고 있는 것이다.

관리감독자는 부하의 지도육성이란 과제를 자기자신의 문제로 대처해 나아가야 하며, 농부의 심정처럼 사심을 버리고 노력을 게을리 하지 말아야 한다. 부하의 지도육성을 실시하기 전에 관리감독자는 다음 사항을 유념하고 반드시 해결하여야 한다. 첫째, 관리감독자는 멤버십을 가져야 한다. 둘째, 관리감독자는 지속적으로 자기계발을 하여야 한다. 셋째, 관리감독자는 부하가 고민할 때 격려한다. 넷째, 관리감독자는 어려운 일에 솔선수범한다. 다섯째, 관리감독자는 부하의 목표설정을 돕고 지도한다. 효과적인 지도요령은 아래와 같다.

장점을 살린다

사람에게는 누구나 장점과 단점이 있으므로 장・단점을 잘 살펴서 사람의 장점을 이용하는 것이 좋다. 마쓰시타 고노스케는 자서전에서 "나는 남의 장점을 보는 일에 힘의 아홉을 쓰고 단점을 보는 일에는 힘을 하나밖에 쓰지 않으므로 때때로 실패하기도 한다. 그러나 나는 이것으로 충분하다고 생각한다."고 하였다.

인재활용 철학의 한 단면을 볼 수 있는 예라고 할 수 있다. 세상에는 결점만을 지적당하며 지내왔기 때문에 최선의 노력을 포기해 버린 사람들이 수없이 많다. 사람의 능력이라는 것은 결점만을 지적 당하면 발휘되지 않는다. 보물찾기와 같이 장점만을 발견하여 평가할 때 더욱더 노력을 하게 된다.

인간이 인간을 평가할 때 대체로 장점보다는 단점을 찾아내고 싶어 한다. 직장 내에서도 마찬가지이다. 단점만을 거론하는 감점주의가 행해지고 있다. 이러한 마이너스 평가는 사람의 마음을 좀먹을 뿐이다. 어떠한 사람이라도 꼭 한 가지 정도는 장점이 있다. 그 장점을 활용해서 잘 이끌어 나간다면 단점은 점차 감추어지게 된다.

자율성을 기른다

인간이 동물과 다른 점의 하나는 자율성이 있다는 것이다. 어떠한 환경이나 상황 속에서도 모든 것을 타인에게 의존하지 않고, 스스로 용기를 내어 자신을 조절하려고 노력하는 능력을 갖고 있다. 따라서 무슨 일이든지 행동하게 된 동기와 행동의 과정 및 결과를 스스로 조절해 나가도록 하는 자율성을 적극적으로 갖도록 노력할 필요가 있다. 이러한 과정과 결과에서 스스로 성공감을 느낄 수 있는 자율성은 타인의 비판이나 칭찬과는 비교가 되지 않을 정도의 강한 신념에서 우러나온 만족감이 있기 마련이다.

절박감을 갖게 한다

절박한 때라는 것은 심한 위기에 처했을 때나 무거운 책임을 맡게 되었을 때, 높은 목표가 주어졌을 때 등을 의미한다. 이런 때에는 생각하지 못한 힘을 발휘하게 된다. '막다른 골목에 몰린 쥐가 고양이를 문다'는 말은 이것을 말하고 있는 것인지도 모른다. 절박한 때야말로 잠재능력을 발견하고 발휘하는 때이기도 하다. 누구에게나 실패해도 좋다는 각오 하에 기회를 부여해야만 한다.

유효체험을 하게 한다

어떤 행동이 계속되는 것은 그 행동의 과정이나 결과로부터 만족감이나 의욕을 얻을 수 있기 때문이며(이것을 유효체험이라고 한다), 그러한 만족감이나 의욕이 얻어질 수 없는 행동은 점점 그것을 계속하기 싫어지고 그 행동이 사라져 버리게 된다(이것은 무효체험이라고 한다).

지도육성의 방법

일상적인 지도

부하를 대하는 요령

• 부하의 인격을 존중한다

인간은 자신에 대한 인간적 가치가 주변 사람들로부터 어떻게 취급을 받는가에 대하여 의식한다. 그러한 마음은 강한 것이다. 이것을 인격 의식이라고 한다. 인격이란 인간의 격식이며 격식이란 신분에 대하여 정해진 양식의 방법이다.

인간은 이와 같은 인격 의식이 신뢰를 받으면 만족하고, 반면에 강한 반항심도 가지게 된다. 그러므로 관리감독자는 부하와의 인간관계에서 체면, 자존심, 의리 등 자기기준의 가치를 가지고 항상 대면하여야 한다.

• 부하의 안정을 추구하는 마음에 상처를 주지 않는다

안정을 바라는 마음은 실패, 질병, 직무변경 등의 각종 변화를 싫어하는 마음이다. 일을 하고자 하는 마음의 변화는 안정에서 생긴다. 새로운 일을 할당할 때에는 사전에 충분한 이해가 필요하다.

• 부하를 공정하게 대한다

공정이란 공평과 정의이다. 부하 자신은 사회, 회사, 관리감독자로부터 공정하게 취급받고 싶은 생각이 강하다. 그러므로 부하는 공정한 임금, 근무조건, 질병, 상해로부터의 정당한 보호와 합리적인 인사고과를 바란다.

• 부하에게 희망을 가지도록 한다

부하는 승급, 승진, 명예로운 일을 하고 싶다는 등 현재보다 더 좋은 조건이나 대우를 바라는 마음을 가지고 있다. 이와 같이 가능성을 생각하는 마음을 희망이라고 한다. 희망을 잃어버린 부하는 움직이지 않는다. 때로는 자기를 해치거나 남을 해치는 경우도 있다. 그러므로 관리감독자는 항상 부하에게 희망을 가지도록 한다.

• 부하에게 인간적인 관심을 표명한다

격려, 꾸짖음, 무시의 세 가지 중 격려하는 것이 더 효과적이고 무시하는 것이 가장 좋지 않다. 격려하다, 꾸짖다, 가르치다 등은 모두 관념상의 표현이다. 그러나 부하가 하고 있는 업무에 대해 간섭하라는 의미는 아니다. 관심을 구하고 바라는 부하의 마음에 부응하는 것은 관리감독자로서 어려운 일이 아니다. 그러한 기회가 현장에서 아주 많다는 것도 주목할 일이다.

• 자신의 표현에 주의한다

관리감독자의 언어, 표정, 동작 등에 의한 표현이 부하에게 어떻게 수용되는가를 생각하고 의식적으로 주의해야 한다. 관리감독자의 의사에 따라 부하를 움직이게 하려면 관리감독자의 의사가 부하에게 정확히 전달되어야 한다. 왜냐하면 완벽한 표현이 어려울 뿐만 아니라 부하의 개성, 성격, 기분, 상황에 따라서 받아들이는 마음자세와 방법이 다르기 때문이다.

상황에 따른 지도육성

• 부하의 창조적 아이디어를 끌어내는 지도

부하에게 창조적 아이디어를 끌어낼 때, 관리감독자는 기업활동의 공헌과 협력을 기대할 수 있게 된다. 부하는 제일선의 작업자로서 현장업무를 가장 잘 알고 있다. 따라서 관리감독자는 부하의 아이디어와 제안을 하찮은 것일지라도 현장문제를 제시하는 정보로 생각하고 존중해야 할 것이다.

부하의 아이디어에 대해서 쓸모없다고 묵살하기 전에 적어도 잘 생각해 보는 것이 필요하다. 아이디어에 대한 평론가가 되어서는 안 된다. '문제는 저절로 해결되는 법이다'라는 사고방식은 금물이다. 아이디어를 폐기할 때에는 자신의 이론이 억지가 아닌가를 다시 한 번 생각해 본다. 부하의 제안을 신중하고 신속하게 다룬다. 제안이 채택되지 않았을 때 그 사정을 설명한다.

• 현장의 규칙을 위반하는 부하의 지도

현장의 규칙과 관습이 준수되지 않는 것은 신규 채용자의 채용, 현장배치, 훈련, 직무할당 등의 시스템에 문제가 있다고 볼 수 있다. 그러므로 관리감독자는 시스템의 개선을 우선적으로 강구해야 한다.

관리감독자와 선임자가 솔선해서 규칙위반의 행동을 저지르지 않도록 한다. 그리고 최초의 사소한 규칙위반에 대해서 관리감독자는 부하와 충분한 대화를 해야 한다. 현장에 공헌하는 부하의 행동을 인정하고 칭찬한다. 때로는 일벌백계도 불사한다.

• 의욕을 잃은 부하의 지도

부하의 의욕과 그것을 저해하는 원인은 업무수행에 대한 관심정도, 마음가짐, 생활의 목적, 기타 여러 가지 조건에 의해서 차이가 있으며 또한 변화한다. 부하의 의욕을 증진시키기 위해서는 그 변화에 대응하는 것이어야 한다.

관리감독자는 부하가 불평 · 불만 · 고민 · 고충을 갖고 있다는 징후적 정보가 있다고 판단되면, 고충을 듣는 면접을 해야 한다. 부하에 대한 선입견을 버리고 허심탄회하게 물어야 될 것이다. 면접을 효과적으로 추진하려면 다음과 같은 순서로 진행하는 것이 필요하다.

- 제1단계 – 친밀감을 조성한다.
- 제2단계 – 말하고 싶은 기분이 되게 한다.
- 제3단계 – 말하게 한다.
- 제4단계 – 묻는다.
- 제5단계 – 돕는다.
- 제6단계 – 확인한다.

고충을 경청한다고 해서 관리감독자가 부하의 고충에 대하여 비위를 맞추라는 것은 아니다. 또한 사소한 불만에 즉각 흥분하는 부하를 우쭐하게 하라는 것도 아니다. 부하와 더불어 상황을 잘 이해하고 고충에 대한 내성을 갖게 하며 자기계발을 하도록 지원하는 것이 참된 상담이다.

직장내연수(OJT : On the Job Training)

직장내연수는 일을 통해서 서로 배우고 격려하여 의지하며 나누어 갖는 분위기를 만들어서 부하에게 발전하고자 하는 의욕을 갖게 한다. 그리고 무엇보다도 그러한 의욕을 발휘할 수 있는 환경조성의 사고방식을 갖는 것이 중요하다.

즉 직장내연수는 필요로 하거나 성장하고자 하는 노력을 지원하고 촉진하기 위해서 취할 수 있는 모든 활동이라고도 할 수 있다. 이를 위해서 관리감독자는 '부하를 성장시키는 일이 중요한 역할이다.'는 생각을 갖지 않으면 안 된다. 그것에 의해 부하는 자기의 성장에 따른 만족감을 느끼고 의욕이 고취되기 때문이다. OJT의 구체적 전개에 있어서는 다음의 세 가지 포인트가 중요하다.

OJT 전개상의 핵심 포인트

「실제의 장면에서 지도한다」

직장생활의 모든 기회를 그때 그때 포착하여 그 장소에서 실시하는 지도로서, 그 장면 그 순간에 시기적절한 지도가 가장 좋다.

「개성에 맞추어 지도한다」

인간은 서로 다양하기 때문에 경험, 능력, 성격 등 개성을 살린 지도가 중요하다. 이렇게 함으로써 따뜻한 체온이 서로 통하는 인재육성으로 이어지게 된다.

「자발적인 목표개념을 세운다」

관리감독자가 일방적으로 강요하는 것과 같은 목표가 아니고, 상호간에 생각하고 의논하며 이해하여 납득을 도모하는 가운데 수립된 목표이어야 한다.

업무(작업)가 연수이다

'업무가, 곧 연수이다.' '직장은 연수의 원점이다.'라는 말을 자주 듣는다. 그것은 개인의 성장과 능력이 발휘되어지는 구체적인 장소가 일터이기 때문이다. 지도하는 입장에서 보면, 일상적인 접촉을 통해 개개인의 능력과 특징을 파악하고 부하 개개인에게 맞는 지도가 가능한 장소가 일터인 것이다.

부하지도는 지원이다

인간은 자기 혼자서 훌륭하게 성장할 수 없다. 주위의 영향에 의해 또는 관리감독자로부터 배움으로써 비로소 자질도 향상되고 몸에 익숙해지게 된다. 가르친다든가 단련시킨다는 것은 관리감독자로서 중요한 임무이다. 그것을 거부하고 주저하거나 하는 것은 자신의 직무를 포기하는 것이나 다름없다.

OJT는 부하를 직접 지도하는 것만이 전부가 아니다. 관리감독자 자신이 항상 자기를 계발하여 부하를 지도할 수 있을 만한 지식·기능을 몸에 익히는 한편, 모범이 되는 행동력을 갖는 것이 보다 중요하다. OJT의 본질은 자기계발을 기본으로 하여 그것을 육성하는 직장환경의 조성과 상사의 지도이념을 확립하는 것이다. 그러므로 부하지도는 부하의 자발적인 자기계발 의욕을 촉진하고 지원하는 것으로 볼 수 있다.

가르치는 자가 가장 잘 배운다

가르치는 자는 한걸음 앞서 자기성장을 도모하지 않으면 안 된다. 따라서 가르치는 자가 가장 잘 배우게 된다. 가르치는 자가 자기성장의 노력은 하지 않고 권위만으로 부하를 교육시키고자 한다면, 부하는 순간을 모면하기 위해 받아들이는 자세를 취할 수밖에 없다.

관리감독자의 능력이 미숙하다고 하더라도 부하와 함께 적극적인 자세를 가지면, 부하는 주체적으로 문제를 발견하고 해결을 하기 위해 적극적으로 문제해결에 임하게 될 것이다. 결국 조직 속에서 관리감독자와 부하가 일체가 되어 함께 배우면서, 서로 도와주고, 서로 격려하며, 서로 이해하는 것이 직장내연수의 바람직한 미래상이라고 할 수 있다.

부하육성의 단계

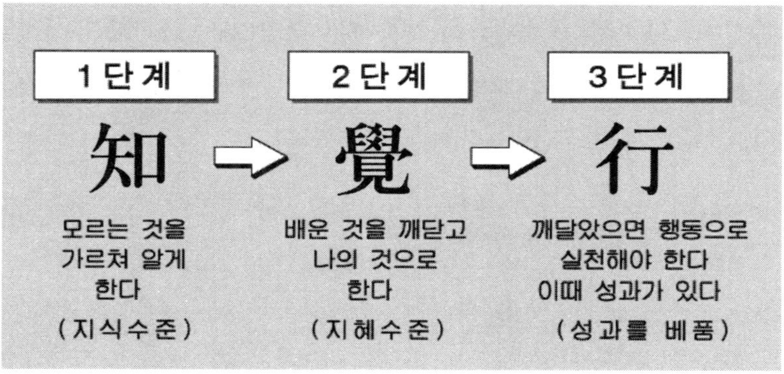

소집단활동

인간의 업무는 개인단독으로 하는 경우도 있지만 대부분은 집단형태로 수행된다. 그렇기 때문에 아무리 능력이 우수한 부하들만을 모아 놓아도 그것만으로 조직의 능력이 최대한 발휘되는 것은 아니다. 인간이 조직내부에서 집단으로 일할 경우 그 개인의 능력이 집단에 의해 방해되어 충분히 발휘될 수 없는 경우도 있으며, 반대로 집단에 의하여 격려되어서 능력 이상의 힘을 발휘하는 경우도 있다.

집단에는 그 구성원 개개인의 능력, 의사, 의욕 등과는 별개로 작용하는 어떤 힘 또는 메커니즘이 작용하고 있는 것으로 보인다. 따라서 관리감독자는 개개인의 욕구와 행동을 이해해야 할 뿐만 아니라 집단의 속성에 대해서도 깊게 알고 있어야 한다. 또한 집단 특유의 메커니즘을 활용하여 조직전체의 종합력을 어떻게 최대한 발휘시킬 것인가를 알아 둘 필요가 있다.

집단이란 일정한 장소에서 어떤 목표를 달성하기 위해 각각 역할을 달리하는 2인 이상의 사람들이 행동하는 모임이다. 그리고 구성원들은 커뮤니케이션을 통해 협력·신뢰·애정 등의 심리적 관계를 기대한다. 소집단과 소집단활동의 정의는 다음과 같다.

「소집단」

- 대면하여 접촉하는 소인원으로 이루어지고
- 구성원 간에 상호 의존관계가 있으며
- 일정기간 존속하는 집단이다.

「소집단활동」

- 자칫하면 잃어버리기 쉬운 마음과 마음의 교류를 가능하게 하는 장소이며
- 제반 활동에 주체적으로 참가할 수 있는 장소이고
- 각 개인의 움직임이 조직전체의 활동과 연결되어 있기 때문에, 개인의 능력개발과 조직의 경쟁력 제고가 끊을 수 없는 불가분의 관계에 있다고 생각하게 한다.

다시 말해서 소집단은 팀 전체와 개인과의 조화를 실현하는 중요한

장소이다. 소집단에서 각 개인이 담당하는 일은 전체 중에서 일부분이지만 중요한 것은 그것이 단순한 분업이 아니라는 점이다. 즉 팀의 전원이 목표를 이해하고 일의 진행 상태를 항상 파악할 수 있는 상황에 있다는 것이다. 따라서 각 개인은 전체 속에서 차지하는 자기의 역할을 환경의 변화와 함께 파악할 수 있다.

그러므로 상황에 대응하는 적절한 행동이나 타부서에 조언을 하는 것이 가능하다. 그리고 목표설정과 상황판단에 의해 임기응변의 조치를 취할 수 있을 뿐만 아니라, 다른 부서에 대해서도 조치를 취하도록 할 수 있다. 그것은 개성의 발휘를 촉진시키는 것이 되기도 한다. 이러한 상황은 일을 통해서 사는 보람을 느끼도록 하며 개인의 창조성을 고취시키는 역할을 한다.

그리고 적절한 조언을 서로 주고받는 분위기를 자아내어 횡적 협력관계가 한층 긴밀하게 된다. 이로 인하여 팀전체의 일의 내용이 충실하게 되며 각 개인의 독창성이 반영된 일이 완성될 것이다. 따라서 각 개인은 자신의 힘이 전체에 어떻게 활용되었는가를 피부로 느낄 수 있게 된다.

직무재설계

보람이 있는 일의 부여 방법인 직무재설계는 일반적으로 직무확대와 직무충실이라는 두 가지 측면에서 생각해 볼 수 있다. 종래의 직무확대 사고방법은 글자 그대로 직무의 확대이다. 이것은 '수평적 부하'라고 할 수 있다. 수평적 부하(負荷)의 의미는 단순히 직무구조를 크게 하는 것으로 동기유발이라는 측면에서 볼 때 무의미하다는 것이다. 왜냐하면 동기유발 면에서 무의미한 일을 아무리 시켜 보아도 그것은 제로 상태로 끝나기 때문이다.

직무충실은 개개인이 정신적 성장의 기회를 가질 수 있는 직무를 배분하는 것으로, 직무 그 자체가 동기유발 요인이라는 사고방식에서부터 출발하고 있다. 직무충실은 '수직적 부하'라고 볼 수 있다.

직무확대

인간은 누구나 단편적인 한 가지 일을 고정적으로 장기간 매일 같은 동작을 반복한다면, 매너리즘에 빠지고 새로운 지식이나 기술을 몸에 익히고자 하는 의욕이 일어나지 않는다. 세분화되어 있는 일을 하나의 정리된 일의 단위로 재편성함으로써 일관성을 갖게 함과 동시에, 변화의 요소를 주고자 하는 것이 직무확대이다.

직무확대에 의해 각 개인은 일에 대한 관심이 높아져서 충분한 만족감을 맛볼 수 있게 된다. 그리고 한층 폭넓은 지식과 기능을 몸에 익힐 필요가 있으므로 개인의 성장에도 도움이 된다.

직무충실

직무충실은 일 속에 Plan(계획)-Do(실시)-See(통제)의 관리순환 과정을 갖게 하여, 개인의 자유재량과 의사결정 범위를 확대시킨 일련의 업무내용 충실화를 말한다. 직무충실에 의해 개개인은 자신이 하고 있는 일의 주인공이 되기 때문에 창조적인 활동을 통해 강한 책임감과 충실감을 느끼고 일하는 보람을 실감한다. 또한 자기의 성장과 발전의 기회를 스스로 만들어 낼 수 있다.

직무충실 이후의 관리에서 관리감독자는 부하에 대해서 기본적인 방침과 계획을 명시하고, 그것을 근거로 하여 부하가 자기의 일을 스스로 계획 · 실시 · 통제할 수 있도록 정보와 조언을 제공하는 등, 주로 간접지원에 힘을 기울이게 된다.

이상의 직무충실은 업무단위를 자기완결형으로 하여 관리 사이클(Plan-Do-See)을 부하에게 위임하는 것이다. 그러나 그것이 곧 방임을 의미하는 것은 아니다. 따라서 자기의 업무를 스스로 통제하는 방향으로 유도하는 것이 반드시 필요하다. 그리고 관리감독자는 업무를 둘러싼 환경의 변화와 달성한 성과에 대하여 피드백을 충분히 하고, 작업자가 자주적인 계획을 세우기 쉽도록 유의하지 않으면 안 된다.

교육훈련을 통한 지도육성

성공적인 교육훈련이란 이윤증식 · 소비자의 만족 · 생산성 향상이라는 측면에서 교육효과가 입증되어야 한다. 교육훈련의 효과를 높이려면 어떤 형태의 교육훈련도 행동의 변용을 지향하여야 한다.

행동의 변용이란 첫째, 전에 알고 있는 것보다 더 많은 것을 알고 있다. 둘째, 전에 이해하지 못하였던 것을 이해하게 되었다. 셋째, 전에는 미숙하였던 기능을 숙달하게 되었다. 넷째, 어떤 과제에 대하여 전에 감지하던 것보다 다른 방향으로 감지하게 되었다. 다섯째, 어떤 것에 대하여 전에는 없었던 견해를 갖게 되었다.

교육훈련은 부하의 지식・기능・태도의 개발과 변화를 추구한다. 지식・기능・태도 중 어느 것을 강조해야 할 것인지는 교육훈련의 목적과 대상에 따라 강조가 이루어져야 된다. 그러나 지식・기능・태도는 서로 유기적인 밀접한 관련을 지니고 있기 때문에 어느 직종이나 계층을 막론하고 하나만을 단독적으로 개발시킬 수는 없다. 즉 지식과 태도의 뒷받침 없이는 기능이, 기능의 뒷받침 없이는 지식과 태도가 그 개발에 한계성을 면치 못하기 때문이다.

관리감독자의 중요한 본분은 교육훈련이다. 제품을 생산하는 기반도 먼저 부하를 육성하는 데 있다. 유능한 부하가 직장에 많이 있으면 관리감독자의 업무는 확실히 효과적으로 잘 진행된다. 그러나 모든 부하가 업무를 훌륭히 할 수 있는 것은 아니며, 생산방법이나 설비 및 기계의 개선 등에 의해서 현재의 숙련된 기능이 업무에 그다지 도움이 안 되는 경우도 많다. 훈련에 의하여 얻어진 지식과 기능은 이를 지속적으로 활용해야만 가치가 있다. 훈련에 의해 얻어진 지식과 기능을 실무에 활용하는 것은 관리감독자의 책임이다.

지속적 효과를 올리는 원칙

책임을 확정한다

관리감독자는 성과 도출의 책임이 조직구성원 모두에게 골고루 있다는 점을 명시적으로 말한다. 그리고 관리감독자는 자신의 책임을 잘 이해하고 그 책임의 실행에 무엇을 하면 좋은가를 알면서, 책임을 실행하여야 한다는 마음가짐이 필요하다.

훈련의 실시범위를 정한다

하나의 훈련 프로그램을 실시할 때 관계 있는 모든 간부나 관리감독자가 훈련 프로그램을 잘 알수록 지속적인 성과를 거둘 수 있다. 또한 훈련 프로그램이 완성되면 어느 범위의 사람들이 관심을 가지고 있으며, 어떤 사람들이 어떠한 역할을 할 필요성이 있는가를 생각하여야 한다. 그리고 어느 범위의 사람들에게 어떤 훈련이 필요한가를 결정하는 것이 중요하다.

추가지도를 실시한다

관리감독자는 부하에 대하여 일상지도 원조를 하고 있다. 부하가 어느 훈련을 받았을 때에는 그 훈련에 대하여 부하가 습득한 상황을 실제로 지도하고 원조를 하여야 한다. 즉 추가지도를 하는 것이다. 추가지도란 단순히 훈련한 것에 대하여 마무리한다는 것만이 아니고, 훈련의 가치나 효과에 대한 작업자의 희망과 관심을 조장한다는 것도 유의하여야 한다.

결과를 보고함으로써 공적을 인정한다

훈련의 지속적인 효과를 얻기 위해서는 상사의 지지가 중요하다. 관리자의 지지를 얻기 위하여 훈련의 경과 및 성과를 관리자에게 보고하고 관계자들의 공적을 인정하여 줌으로써, 관심을 높이며 열의를 조장하여 계속적인 활동을 유도한다.

지도(훈련)에 따른 조치

지도의 목적은 다음과 같다. 첫째, 훈련으로 습득한 상황을 잘 활용하도록 훈련대상자의 이해를 새롭게 한다. 둘째, 훈련을 통하여 체득한 것의 활용에 관심과 의욕을 높이도록 한다. 지도의 방법은 다음과 같다.

이유, 목적, 이익을 알게 한다

훈련에 의하여 습득한 기능과 지식을 활용하여야 할 이유를 그 부문의 실례를 인용하면서 설명한다.

원칙을 이해한다

훈련에서 습득한 것의 원칙적인 것 또는 주요한 상황을 복습하는 것은 대단히 중요하다. 잘 모르는 점이 없도록 충분히 이해시켜야만 한다. 중요한 점이나 상황을 적용하면 실제적인 기능과 지식의 습득 정도를 충분하게 확인할 수 있다. "왜?"란 질문에 따라 이유를 들어보는 것도 좋은 방법이다.

한 가지 문제에 대하여 한번씩 같이 해 본다

한 가지 문제 또는 한 가지 일을 선택해서 같이 해 보는 것은 가장 유효한 지도방법이다. 작업자는 문제 또는 일에 대하여 원칙을 적용함에 있어서 원조를 필요로 할 수도 있기 때문이다.

별개의 문제를 혼자서 해 보도록 한다

별개의 문제 또는 일을 한 가지 채택하여 작업자가 스스로 해 보도록 한다. 작업자는 자기능력에 대하여 자신을 더욱 갖게 된다. 자력으로 해 보인 후에 지도자와 작업자가 같이 검토한다.

성과나 노력을 인정하여 준다

성과나 노력은 회사의 규정이나 관습에 따라 인정하여 준다.

훈련계획진행기법

관리감독자가 부하와 더불어 생산목표를 달성하고 성과를 올리기 위해서는 필연적으로 '생산상의 문제'에 직면하게 된다. 생산상의 문제란 생산을 방해하는 것이다. 그러므로 관리감독자는 항상 그러한 문제를 시정・개선・예방하는 데 남달리 골몰하여야 한다.

훈련계획진행기법은 어느 생산상의 문제에 대하여 특정부분을 해결하려고 모든 훈련계획을 종합・조정하여, 부하의 측면에서 훈련으로 문제를 해결하려는 방법을 말한다. 훈련계획진행기법은 4단계로 되어 있다.

- 제1단계 : 생산상의 문제를 파악한다.
- 제2단계 : 훈련계획을 작성한다.
- 제3단계 : 훈련계획을 실천에 옮긴다.
- 제4단계 : 결과를 검토한다.

제1단계 — 생산상의 문제를 파악한다

하나의 생산상 문제에 대하여 몇 가지의 훈련계획이 필요하게 되는 경우가 있으나, 한번에 하나의 필요점만을 다룬다.

- 관리감독자나 작업자에게 당면문제를 말하도록 한다.
- 기록을 조사하여 문제를 발견한다.
  (작업실적, 원가, 인사이동, 불합격품, 사고 등)
- 조직, 생산, 방침의 변경에서 생기는 문제를 예견한다.
- 실마리(단서)를 분석한다.
  (사실, 상태, 숫자, 원인, 기준, 관계자의 지식・기능・태도 등)
- 필요한 훈련조치를 취한다.

제2단계 — 훈련계획을 작성한다

다른 훈련계획이나 프로그램과의 관계에 유의한다.

- 계획의 명칭과 훈련대상의 확정
- 훈련내용은?
- 누구와 상담할 것인가?
- 훈련방법은?
- 훈련담당자는?
- 기일과 기간은?
- 실시장소는?

제3단계 – 훈련계획을 실천에 옮긴다

반드시 상사를 참여시키고 훈련계획을 실천에 옮기는 데 필요한 순서는 다음 단계에 따르는 것이 필요하다.

① 상사의 지지를 얻는다.

② 관리감독자에게 납득시킨다.

③ 훈련담당자를 선정하고 훈련한다.

④ 훈련예정을 수립한다.

- 훈련의 필요성을 나타내는 실마리를 관리자에게 강조한다. (사실과 숫자를 들어서)
- 예측하는 효과를 제시한다.
- 훈련계획의 내용과 방법을 설명한다.
- 예정표를 제출한다.
- 훈련담당자를 선정하고 훈련한다. (훈련담당자를 선정할 때에는 각자의 성격을 중요시 하고 다음의 사항을 조건으로 고려한다. – 시간적으로 훈련을 담당할 수 있는 적격자, 호감을 줄 수 있는 성격의 소유자, 유능한 사람)
- 관계되는 사람들을 이해시킨다.
- 계속적으로 활용할 수 있는 책임을 정한다.

4단계 – 결과를 검토한다

그 훈련계획은 생산에 도움이 되었는가를 검토한다.

• 어떤 결과가 나타났는가?

• 상사에게 보고하였는가?

• 훈련은 계획대로 실시되었는가?

• 어떻게 활용되고 있는가?

• 변경할 필요는 없는가?

훈련의 방법

훈련 방법	알맞은 경우	알맞지 않은 경우
실연	· 손작업을 보일 때 · 원리원칙을 설명할 때 · 장치의 사용을 지시할 때	· 필기할 때 · 연습의 대용
연습	· 기능적 작업훈련을 할 때 · 지식을 주입시킬 때	· 설계문제를 수반하지 않는 이론적 인 문제
토의	· 모두에게 생각하게 할 때 · 실례를 강조할 때 · 분위기조성 혹은 복습의 경우 · 이유를 말할 때	· 시간보충을 하기 위해서 · 좋은 지도자(사회자)가 없을 때 · 새로운 자료를 낼 때 · 연습의 대용
회의	· 전에 있었던 경험을 도움이 되도록 할 때 · 의견과 원조를 얻고자 할 때 · 의견의 조정을 다룰 때 · 이해를 깊게 하고자 할 때 · 납득을 얻고자 할 때	· 모두가 의제에 대하여 아직 잘 모를 때 · 초기훈련 · 연습의 대용
강의	· 지식과 설명자료를 제시할 때 · 시청각 교재를 쓸 때	· 자료가 여러 곳에 있을 때 · 기능훈련

∷ 지도육성의 실천

중고령자의 지도

구조적으로 기업의 체질변화와 경쟁력 강화를 요구할 때 가장 희생되는 그룹은 중고령자들이다. 중고령자의 기술과 기능은 새로운 기술이 요구하는 수준에는 이르지 못한다. 그들은 기술혁신, 자동화기술, 컴퓨터 등에 의한 정보관리시스템 등을 체득하지 못하였다. 이와 같은 개인의 기능격차는 중고령자에게 점진적으로 제일선 업무에서 물러나게 한다.

성실하게 지도한다

관리감독자는 위선이 없는 진실한 태도로 성실하게 중고령자를 대한다. 때와 장소에 따라 말이 다르고 다른 태도를 취하는 감독자는 부하로부터 절대적인 신뢰를 받지 못한다. 관리감독자도 인간이기 때문에 경우에 따라서는 과오도 있고 상황에 따라서는 오해를 받는 언동을 할 때도 있다. 그러나 관리감독자가 그것을 알았을 때는 시정도 하고 사과도 해야 한다.

존경하는 마음으로 대한다

중고령자는 관리감독자보다 경험도 풍부하며 인생의 선배이다. 적어도 한 인간으로서는 존경할 만한 인격자이다. 그러므로 부하로부터 존경할 만한 가치를 발견하도록 노력하여야 한다. 인생의 선배에 대한 경건한 태도는 관리감독자 자신의 권위를 높이는 것이다.

정신적인 안정감과 집중력의 장점을 활용한다

대인관계, 차분함, 주의력의 깊이가 요구되고 안정감이 필요한 일에 우선적으로 배치한다.

자신있는 영역에서 능력을 발휘시킨다

중고령자가 자신감이 있는 영역이 있고 그것이 업무에 도움이 되는 것이라면 능력을 발휘시키는 일이 중요하다. 과거의 체험이나 성공담을 들어보는 모임을 갖는 것도 효과가 있다.

장기적인 안목에서 지도한다

중고령자는 사고방식과 업무의 진행방법이 고정되어 있다. 그것은 장기간의 경험과 습관으로 이루어진 것이므로 급격히 바꾼다는 것은 어려운 일이다. 그러므로 관리감독자는 조급하게 지도하지 말고 느긋한 마음으로 대하지 않으면 안 된다.

멤버십을 갖도록 한다

동료들과의 이견, 세대격차, 화제의 상충, 취미의 다양성, 피해의식 등 때문에 중고령자는 그룹에서 고립되기 쉽다. 그러므로 관리감독자는 멤버십이 고양되도록 지도하는 것이 필요하다.

중고령자의 고민에 관심을 갖는다

중고령자에게는 건강문제, 젊은 후배와의 인간관계, 정년문제, 노후생활 등의 인생고민이 있다. 이와 같은 고민이나 문제에 관심을 가지는 것도 관리감독자의 역할이다. 특히 이러한 인생의 고민문제는 명쾌하게 해답을 줄 수는 없다. 그러나 관리감독자는 장래 자기문제라는 시각에서 생각해 주는 자세가 필요하다.

신세대의 지도

신세대 직장인의 특징

- 3무 현상이 강하다

  3무란 무관심, 무능력, 무책임을 말한다. 즉 조직의 입장보다는 개인적 관심에서 일을 추진하고 자신의 능력을 낙관하며, 잊혀진 존재로 남아있기를 원하면서도 불평불만을 일삼는 성향을 보인다.

- 탈권위주의이다

  상사의 지시라고 해서 무조건 수용하고 응하지 않는다. 형식과 권위에 구속받는 것보다는 즐겁고 재미있는 탤런트형 상사를 좋아한다. 이제는 자신의 과거경험, 사고, 행동양식 만을 고집하던 상사는 괴로움에 시달린다.

- 좋아하는 일에는 골몰한다

  외면적인 성공이나 입신출세에는 별로 관심이 없지만, 자기가 좋아하는 일에는 물불을 가리지 않는다. 그리고 꽉 짜인 조직보다는 창의력을 발휘할 수 있는 조직풍토를 원한다.

- 일이란 인생을 즐기기 위한 도구로 간주한다

일은 프로답게 하고 삶을 즐겁게 영위하려는 신념을 가지고 있다.

- 즉흥적, 감각적, 비논리적이다
  영상매체의 정보 홍수로 사고체계가 정리되어 있지 못하다. 또한 개인적이며 이기적이고 다양함을 지니며 극히 폐쇄적인 이중성의 속성을 가지고 있다.

지도요령

- 단절은 금물이다
  급격한 변화를 체험한 관리감독자는 그와 같은 사회환경이 신세대에게 미친 영향을 냉철하게 인식하고, 신세대의 성장과정에서 오는 특징을 이해함으로써 단절을 예방하여야 한다.
- 끈기와 열의를 가지고 지도한다
  신세대는 이기주의적이고 타인에게는 합리성과 민주성을 요구하면서도 스스로는 몸에 배어있지 못하다. 모순과 의문을 품고 있으면서도 미래와 희망을 가지고 있는 것이 신세대의 모습이다. 이러한 신세대에게 열정적인 관심을 갖고 끈기 있는 리더십의 발휘가 필요하다.
- 항상 노력하도록 목표를 부여한다
- 업무 면에서 부하보다 전문성을 높인다
- 새로운 감각을 존중하고 부하에게 자신감과 충실감을 경험하게 한다
- 관리감독자의 생각을 일방적으로 요구하지 않는다

직장여성의 지도

여성의 특징

현대여성의 문제란 가정적인 문제와 사회적인 문제로 구분할 수 있다. 사회적인 문제에는 취업상의 문제, 임금·인사문제, 이혼문제, 사회복지문제, 성폭력 등이 있다. 가정적인 문제로서는 부부관계, 자녀양육, 가족구성원의 역할, 가정의 민주화, 가정관리를 들 수 있다.

직장여성이 당면하는 것은 조직풍토에 흡수되어 기존의 문화를 내면화시켜 차츰차츰 자신을 희생으로 몰고 가거나, 직장생활에 실패하여 사직이라는 파국을 맞이하거나, 기존의 문화에 적응하면서 자신을 성장시키는 경우가 있다. 인생의 자아실현과 사회참여의 역동적 현장인 직장에서 직장여성은 수없이 많은 갈등과 시련을 맞이하고 난관에 직면하게 된다. 남성과 비교해서 여성의 심리와 욕구를 다음과 같이 요약할 수 있다.

- 감정적이고 너무 민감하다.
- 사고가 논리적이지 못하다.
- 사물을 미시적·부분적으로 파악하고 반응한다.
- 정신적인 고민이나 감정을 솔직히 표현하지 않는다.
- 결단력의 부족으로 태도를 분명하게 하지 않는다.
- 타인의 돌봐주기를 선호한다.
- 자기를 잘 나타내려고 한다.
- 타인의 인간적인 면에 흥미를 갖는다.

• 일반적으로 친절하고 정중한 접대에 약하다.
• 외면적인 것으로 잘 판단한다.

직장여성의 갈등

직장여성이 느끼고 체험하는 직장생활의 갈등에는 어떠한 것이 있는가?

• 근무의욕과 사기

직장에서의 업무가 주로 부분적인 업무라든가 다른 사람과 교체될 수 있는 그리고 숙달되지 않아도 가능한 업무에 한정되고 있다. 또한 남성과 비교하였을 때 평균학력, 연령, 재직기간이 짧다는 조건과 조직구성원으로서의 마음과 자세에도 문제가 있다. 직장여성은 조직 내에서의 자기실현 기회는 봉쇄되어 있으며 근무의욕과 사기가 저하되어 있다.

• 직장생활과 가정생활의 병행

여성은 결혼과 동시에 이제까지의 직장 일뿐만 아니라 가정주부로서의 역할이 가중되어 막중한 책임을 부과 받는다. 직장생활과 가정생활의 병행으로 업무에 임하는 자세가 어쩔 수 없이 변화되고 능률도 떨어지게 된다.

• 법적 지위

여성의 법적 지위는 여성의 정치·경제·사회·문화 등 모든 영역에서의 사회적 관계와 위상을 나타낸다. 여성의 법적 지위는 여성의 사회적 지위향상을 가져오며 남녀평등사회를 구현하는 척도가 된다. 법률의 해석에 있어서는 유연성이 수반되어 상호간의 이해부족을 극소화시켜야 될 것이다.

• 남성중심의 직장분위기

근무하고 있는 직장의 분위기는 각각 특성이 있으나 공통적으로 지적할 수 있는 것은 남성중심 분위기의 팽배이다. 여성이라는 이유때문에 중요한 일이 맡겨지지 않는다든가, 업무와 관련이 없는 사생활의 참견을 받는다든가, 여성비하적 호칭이 사용되는 등 남성중심의 직장분위기는 여성들의 일할 의욕과 자기발전에 장애가 되고 있다.

지도요령

- 여성에 대한 편견과 고정관념에서 벗어난다.
- 여성의 심리 · 욕구 · 갈등을 자기계발한다.
- 이성(異性)보다는 부하로서 지도하고 격려한다.
- 하고 있는 업무에 대하여 관심을 갖는다.
- 비공식그룹의 리더를 항상 파악한다.
- 언행에 있어서 솔선수범한다.

칭찬

칭찬의 위력을 알게 되면 이 세상은 훨씬 더 살기 좋은 곳이 될 것이다. 칭찬과 감사의 진가를 미처 깨닫지 못한 사람들이 많다. 존재가치를 인정해 주는 몇 마디의 말로써 인간관계를 향상시키고 부하를 지도·육성할 수 있다. 칭찬의 효과를 극대화하기 위한 지침은 다음과 같다.

- 정당한 근거가 있을 때만 칭찬한다.
- 사람은 누구나 칭찬을 받고 싶어한다.
- 진정으로 칭찬한다.
- 눈을 마주 보고, 그 사람의 이름을 부르면서 고마움을 전한다.
- 잘한 일을 구체적으로 말해 준다.
- 질책을 무마하기 위한 수단으로 칭찬을 이용하지 않는다.
- 공개적으로 칭찬한다. 앞에서 공로를 인정해 주면 당사자에게는 훨씬 뜻이 깊게 되고, 다른 사람들을 고무시키는 이중의 효과를 얻을 수 있다. 칭찬은 공개적으로 하고 비판은 은밀히 한다.

칭찬을 듣는 데 있어서도 노하우가 필요하다. 우리 주변에는 간혹 다른 사람의 비판을 듣는 데는 익숙하면서도 칭찬을 솔직히 받아들일 줄 모르는 사람들이 있다. 심지어는 남이 자기를 칭찬하는 말을 조롱하는 것으로 오해하는 경우도 있고, 칭찬을 들었을 때에 무슨 말을 해야 할지 곤혹스럽다고 하는 감독자들도 종종 보게 된다. 칭찬을 받았을 때는 그것을 우아하게 받아들일 줄 아는 것이 오히려 지나친 겸손보다는 훨씬 보기 좋은 모습이 될 것이다.[18)]

오성환·김금수, 「직장예절」, 형설출판사, 2005, p.287

Middle up-down Leadership

PART 5

자신만의 핵심가치를 개발하라

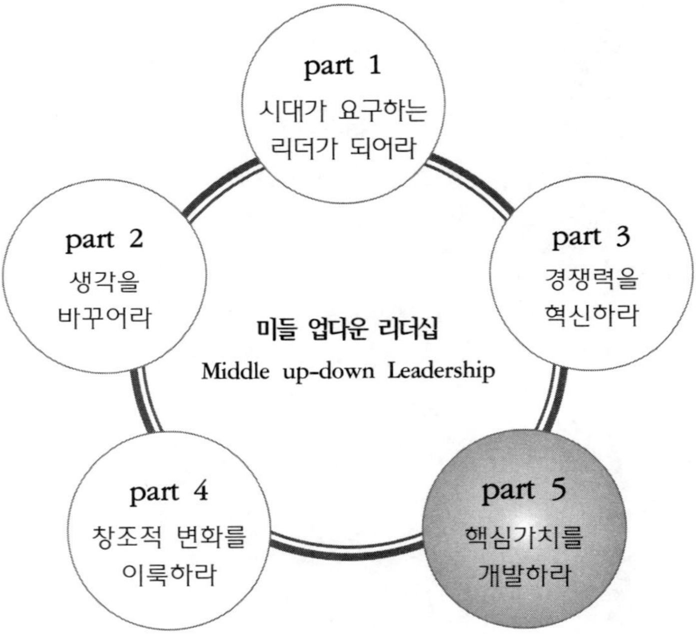
part 1
시대가 요구하는
리더가 되어라
part 2
생각을
바꾸어라
part 3
경쟁력을
혁신하라
미들 업다운 리더십
Middle up-down Leadership
part 4
창조적 변화를
이룩하라
part 5
핵심가치를
개발하라

13
자기계발과 자기변신

다가오는 미래사회와 발상의 전환

개구리는 15℃의 수온일 때 가장 기분 좋게 수영을 한다. 거기에 1℃~2℃ 수온을 높여가면 20℃가 넘어도, 30℃가 넘어도 느긋하게 수영을 계속한다. 그러다 40℃, 50℃가 되면 수영을 하면서 죽게 된다. 물론 처음부터 40℃, 50℃의 물에 개구리를 집어넣으면 개구리는 놀라서 튀어나오게 되지만, 조금씩 변화를 주면 그 변화를 느끼지 못하고 죽게 된다.

이것과 마찬가지로 기업도 규모가 커지고 조직구성원이 환경변화를 감지하지 못하면 자칫 '끓는 물속의 개구리', 즉 돌이킬 수 없는 사태를 초래하게 된다. 기업은 급속히 다가오는 무한경쟁시대에서 살아남기 위하여 본격적인 기업변신과 경영혁신을 서두르고 있다.

기업들이 과거 어느 때보다도 근본적인 변신을 추구하는 이유는 냉엄한 기업환경의 파고 속에서 강한 체질과 우수한 기업문화의 창달 없이는 살아남을 수 없다는 인식이 고조되었기 때문이다. 그리고 국경 없는 경제의 무한경쟁에서 기업의 지속적인 성장과 발전은 경쟁력의 확보가 원천이기 때문이다.

어느 시대나 격변의 시대는 있었으며 그와 같은 시대에서 살아남는 기업은 다채로운 인재에 다양한 지혜가 결집된 조직이었다. 기업은 전사원이 지혜, 연구, 창조성을 발휘하지 않으면 안 되게 되었다. 한편 조직구성원 개개인은 급변하는 세상에서 자신을 보호할 수 있는 버팀목으로써 지식을 축적하여야 한다. 그러한 지식은 형식지(形式知)와 암묵지(暗默知), 그리고 예상하지 못한 행운과 불행을 슬기롭게 다루는 삶의 지혜들로 이루어진다.

형식지란 말이나 글로써 손쉽게 다른 사람들에게 전달할 수 있는 그런 종류의 지식을 의미한다. 형식지의 특징은 공식적이고 체계적이다. 흔히 지식이라고 이야기하면 이러한 형식지를 가르키는 경우가 대부분이다. 그러나 현장에서 오히려 큰 힘을 발휘하는 지식은 말과 글로써 표현하기 어려운 암묵지가 있다. 암묵지는 대단히 개인적인 것으로 좀처럼 겉으로는 그 실체를 잘 드러내지 않는다. 암묵지의 일부는 노하우라는 용어가 담고 있는 비공식적이고 정확히 정의를 내리기가 어려운 전문적 기능으로 구성된다. 즉 오랫동안의 경험과 자신의 인생으로 점철된 장인(匠人)과 명장(名匠)의 암묵지는 '손끝에서' 나오는 경우가 많다.

형식지와 암묵지만이 성공적인 인생의 필요충분조건은 아니다. 형식지와 암묵지는 자신의 직업세계에 있어서 오로지 성공과 직결되는 일차적인 지식이다. 따라서 우리 모두는 이와 같은 지식들을 갖추지 않으면 인간적인 삶의 영위에 장애가 생기기 때문에, 마치 형식지와 암묵지가 반드시 갖추어야 할 지식의 전부인 것으로 생각하기도 한다.

그러나 더욱 중요한 것은 삶의 지식인 삶의 지혜가 있다. 직업적인 성취를 달성하였어도 삶의 지혜를 갖지 못할 경우에는 오랜 세월동안 만들어온 소중한 것을 한순간에 날려버리게 된다.

인생의 긴 여정에서 부닥칠 수밖에 없는 역경, 앞이 도무지 보이지 않는 칠흑 같은 절망감, 영광의 정점에 서게 되었을 때 느끼는 공허감 등의 여러 혼란을 슬기롭게 극복하고 관리해 나갈 수 있는 능력은 지식들 못지 않게 매우 중요하다. 이러한 지식은 인간의 심성이나 삶 속에 깊숙이 체화되어 있어서 쉽게 드러나지 않는다. 또한 획득하기도 어렵다. 격변의 시대에는 조직구성원으로서 형식지, 암묵지, 그리고 삶의 지식 등이 균형되게 어우러져야 온전한 지식을 갖추었다고 볼 수 있다.

미래는 살아 있는 모든 생명(인격)의 것이며, 미래는 미래를 구체화하는 사람들의 것이기도 하다. 미래의 삶은 '무엇으로 어떻게 할 것인가'가 아니라, '누가 무엇을 할 것인가'를 묻는 거대한 시험장이다. 그리고 미래의 경영은 물질이 주가 되어야 하는 경영이 아니라, 사람이 주가 되어야 하는 경영이다.

미래사회는 평등한 남녀의 인격체가 사회활동의 여러 부문에 공동 참여하고 함께 책임을 분담하는 공평한 사회로 발전할 것이다. 리더는 고정화된 성역할의 관념을 탈피하여 인간의 존엄성이 보장된 능력개발을 통한 자아실현으로 인생목표를 성취하여야 한다. 다가오는 미래사회의 특징을 살펴보면 다음과 같다.

개방사회

개방사회란 폐쇄사회의 특성인 억압과 통제, 배타성, 침체성에서 벗어나 독립성과 자율성이 정착되어 인간의 의식, 사회제도, 인간관계의 여러 면에서 개방적인 선택과 책임이 수반되는 사회를 의미한다. 개방사회에서는 폐쇄적인 가족주의, 연고주의, 이기주의를 극복하기 위한 노력이 경주되어, 모든 영역에서 자율적인 경쟁풍토를 조성하게 된다. 또한 일반화된 차별이 소멸되어 보편화된 합리성이 동시에 추구되는 성숙한 사회로 발전해 나갈 것이다.

의식이 열린 사회가 될 것이다

의식의 개방은 의식의 자율성을 의미하는 것으로 이성에 입각한 자율적 판단과 선택이 가능한 의식의 주체성을 요구한다. 의식의 주체성이 확립될 때 의존성에서 탈피하여 자율적·독립적인 인간으로 존재할 수 있으며, 발전을 저해하는 권위주의 의식을 극복해 나갈 수 있다.

기회가 열린 사회가 될 것이다

열린 의식은 사회참여를 통해 자아를 확인하고 자아실현의 욕구를 성취하고자 한다. 기회가 열린 사회는 참여의지를 수용할 수 있는 유연성·성숙함을 지닌 사회이며 다양한 기회의 개방을 제공한다.

의사소통 및 정보교환이 열린 사회가 될 것이다

미래사회는 정보화사회이므로 정보체제를 통제하는 계층이 실질적인 영향력을 행사하게 되며, 정보체계의 개방은 물론 의사소통 과정도 다변화될 것이다. 따라서 철저한 준비와 실천으로 정보의 생산과 전달과정에 참여하고 자신의 욕구와 기대감을 반영할 수 있는 실질적인 힘을 행사해야 한다.

통합사회

통합사회는 인간의 다양한 요구를 수용하며 가치의 통합이 이룩되는 사회이다. 그러므로 미래사회에서는 현재의 가치혼란과 편협한 경쟁적 태도에서 벗어나 통합적인 인간상을 구축하여야 될 것이다. 통합적 인간상의 특징은 다음과 같이 요약할 수 있다.

- 의식·가치·행동 면에서 성의 구분을 넘어 보편적인 일치성을 보인다.
- 개인의 적성과 선호도에 따라 남녀가 대등한 능력과 기능을 발휘한다.
- 남녀가 함께 가사와 자녀양육의 역할을 담당하고 사회적 기능을 수행하는 역할의 균형유지에 노력한다.
- 남녀관계를 상호간에 인격적인 성장을 지원하는 필연적인 관계로 인식한다.

인본주의 사회

공업화·산업화·도시화를 추진한 근대화 과정은 막대한 사회적 변동을 가져왔다. 동시에 인간 개개인의 특성을 함몰시킴으로써 인간성의 말살과 심각한 소외현상을 초래하였다. 그러므로 인간존재의 의미와 가치에 대한 본질적인 의문이 심각하게 제기되고 있다.

미래사회는 '인간답게 살 수 있는 사회', '인간적인 삶의 회복'을 지향하고, 사회발전의 주체는 인간 개개인이며 사회발전의 혜택은 모든 개인에게 돌아갈 수 있는 인본주의를 기본이념으로 정립되어야 할 것이다. 인본주의에 기초한 미래사회는 인간존중의 사회로서 인간의 자율성과 존엄성이 충분히 인정 받는 사회가 될 것이다.

자기계발의 추진

자기계발이란 자기가 자기를 개발해 가는 것, 즉 자기가 목표를 정한 후 의식적인 공부와 노력을 계속하여 가는 것을 말한다. 한 인간의 자기계발은 빙산에 비유할 수 있다. 바다 위에 모습을 보이고 있는 부분은 조그마한 일부분에 지나지 않지만, 그 아래에는 눈에 보이지 않는 몇 배의 거대한 빙산의 본체가 숨겨져 있는 것이다.

'자루 속에 갇힌 송곳'이라는 격언이 있다. 실력이 있으면 자루 속에 넣어두어도 능히 그 자루를 뚫고 밖으로 빠져나올 수 있다는 것을 시사하는 명언이다. 현대화된 기업의 조직은 능력이 있는 사람은 인재로서 인정을 받으며 발전할 수 있는 시대이므로, 더욱더 자기계발에 힘을 기울여야 할 것이다.

자기계발은 자기가 수립한 목표를 달성하기 위하여 지식과 기능을 자기 스스로 터득하고자 노력을 거듭하는 것이다. 자기계발은 후천적으로 자기의 운명을 바꾸어 나가는 힘이며, 단순한 언어가 아닌 자신의 마음가짐이자 결의인 것이다.

살아남는 것은 크고 강한 종(種)이 아니다. 변화하는 종만이 살아서 남게 된다. 오늘날의 환경은 조직이나 관리감독자 개인 모두에게 끊임없이 변화와 혁신을 요구하고 있다. 지금의 시대는 큰 것이 작은 것을 잡아먹는 시대가 아니라 변화하는 것이 변화하지 않은 것을 잡아먹는 시대이다.

그러므로 리더는 경제적·사회적 변혁을 확실하게 파악함과 동시에 앞으로의 시대적 요청에 대응하기 위하여 자기변신을 추구하는 것이 필요하다. 조직 내에서 조직구성원의 유형에는 전문바보형, 피상적 잔재주형, 전문적 종합사고형, 다기능형이 있다.

새로운 변화에 대응하여 나가기 위해서는 전문바보형도 잔재주형도 아닌 양자를 통합한 방식으로 부단히 다음과 같이 자기변신을 해야 할 것이다. 첫째, 자기의 전문분야를 확보하고 전문분야의 업무에 대해서는 어느 누구에게도 지지 않을 정도의 자기계발이다. 둘째, 자기의 전문분야 이외에도 광범위한 정보를 얻고 아이디어를 발견하는 자기계발이다.

자기계발의 제1요점은 자기자신을 향상시키고자 하는 의욕을 갖는 것이다. 다음으로 중요한 것은 자기의 장점과 단점을 아는 일이다. 그런 다음 현재의 자기상태와 장래의 자기목표를 분석・비교하여 어떤 점에 대해서 언제까지, 어떤 방법으로 계발하고 능력을 신장시킬 것인지를 계획한다. 계획을 수립하였으면 즉시 실천하는 것이 중요하고, 때때로 자신이 목표를 향하여 전진하고 있는가를 검토하고 다짐하는 것도 필요하다.

구체적인 목표설정

사람은 누구나 꿈을 먹고 자란다. 우리들 가슴에는 나이테가 그려져 있다. 꿈이 있는 삶은 희망과 생명의 나이테가 늘어날 것이고, 꿈이 없는 삶은 절망과 좌절의 나이테가 늘어날 뿐이다. 원대하게 자기계발 목표를 세우고 철저하게 자기계발 계획을 실행 할 때, 관리감독자로서의 핵심역량 개발과 조직의 내성은 강해지는 법이다.[19]

자기계발에 성공한 사람을 보면 누구나 구체적인 목표를 가지고 있었다는 것이 공통점이다. 여기서의 목표는 개인의 인생목표일 수도 있고 업무목표일 수도 있다. 자기 스스로가 '무엇을 하고 싶은가?', '무엇을 할 수 있을까?', '무엇을 하지 않으면 안 되는가?'에 관해서 명확하게 고찰하여야 한다.

계획이 없으면 목표의 설정이 안 된다. 목표설정이 없이는 실천이 있을 수 없다. 실천이 있을 때 성과를 도출할 수 있다. 성과가 있어야 기쁨을 맛보고 정신적 행복을 누리게 된다. 확실한 자기계발의 목표를 설정하려면 다음과 같은 사항을 고려해야 한다.

- 자신의 부족한 점을 확인하고 중장기의 목표를 설정한다.
- 능력 이상으로 노력하면 도달이 가능할 수준으로 결정한다.
- 목표의 확정단계에서는 주위 사람들의 의견을 참고로 한다.
- 목표는 단기적인 것부터 장기적인 것으로 설정한다.
- 환경과 조건, 상황에 따라서 목표를 조정한다.

실천적인 계획의 수립

목표를 실천하려면 환경변화에 대한 정보, 과거의 경험, 인간관계, 자신의 평가, 직업의식, 책임감, 현재의 인생단계, 건강상태, 자신의 성격 등을 고려하여 실천적인 계획이 뒷받침 되어야 한다.

- 자기계발의 내용을 확실히 한다.
- 계획의 내용, 방법, 기간 등을 분명히 한다.
- 상황에 부응할 수 있는 유연한 계획을 수립한다.
- 시간의 확보와 전략적인 시간관리에 대한 대책을 강구한다.
- 가족과 주변 사람의 협조를 구한다.

끊임없는 노력의 정진

자기계발은 자기성장을 위한 지름길이다. 목표와 계획을 수립하여 실천하고 끊임 없는 노력으로 정진하는 것이 중요하다. 자기계발 계획의 실천을 통하여 확실한 성과를 올리기 위해서는 다음과 같은 착안점을 고려하는 것이 더욱 효과적이다.

자기계발의 진행 단계

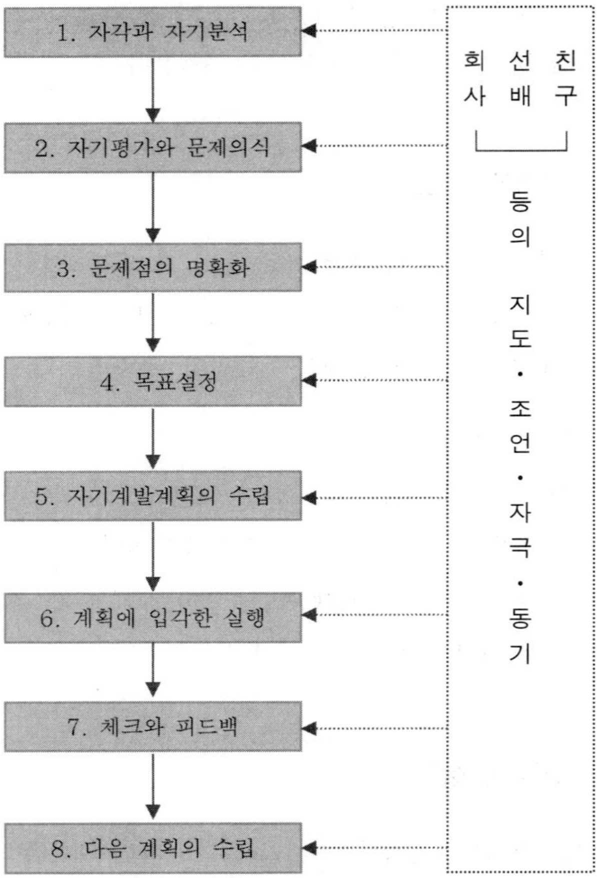

- 자진해서 하려는 의욕을 갖는다.
- 습관화시킨다.
- 작은 목표부터 시작한다.
- 시간을 유효하게 활용한다.
- 기회를 놓치지 않는다.
- 안이하게 타협하지 않는다.
- 자기의지로 자신을 지켜 나간다.
- 예외를 만들지 않는다.
- 강렬한 문제의식을 갖는다.
- 되도록 훌륭한 사람과 많이 만난다.

자기계발의 실천

조직생활에서는 생각하지 못했던 여러 가지 문제에 봉착하게 된다. 이러한 문제를 하나하나 효율적으로 풀어가는 것은 직무를 수행하는 데 있어서 중요한 과제가 된다. 그러나 자신이 당면한 문제를 효과적으로 해결하지 못하는 원인 중에는 자신이 전문분야 이외의 교양에서 충분하지 못한 경우가 많다.

대부분의 사람들은 어떤 문제에 당면하면 선입관이나 즉흥적인 방식으로 목전의 일에만 급급하거나, 여러 가지의 방법을 동원해 보고 잘 되지 않으면 포기상태가 된다. 잘 되지 않는 원인을 발견하고 이제까지의 좁은 시야에서 점점 시야를 확대하여 정확하게 문제점을 찾아내려면, 넓은 교양과 자신의 인격수양이 뒷받침 되어야 할 것이다.

인간관계

인간관계를 잘 맺는 방법에 대해서는 자신이 특별한 관심을 가지지 않는 한 누구에게 따로 지도받을 수 있는 기회를 갖기가 어렵다. 인간은 다른 사람과 어울려 함께 살아가기를 원하고 친밀한 인간관계를 유지하면서 서로를 믿고 의지하며 사회적 또는 정서적인 지지를 주고받는다. 이는 스트레스를 견디어 내도록 힘을 주고 정신건강은 물론 신체건강에도 영향을 미친다.

또한 원만한 대인관계를 통해 우리는 진정한 사랑을 경험하고 속을 터 놓을 수 있는 친구를 얻으며 삶의 재미와 의미, 행복감을 느끼게 된다. 따라서 건강하고 행복한 삶을 영위하기 위해서는 건강한 인간관계가 필수적이다. 일반적으로 인간관계를 잘 하기 위해서는 다음과 같은 요인과 기술에 유의해야 한다.

당신의 말은 사람됨을 나타내므로 유의하라

사람은 언어로 현실을 창조하는 과정을 통해서 자신의 삶을 창조하고 이러한 삶의 창조를 통해서 사람됨을 이룩한다. 한 사람의 언어가 빈약한가, 풍부한가, 모호한가, 분명한가, 혼돈상태에 있는가, 정리되어 있는가에 따라서 사람됨을 알 수 있다. 다른 사람과 즐겁게 이야기를 나누기 위해서는 다음과 같은 사항을 명심한다.

- 당신의 심리적 태도를 좋게 하라.
- 음성을 부드럽게 하고 목소리를 잘 조절하라.
- 알맞은 동작도 가미하라.
- 말하는 속도는 말을 듣는 사람의 교양 정도에 맞추어라.
- 말의 내용을 명확하게 하라.

사소한 약속도 지켜라

인간관계에 있어서 가장 중요한 것은 신용이다. 신용은 약속을 지키는 데서부터 시작된다. 기본적인 약속은 자기자신과의 약속이며, 그 다음은 타인과의 약속이다. 신용(信用)은 사람이(人) 말을(言) 사용한다(用)는 뜻이다. 사소한 약속이라도 일단 약속을 하였으면 반드시 지키도록 한다.

잠깐씩이라도 자주 만나라

바빠서 못 만나겠다고 말하지 말라. 그것은 상대를 무시하는 것이다. 만날 시간이 없다고 말하지 말라. 당신이 게으르기 때문이다. 안 보면 멀어진다(Out of sight, out of mind). 그리고 만나지 않으면 인간관계는 멀어진다.

작은 정성이라도 소중히 하라

물질만능주의, 이기주의가 팽배한 사회일수록 사람들의 마음속에는 정을 그리워하며 조그만 정성에도 감격을 한다. 조그만 정성을 소홀히 하지 않는 사람이 큰일도 소홀히 하지 않는 법이다. 성공하기를 원하거든 사소한 일에 정성을 기울여라. 인간관계란 절대로 하루아침에 이루어지는 것이 아니다. 조그만 정성과 신뢰가 쌓이면서 시간이 지나감에 따라 그 깊이가 더해지는 것이다.

먼저 마음을 열어라

우리 주위에는 마음의 문을 꽁꽁 걸어 잠그고 사는 사람이 많다. 몇몇 아는 친구 이외에는 여러 사람과 사귀려고 하지 않는다. 이런 사람은 자신의 생활을 지키는 것에만 습관이 되어 있어서 폐쇄적이고 방어적인 자세만 취해 온 까닭이다. 이와 같은 경우에는 폭넓고 다양한 인간관계가 불가능하다.

사람은 그릇이 커야 한다. 그릇이 작은 사람은 얻을 수 있는 것도 조금밖에 얻지 못한다. 만물을 포용할 수 있도록 넓고 크게 마음을 활짝 열어야 한다. 그리고 사람들을 대할 때 자신감을 갖는다.

이익을 먼저 생각하지 말아라

이익을 생각하고 사람을 사귀는 사람은 쉽게 남을 배신한다. 사업상 만나는 사람이든, 우정을 위하여 만나는 사람이든 이해관계를 초월하여 만남 그 자체의 의미를 중요시하여야 한다. 그러면 당신에게 더 큰 이익이 돌아갈 것이다. 인간관계는 성급하면 더 큰 손해를 본다. 무엇이든 베푼다는 자세로 임한다. 주는 것이 곧 받는 것이다.

당신의 매력을 느끼게 하라

당신은 남들에게 당신만의 고유한 매력을 느끼게 해야 한다. 이 매력은 누구나 가지고 있다. 단지 개발해 내지 못하기 때문이다. 당신은 다른 사람들이 당신에 대해 어떤 이미지를 갖고 있는가를 알아야 한다. 그리고 그 이미지 속에 매력을 추가해야 한다.

받으면 갚아라

'Give & Take', 이것은 인간관계에서는 만고불변의 진리이다. 당신이 접대를 받으면 반드시 갚아라. 상대방은 당신에게 호의를 베풀고 난뒤 의식적이건 무의식적이건 당신의 반응을 기다린다.

정서함양

직장생활과 가정생활을 통해서 정서를 함양하는 것은 매우 중요하다. 정서함양이란 단순히 내적인 갈등으로부터의 자유만이 아니라, 일·독서·대인관계·취미 등의 모든 것을 자발적·적극적으로 하는 것이다. 그렇게 함으로써 자신이 경험하고 있는 새로운 것을 그대로 수용하며, 그것들을 찾아낼 수 있도록 개방하여 두는 것을 의미한다.

인생을 아름답게 볼 수 있는 사람은 행복하다. 그만큼 아름답고 깊이 있는 인생을 음미할 수 있기 때문이다. 그것은 마음 속에 감응하는 힘이 충분히 길러져야 한다. 아름다운 감응을 느끼지 못하는 굳어진 감정은 정서함양이 미흡하기 때문이다. 인생을 아름답게 바라보기 위해서는 마음의 거울이 준비되어 있지 않으면 안 된다. 교양을 쌓고 정서를 함양하는 것은 마음의 거울을 닦는 것이다.

모든 사람은 특별한 재능과 훌륭한 지적 능력을 갖고 있지 않더라도, 그들 자신의 마음속을 예리하게 통찰할 수 있는 능력인 마음의 거울을 가지고 있다. 그러므로 인간은 자신의 생활을 분별과 조화를 가지고 영위하며 타인과도 잘 해 나갈 수 있게 된다. 마음의 거울을 투명하게 하고 정서를 함양하려면 근본적으로 다음의 실천사항이 필요하다. 첫째, 자기자신을 철저하게 분석하여 자신의 가능한 자원과 한계를 파악하여야 한다. 둘째, 정서적 성숙의 장애물을 제거하여야 한다.

인간의 정서적 성숙을 방해하는 것은 성인답지 못한 행동, 의존심, 과도한 애정요구, 완고한 성품, 냉정한 성격, 지배욕구, 적대감, 반항심, 자책감, 집중력의 결여, 변덕 등 여러 가지가 있다.

독서를 통한 지식축적

인적 자본의 개념에는 인재가 가지고 있는 지식과 기술, 건강상태, 일의 질적 수준 등이 포함된다. 인적 자본이 중요한 이유는 생산성 향상이 지식의 창조·창출·활용에 기초하고 있기 때문이다. 창조된 지식은 가정에서, 학교에서, 직장에서 새로워진다. 새로워진 지식은 제품과 서비스를 생산하는 데 활용된다.

책은 고귀한 존재이다. 인간의 오랜 지적 탐구의 결실을 모은 책이란 존재는 함부로 대할 수 있는 만만한 것이 아니었다. 책을 읽지 않는 사회는 희망이 없다고 한다. 이 말은 책을 멀리하는 기업과 개인은 희망이 없다고도 볼 수 있다. 책은 정신의 양식이다. 이 양식이 없으면 정신이 건강해질 수 없으며 정신박약증의 구성원으로서는 기업을 발전시킬 수 없다. 정신무장이 잘된 군대가 전쟁에서 이기게 되는 이치와 같다.

요즘 대다수의 기업에서 고무적인 현상으로 책읽기 운동이 번져가고 있다. 급변하는 기업환경을 뚫고 나가기 위한 역량 축적의 수단으로 책 읽기가 권장되고 있는 것은 기업이 이제 정도(正道)에 눈을 돌렸다는 의미가 된다. 효과적이고 능률적인 책읽기의 요점을 살펴보면 다음과 같다.

- 목차와 소제목을 훑어보고 개요를 파악한다.
- 소제목을 볼 때에는 무엇을 더 연구할 필요가 있는지를 생각한다.
- 자신이 알고자 하는 사항을 음미하면서 읽는다.
- 무엇이 써 있으며, 무엇을 이해하였는가를 생각하면서 다시 한번 읽는다.
- 가급적 빠른 시일 안에 복습한다.
- 주요사항과 요점을 기록한다.
- 책 읽는 것을 생활화하고 습관화한다.

건강 · 여가

건강이란 심신이 모두 양호한 상태를 말한다. 인간은 누구나 건강에 대하여 유념하고 있다. 건강은 일의 성부(成否)를 결정하거나 인간의 행복을 좌우하는 결정적인 조건이다. '건전한 정신은 건전한 신체에 있다.'는 격언처럼 직장인의 건강은 보람 있는 인생을 영위하고 직장생활을 원활하게 이끄는 원동력이 된다. 정신적 건강과 신체적 건강이 조화된 직장인의 건강은 올바른 인식과 예방이 선행되어야 한다. 인간의 재능은 일하는 동안에 점차 창조되는 것과 같이 건강도 직장생활과 일상생활을 통하여 향상된다면 얼마나 좋을까?

물질문명의 발달은 개인생활에 더욱 많은 스트레스를 가하고 인체에 육체적 질병을 유발시킨다. 한국스트레스매니지먼트 연구소가 실시한 '대기업 직장인 스트레스의 실태조사'에 의하면 심리적 스트레스 증상으로는 우울증, 불안, 짜증, 피로 등이 있다. 남자보다는 여성이 심리적 스트레스를 많이 받고 있는 것으로 나타났다.

심리적 스트레스와 신체적 스트레스를 유발시키는 요인들을 분석한 결과 업무 불만족, 상사와의 갈등, 동료와의 갈등에서 발생하는 것으로 밝혀졌다. 정신적 건강을 유지하려면 먼저 자신의 마음을 다스리고 스트레스를 제거하면서, 항상 적극적이고 긍정적으로 생각하고 판단하여 행동하는 것이 지름길이다.

직장인은 하루의 대부분을 직장에서 보낸다. 직장은 생활의 터전이다. 그렇기 때문에 안전이나 보건위생에 최선을 다하고 체위향상을 통한 건강유지와 즐거운 분위기의 조성에 유념하여야 한다. 근로는 인간성장의 발전요소이며 인간의 체위를 상하게 하고 심신의 자유를 구속하여 건강과 체력을 해치기도 한다. 이와 같이 해로운 부분을 경감시켜서 인간으로서의 바람직한 발전을 도모하는 것이 중요하다. 그렇다면 신체의 장해와 질병예방 이외에 실제 활용할 수 있는 방법과 수단은 어떤 것이 있을까?

작업자세의 적정을 유지한다

엉거주춤한 자세, 웅크린 자세, 머리를 숙이는 자세 등 체형을 변형시키거나 불안전한 자세로 하는 업무를 되도록 적게 한다. 작업대와 선반 등의 작업에서는 높이가 작업자에게 적합하여야 한다. 그리고 계속 일어서서 하는 일과 앉아서 하는 일을 때때로 바꾸는 것도 바람직하다.

좌우의 어깨와 손을 사용한다

오른손만을 사용하는 사람은 때때로 왼손도 사용하여 신체의 좌우 균형을 고루고루 발달시킨다.

체조를 한다

목돌리기, 어깨의 좌우회전과 상하운동, 전후좌우로의 허리운동, 심호흡 등의 체조를 한다.

무리한 일을 하지 않는다

체력에 맞지 않는 무거운 물건을 운반하거나 장시간의 지나친 작업을 자제하여야 한다.

준비운동을 한다

근육운동에 특히 긴요하다.

때때로 배치전환을 고려한다

자세를 바꾸고 운동을 바꾸는 것 등은 정신적으로도 좋은 자극이 되며 인간적인 성장에도 좋다.

적당한 휴식을 한다

단조롭고 반복적인 작업은 짧은 시간의 휴식을 자주 갖는다.

해외연수

오늘날 대부분의 기업들은 지금까지의 양적인 팽창방식을 지양하고 질적 성장을 추구한다. 그리고 미래의 변화에 대비하고 있으며 나름대로의 경영혁신에 박차를 가하고 있다. 인재양성도 기능위주의 전략에서 인간미와 도덕성 그리고 전문성을 갖춘 국제화 감각에 주력한다는 것이다. 다시 말해서 글로벌 시대를 주도할 수 있는 국제경영인재의 요건충족에 초점을 맞추고 있다.

통신 및 교통수단의 발달과 급속한 경제성장으로 기업의 활동범위도 국제화가 되었다. 업무수행과 인재육성을 위하여 자주 해외출장과 해외연수가 빈번해지고 있다. 선진 외국의 기업실상과 그 밑바닥에 흐르는 참뜻을 피부로 느끼고 터득하기 위하여 해외연수가 지속적으로 이루어질 것이다.

이제부터는 제자리에 앉아서 배우고 익히는 소극적인 자세에서 벗어나, 진취적이고 능동적인 행동으로 외국 기업의 현장을 피부로 느끼고 체험하는 해외연수의 효과가 지대할 것으로 생각된다. 해외연수의 참가를 통한 자기계발에 있어서는 다음의 사항을 실천해야 한다.

첫째, 선진기업의 현장관리 수준을 직접 눈으로 보고 피부로 느낄 수 있도록 관찰한다. 둘째, 기존의 현장관리에 대한 고정관념과 매너리즘을 스스로 과감히 버릴 수 있도록 한다. 셋째, 업체방문 시 보고 느낀 사항을 메모하며 생생한 개선 아이디어를 기록한다. 넷째, 기법, 기술, 현장의 분위기, 감독 스타일, 노사관계, 안전관리 등 여러 각도에서 스스로 느낄 수 있도록 한다. 다섯째, 현장방문시 안전선을 지키고 입수보행을 자제하며 허용된 범위에서 사진촬영을 한다.

해외 현장의 체크포인트

① **품질**

- 불량 재작업, 클레임, Miss를 줄이는 방법(개선방법)
- 품질의 편차, 이상을 줄이는 방법
- 품질개선 활동수단 및 제품의 보호방법
- 불량발생 시 즉시 원인을 조사하여 해결하는 방법

② **원가**

- 생산성향상, 능률향상 등 제조경비 절감방법
- 작업현장에서 실시하는 원가절감을 위한 체크 항목
- 작업의 낭비, 자재의 낭비를 줄이는 방법
- 작업자의 원가의식을 높일 수 있는 방법

③ **생산량**

- 생산량의 목표달성방법, 납기를 지키는 방법
- 과잉재고, 수량 틀림을 없애는 방법
- 기계고장을 줄이고 작업 스피드를 높이는 방법
- 기종별, 월별, 일별, 생산량과 생산계획의 편성방법

④ **운반**

- 운반시간을 줄이는 방법, 주요 운반수단의 자동화방법
- 운반시간 단축에 의한 시간, 인원의 절감방법
- 운반을 발생시키지 않는 설비, Line의 배치, 작업방법
- 운반용구 및 용기 운반자

⑤ **작업자**

- 좋은 인간관계 유지방법 및 의욕의 향상방법
- 개선제안, 분임조활동의 활성화방법
- 직장사기(모랄) 앙양방법
- 기술, 경험, 숙련도를 향상시키는 방법(특유의 방법)
- 문제의식, 책임의식, 향상의욕, 개선방법

⑥ **설비 · 치공구**

- 설비, 치공구 생산능력, 공정능력 향상방법
- 적절한 급유방법, 점검방법, 고장정지, 개선방법
- 기계설비 배치방법(Lay out), 정리정돈 방법
- 기종 변경에 따른 금형 등 교환시간 단축방법
- 설비관리 자주보전활동

⑦ **재료**

- 종류, 수량, 상표, 재료 등의 개선방법, 틀리지 않게 하는 방법
- 재고량을 적절히 관리하는 방법
- 재료의 낭비를 없애는 방법, 취급방법, 배치방법, 방치하지 않는 방법
- 재료운반 및 공급방법

⑧ **기타**

- 안전한 작업방법, 능률적인 제조방법
- 작업준비방법, 작업순서 개선, 전후공정의 전후 연결방법
- 온도, 습도, 조명, 통풍 등의 적당한 관리방법

:: 초일류 리더의 자기혁신

혁신(革新)을 한자 그대로 풀이하여 보면, 가죽 '혁'자에 새 '신'자이니 새로운 가죽을 의미한다고 볼 수 있다. 즉 다시 말해서 리더의 자기혁신이란 완전히 바꾸어서 새롭게 하는 것을 뜻한다. 이제 혁신을 거듭하고 지속적으로 자기변신을 주도하는 리더만이 초일류 생산현장을 가꿀 수 있다.

풍부한 인간성

관리감독자는 기업조직의 리더로서 좋은 인간관계를 유지시키고, 부하의 사기와 조직의 능력을 높임으로써 생산목표를 달성시킨다는 중요한 임무를 지니게 된다. 그러므로 부하가 갖고 있는 능력을 최대한 발휘시키고 그 능력을 목표달성에 충분히 활용하는 것이 관리감독자이다. 그러기 위해서는 관리감독자가 부하를 엄격하게 관리・감독하고 질타와 격려에 힘쓰는 것도 효과적인 방법이다.

그러나 마치 양치기가 양을 몰듯이 단순히 관리감독자와 부하라는 상하관계에서 생기는 권위를 바탕으로 한 질타와 격려만으로는 부하가 따라오지 않는다. 거기에는 상사와 부하와의 사이에 인간으로서의 공감, 즉 부하가 리더로서의 상사에 대하여 느끼는 인간적인 매력이 있어야만 된다.

향후 개인 · 기업 · 사회의 관계

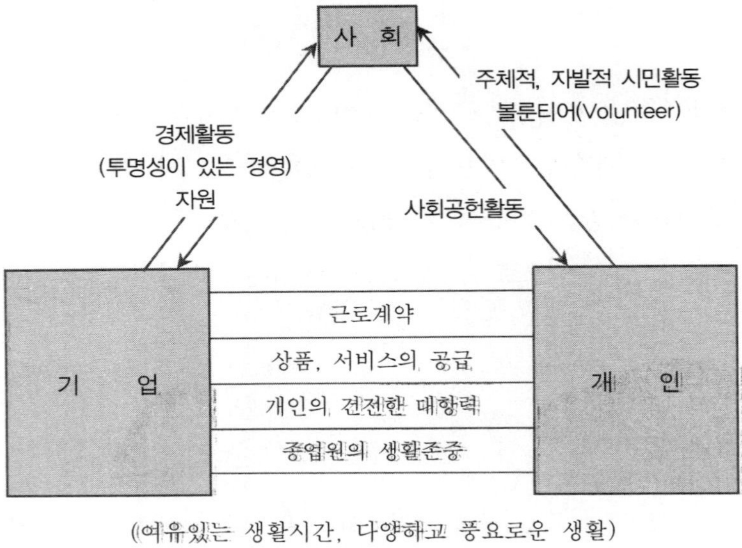

조직구성원의 인생관, 직업관, 인간관, 가치관이 매우 다양화가 되고 있는 시대이다. 과거에는 명령과 목표에 순종하고 주어진 일을 열심히 하는 부하가 많았다. 그러나 지금은 직장에서의 보람 못지않게 개인생활을 누리는 데 중점을 두는 세대, 즉 '무감각한 세대'가 늘어가고 있는 시대이다. 더욱이 이러한 세대의 특징은 주어진 일의 의미나 가치가 충분히 납득이 가지 않으면 움직이지 않는다.

일반적으로 부하는 일보다는 사람을 따른다고 한다. 그러나 상사가 무슨 특별한 일을 할 수 있기 때문이라는 이유에서 부하가 상사를 따른다는 것은 별로 기대할 수 없다. 상사의 몸에 밴 인간적인 매력과 상사에 대한 인간성의 풍부함을 느끼지 않는 한, 부하는 잘 따라오지 않는다.

그러면 인간성이란 무엇인가? 인간미와 상대방의 마음에 전해지는 인간으로서의 감정을 의미한다. 부하를 움직이는 것은 단순한 상사의 명령과 질타, 격려가 아니라 거기에 포함된 상사의 마음과 성의와 애정이다. 풍부한 인간성을 갖추는 데 필요한 실천사항을 정리하면 다음과 같다.

- 성실하며 상하를 막론하고 모든 사람들이 털어 놓고 이야기하고 싶은 인품을 지닌다.
- 건강하고 활력이 있으면서 언동에 위협적인 점이 없고 천천히 설명한다.
- 항상 몸이 청결하고 접촉하는 상대방에게 상쾌한 느낌을 준다.
- 태도가 당당하고 비굴함이 없다.
- 부하에게 불쾌감을 주지 않고 건설적인 방향으로 반대의견을 표현한다.
- 자기계발을 통하여 부하에게도 자극을 준다.
- 직장에서 일하는 보람과 사는 보람을 느끼고 있다.
- 사생활에 있어서도 성실한 가족의 일원이다.
- 인생에 대한 사고방식은 항상 적극적인 낙관론을 기초로 한다.

적극적 사고

인간이 이룩하는 실적(업적)은 의욕과 능력의 함수관계에서 비롯된다. 능력이 없기 때문에 실패하는 사람보다는 일에 대한 의욕이 부족하여 실패하는 사람을 주변에서 많이 볼 수 있다. 결국 현재의 능력보다는 하려는 적극적인 정신자세에 따라 엄청난 결과를 초래한다는 것이다.

직장생활에는 뜻하지 않게 예견되지 않았던 곤경에 직면하게 되는 경우가 많다. 직장생활에서는 무엇인가 일을 하다 보면 뜻대로 되는 일보다는 힘든 일, 고된 일, 어려운 일이 더 많은 것이 현실이다. 그러한 상황 속에서 쉽게 좌절하고 체념하게 된다.

모든 고난과 갈등은 더 큰 결실을 가져오는 씨앗이 담겨 있다는 생각으로 극복하여야 하며, 그것을 시련으로 알고 더욱더 분발하여야 한다. 인생의 목표달성도 자신의 소극적 사고로부터 전환된 적극적이고 올바른 사고로 철저히 임해야 될 것이다. 적극적 사고의 함양을 위한 일상생활에서의 실천사항은 다음과 같다.

- 뚜렷한 목표를 설정한 후 강렬한 의욕을 가진다.
- 모든 일에 긍정적이고 낙관적으로 임한다.
- 적극성을 지닌 사람과 인간관계를 심화시킨다.
- 자기분석을 명확히 하고 업무수행자세를 냉정하게 갖춘다.
- 실패에서 오는 경험을 중시한다.
- 보통 사람보다 빨리 걷고 자신해서 말을 하도록 한다.
- 성공감을 만끽하고 동기부여 요소를 활용한다.

마음의 관리

인생에서 성공하려면 적극적이고 긍정적인 자기 이미지를 그려보고 자기선언을 하여야 한다. 이미지를 그려봄으로써 자기 이미지를 강화시키게 되고, 미래에 자신이 어떠한 사람이 되고 싶은지를 자기 선언으로 가속화시킬 수 있다.

이미지란 자신의 사고와 취향에 따라 편집되어 만들어진 생각의 덩어리, 특유한 감정, 고유한 느낌이다. 하루 24시간, 1년 365일, 우리 자신의 일거일동은 자신의 이미지를 만들고 궁극적으로 '나'란 사람의 삶을 형성한다. 머릿속에 자신의 모습을 하나하나씩 그려볼 때, 현재 일상생활 속에서 투사되는 이미지는 자신이 스스로에게 바라는 이미지와는 상당한 거리가 있음을 발견할 수 있다.

문제는 다른 사람들이 겉으로 드러나는 이미지에 따라 나에 대한 태도를 결정하고 그것에 따라 행동한다는 것이다. 반응이 긍정적인 것이면 일에 자신감을 갖게 되지만 부정적일 때는 쉽게 자신감을 잃고 만다. 이와 같이 나의 이미지에 대한 반응은 다시 밖으로 드러나는 나의 이미지에 영향을 준다. 그러므로 우리는 남을 위하여 이미지를 생각하는 것이 아니라 우리 자신을 위하여 이미지를 향상시켜야 한다. 인간의 삶에 생명수처럼 소중하고 건전한 자기 이미지를 창출시키려면 다음과 같은 유의사항을 참고하는 것이 유익하다.

- 자신감을 갖자.
- 남과 비교하지 말자.
- 행복해지겠다고 결심하자.
- 자신에 대한 불행이나 삶에 대한 허무를 버리자.
- 긍정적이고 낙관적인 사람과 교제하자.

• 지나친 죄의식을 갖지 말자.
• 완벽주의자가 되지 말자.

인간은 이미 선언한 것에 대하여 실현되고 있는 것처럼 믿게 되고 자연스럽게 행동한다. 자기선언은 반드시 된다는 신념을 가지고 끈기 있게 반복하다 보면 반복에 비례된 성과를 기대할 수 있으며, 자기발전과 인생의 목표달성에 크게 기여하게 된다. 자기선언은 시작하자마자 즉각적인 성과를 기대할 수 있는 것은 아니며 각자의 신념과 반복의 정도에 따라 좌우된다. 무의식 중에 기본적인 자기선언으로 행동하려면 다음의 순서를 밟는 것이 효과적이다.

• 편안한 자세로 의자에 앉는다. 두 손을 무릎 위에 놓고 발뒤꿈치를 방바닥에 붙인다.
• 두 눈을 감는다.
• 머리 끝에서 손톱 끝까지 모든 근육의 힘을 빼고 될 수 있는 대로 편안한 마음이 되도록 한다.
• 소극적인 생각(미움 · 두려움 · 의심 · 비난 · 열등감)은 모두 잊어버린다. '나에게 안 되는 일은 아무것도 없다.'고 마음속으로 생각한다.
• 나의 인생에 강한 영향을 줄 수 있다고 생각되는 내용의 선언문을 마음속에 새긴다.
• 선언문을 30초간 마음속에서 되풀이하며 제창한다.

시간관리

누구에게나 시간의 양은 똑같이 주어져 있다. 정해진 24시간을 어떻게 잘 활용하고 생산적인 시간을 창출하느냐에 따라 시간의 효용가치는 사람마다 큰 차이를 나타낸다. 시간을 잘 활용한다는 것은 주어진 시간을 가치있고 효과적으로 사용한다는 것이다. 시간을 생산적으로 창출하는 것은 주어진 시간을 양적으로 사용한다는 의미를 넘어서, 일(업무의 내용)에 대한 적절한 시간배분으로 효율적으로 시간을 적용하는 방법이다.

경쟁사회에서 의미하는 시간관리 전략의 본질은 단순히 더 많은 시간을 일한다든가 혹은 시간을 낭비하지 않는다는 것이 아니라, 시간을 보다 더 전략적으로 활용하는 것이다.

책과 지식경영의 8가지 포인트

세월이 아무리 흘러가더라도 새로운 부가가치를 낳는 원칙은 지식에서 나온다. 그리고 그 지식의 무궁무진한 보고(寶庫)가 바로 책이다. 아무리 정신없이 돌아가는 세상이라지만 책읽기에 대한 요령을 조금만 익히고 올바른 습관을 터득하는 데 성공한다면, 책은 당신의 인생에 더없이 좋은 친구가 되어준다. 우선 책을 통한 지식의 활용을 위해서는 다음과 같은 부분에 주목해야 할 것이다.

1) 세상이 아무리 바뀌어도 지식의 원천은 역시 책이다.

한때 인터넷이 세상을 지배할 것처럼 보이던 시절이 있었다. 그래서 종이와 책은 머지않아 사라질 것으로 예상하는 사람도 있었다. 하지만 책처럼 아날로그적인 특색과 디지털적인 특색을 동시에 가진 것도 드물다. 이런저런 이야기가 무성하지만, 생각하면서 상호작용을 통해 아이디어를 다듬을 수 있는 것은 역시 책 이상의 것이 없다.

2) '본전' 생각으로부터 자유로워야 한다.

아무리 두꺼운 책이라고 하더라도 실용서의 경우 책의 핵심은 20% 내외의 분량에 포함되어 있다. 때문에 첫 페이지부터 착실히 하나하나 읽어 나가야 한다는 의무감이나 고정관념에서 벗어나야 한다. 아주 짧은 시간 내에 핵심만 공략해 버린다는 단순하고 가벼운 생각을 갖고 독서에 임하는 자세가 필요하다.

3) 20% 내외의 핵심은 저자 서문, 목차, 결어 및 초기의 핵심 장에 숨어 있다.

서점에 가면 마치 가벼운 여행을 떠나는 기분으로 책을 펼쳐 보자. 특히 실용서의 경우 80/20 법칙으로부터 예외인 경우는 아주 드물다. 목차 가운데 자신에게 꼭 필요한 20% 부분을 선택해서 읽어보며 책을 살 것인지 말 것인지를 정하면 대부분 후회 없는 결정이 될 것이다. 이따금 자신의 기대를 배반하는 책도 있겠지만, 경험이 쌓이면 실수도 줄어든다.

4) 구입한 즉시 혹은 24시간 내에 책의 핵심부분을 읽는다.

일단 구입한 책들이 하루를 지나 서가에 쌓이기 시작하면 그 책을 읽을 가능성은 희박해진다. 특별한 경우를 제외하면 다시 읽는 것은 힘이 들 뿐만 아니라 큰 결심을 필요로 한다. 때문에 구입과 동시에 30분 내지 1시간 정도를 투입해 핵심부분을 읽는 습관을 갖는 것이 중요하다. 혹시 여의치 않더라도 구입한 책을 읽는 데 24시간을 넘지 않도록 한다.

5) 책은 무자비하게 대하라.

얌전하게 책을 읽는 것은 아무런 도움이 되지 않는다. 특히 실용적인 독서를 원하는 사람일수록 얌전한 독서는 금물이다. 책은 무자비하게 대할수록 많은 것을 얻을 수 있다. 나는 깨끗하게 책을 보는 것은 시간을 낭비하는 것과 큰 차이가 없다고 생각한다. 읽고 난 다음 현재나 미래에 큰 기여를 할 수 없는 일종의 소비라고 생각한다. 결국은 책읽기를 소비행위로 보는지, 아니면 투자행위로 보는지가 관건이다. 책읽기를 실용적인 관점에서 바라본다면 당연히 투자행위가 되어야 하고, 효과적인 독서를 위해서는 테크닉이 필요하다.

6) 중요한 문장이나 내용은 펜으로 마음껏 표기하라.

중요한 내용을 가장 손쉽게 찾을 수 있고 기억에 생생하게 메모리해 가는 방법은 줄을 긋는 것, 동그라미 치기, 그리고 아주 중요한 부분에 대해서는 별표로 표시하는 등 다양하다. 인간의 두뇌는 강렬한 색이나 도형 등의 표기를 오래오래 기억한다. 그러므로 어떤 아이디어를 구할 때 언젠가 읽었던 책을 참고하고자 싶을 때 컬러를 더한 자유분방한 표시는 도움이 될 것이다.

7) 중요한 내용이 담긴 페이지의 모서리를 다양한 방식으로 접어서 표시하라.

주요내용을 쉽게 회상해 내거나 다시 찾을 수 있는 좋은 방법은 책을 중요도에 따라 책의 하단 모서리 부분을 접는 방법, 상단 모서리를 접는 방법, 그리고 접는 회수를 한번, 두번, 세번 등으로 차별화하는 방법이 필요하다. 이 방법은 컬러로 표시하는 방법과 병행해서 사용한다면 상당한 효과를 얻을 수 있다.

8) 인상깊게 읽었던 책은 가까운 곳에 두고 이따금 펴보라.

같은 책이라고 하더라도 그 사람의 나이, 처한 상황, 책을 읽는 분위기 등에 따라서 다양한 모습으로 다가온다. 때문에 인상깊게 읽었던 책들은 가까운 곳에 두고 수시로 펴보는 것이 좋다. 특히 위기에 처해 안정과 균형, 용기와 열정의 충전이 필요할 때 이런 습관은 도움이 될 것이다. 자신이 늘 참고할 수 있는 책들을 가까이 두는 것은 그 어느 방법보다도 스트레스를 해결하고 위기를 슬기롭게 극복하는 데 도움이 된다.

공병호, 「공병호의 자기경영노트」, 21세기북스, 2002, pp.171~174

Middle up-down Leadership

14 미들 업다운 리더십 개발

:: 자기변화와 능력개발

성공적인 자기변화

과거에는 훌륭한 관리감독자가 되고자 할 때 과거의 경험에 기초하여 건전하고 직관적인 판단을 할 수 있는 능력이 요구되었다. 그리고 과학적 관리방법을 동원하여 실행상의 효율성에 초점을 맞추고, 이를 위하여 다양한 관리·감독 기법이 적용되는 실천적 관리·감독에 중점을 두게 되었다.

그러나 미래를 주도하는 리더의 상은 과거의 진부한 관리·감독 활동에서 과감히 탈피하여 새로운 기회를 발굴해 내며, 혁신적인 변화를 통하여 날로 가속화되는 기술혁신과 사회·경제적 변화에 보조를 맞추어 관리·감독 기능을 강화하고 현장을 이끌어가는 모습으로 재조명되고 있다.

드러커가 지적하는 바와 같이 리더는 효율보다는 효과에 의한 관리·감독을 강조해야 한다는 점이 부각되고 있다. 해야 할 일은 하고 있는가, 즉 효과적인 관리가 선행되지 않는다면 하지 않아도 될 일을 아무리 효율적으로 한다 해도 그것은 쓸모없는 일에 조직의 노력과 자원을 낭비한 결과를 가져오게 된다. 관리·감독은 세월이 흐를수록 어려워지고 있다. 오늘날의 관리·감독은 과거보다 한층 어려워지고 있으며, 미래의 관리·감독은 오늘의 관리·감독보다 더욱 복잡해지고 까다로워질 것이라는 것도 예견되고 있다.

대부분의 개인들은 변화의 필요성에 대하여 공감한다. 그러나 막상 변화를 하기 위해서는 무엇을 해야 할지 비전도 설정하지 않고 선장을 잃은 배처럼 갈팡질팡한다. 변화와 자기혁신이 성공하려면 변화에 대한 필요성, 명확한 비전, 가능성에 대한 신념, 그리고 체계적 실천이 뒷받침 되어야 한다.[20)]

성공적인 변화	=	변화의 필요성 인식	×	비전의 공유	×	변화에 대한 확신	×	지속적, 체계적 실천

필요성을 느끼지 못하는 사람은 항상 변화의 방관자이다. 변화와 자기혁신을 추구하는 사람은 변화의 필요성과 중요성을 깊이 공감하여야 한다. 그리고 성공적인 변화에는 비전의 공유가 요구된다. 비전

이란 무엇인가? 비전이란 '달성될 목적에 대한 미래상', '미래에 대한 전망', '미래의 꿈과 생각', '미래에 대한 상상적 개념화'를 의미한다.

리더에게 가장 중요한 자질을 하나만 꼽으라면 무엇일까? 아마도 자기 직책에 따른 비전과 역할을 정확하게 인식하고 수행하는 능력일 것이다. 비전이 없는 변화·혁신의 추구는 방향성이 없어서 우왕좌왕하게 된다. 변화와 혁신에 실패하는 가장 근본적인 원인 중의 하나가 바로 비전 때문인 것을 명심하여야 한다.

또한 변화에 대한 필요성도 느끼고 비전도 분명하지만 변화에 대한 확신이 없다면 의구심과 무기력 증상이 나타나게 된다. 따라서 변화의 가능성에 대하여 확고한 신념을 지녀야 한다. 필요성과 비전 그리고 가능성에 대한 신념이 있을 지라도 실천하지 않으면 변화를 주도할 수가 없다. 마지막으로 중요한 요소는 주체자인 리더 자신의 끊임없는 실천력이다.

리더와 관리감독자의 차이

구 분	리 더	관리감독자
목표에 대한 태도	• 능동적이고 아이디어를 발휘	• 특정인과 무관하고 수동적이며 반응적
일에 대한 개념	• 새로운 접근방법을 개발하고 업무에서 열의를 창조	• 긴장의 제거와 타인의 이익을 계산하며, 협상과 계약체결을 하고 보상과 처벌을 활용
타인과의 관계	• 강력하고 감정이 수반된 인간관계를 형성하며, 사랑과 미움의 강한 감정을 형성	• 사람보다 일을 좋아하며, 낮은 수준의 감정몰입을 유지하여 간접적으로 의사소통

리더에게 요구되는 능력

앞으로의 기업환경 변화는 매우 빠른 속도로 급변할 것이며 저성장 시대로의 이행에 따라 수반되는 경제구조의 변화, 성장저해 요인의 대두, 가치관의 다양화, 국내외 정세의 복잡성 등은 기업발전에 적지 않은 부담이 되고 있다. 기업내부에 있어서도 사원의 고령화, 고학력화, 세대차, 업무에 대한 인식변화 등으로 조직의 관리・감독도 점점 어려워지고 있다. 이러한 환경변화 속에서 리더는 관리・감독의 중핵으로서 다음과 같은 능력을 지니고 있어야 할 것이다.

목표설정 능력

- 일에 쫓기면서 수동적으로 되지 않는다.
- '당신 부문의 문제는?'이라고 누가 물으면 명쾌하게 답할 수 있다.
- 문제를 파악했을 뿐만 아니라 이미 해결에 착수하고 있다.
- 언제나 스스로 자신에게 과제를 부과한다.
- 현장을 '언제까지', '어떤 상태로 한다'라고 스스로 결심하고 있다.
- 목표는 대체로 의욕적인 것이며 상당한 각오가 없으면 달성할 수 없는 것이다.
- 목표는 입으로만 말하는 것이 아니라 꼭 실현시킨다.
- 목표를 달성하는 데는 어디에 장애가 있으며 무엇을 해결하면 성공하는지를 알고 있다.
- 현재 목표를 달성하면 즉각 다음 목표를 수립하여 다음 단계를 지향한다.

계획 능력

- "바빠서 생각할 틈이 없다"라는 말을 하지 않는다.
- "그건 안된다", "불가능해"라는 등의 말은 하지 않고, 먼저 어떤 방법이 있는지를 연구해 본다.
- 문제해결을 위하여 과거와 다른 방법은 없는지 탐색한다.
- 100%는 안 되더라도 시간을 들여서 해결한다.
- 자기 혼자의 힘으로 곤란하면 타부문이나 타사와 협력해서 달성할 것을 연구한다.
- "무언가 좋은 방법은 없는가"라는 생각이 언제나 머리 한 구석에 남아 있다.
- 다른 분야의 사람과 접촉하거나 항상 책을 읽는다.
- 여러 가지 현상에서 해결방법의 착안점을 생각해 낼 수 있다.
- 체면에는 신경쓰지 않고 누구한테나 지혜를 빌린다.
- 여러 사람들이 나에게 의견이나 아이디어를 주기 때문에 지혜가 저절로 생긴다.

조직화 능력

- 부하 개개인의 장점과 단점을 파악한다.
- 업무에는 어떤 성격이 중요한가를 개별적으로 파악한다.
- 업무를 시키면 어떤 일이 일어날 것인가를 생각하고 있다.
- 단기적인 안목에서 숙련자를 오랫동안 같은 업무와 작업의 담당자로 두지 않는다.
- 부하에게 맡겨버리지 않고 과업(도달해야 할 목표)을 부여한다.

• 함부로 간섭하지 않는다.
• 부하가 하기 어려운 점을 알고 있으며 근무하기 쉽도록 언제나 신경을 쓰고 있다.
• 부하가 좌절하기 전에 격려·지도하고 있으며 실망시키지 않는다.
• 부하끼리 또는 부하와 타부문 담당자 간에 팀워크를 호전시키는 일을 잘 한다.
• 맡기고는 있으나 부하가 하고 있는 업무의 상태를 정확히 파악하고 있다.

커뮤니케이션 능력

• 자기 생각을 부하에게 잘 주지시키고 있으며 반드시 설득시킬 수 있다.
• 스피치가 능숙하다.
• 최고경영자를 설득하여 움직일 수가 있다.
• 회의에서는 자기담당 사항에 대하여 일반적으로 주도권을 잡는다.
• 커뮤니케이션이 원활하며 커뮤니케이션 때문에 실패했던 일은 별로 없다.
• 전달방법이 서툴러서 실패한 일은 드물다.
• 필요한 경우에 짧게 그리고 정확히 전달할 수 있다.
• 외부의 이해관계자와 교섭을 잘 하며 나의 의도대로 끌어들일 수 있다.
• 커뮤니케이션 결과에 대한 반응을 언제나 피드백하고 있다.

동기부여 능력

- 밝고 뒤끝이 없는 성격이다.
- '한번 해 보자.'라고 부하에게 권유한다.
- 부하 개개인의 사정을 잘 알고 있다.
- 의기소침한 부하의 사정을 잘 파악한다.
- 대화로 의욕을 일으키게 하는 일을 잘 한다.
- 모두가 지향할 목표를 명백히 하고 있다.
- 실패를 겁내지 않는 사풍을 만들도록 언제나 노력하고 있다.
- 권위주의적이기 때문에 부하가 위축되는 경향은 없다.
- 모두가 자유롭게 의견을 말하고 부하들의 지적사항에 대해서도 수용한다.
- 부하의 용기를 잘 이해하고 낙심시키지 않는다.

지도육성 능력

- 부하 개개인의 장점과 결점을 분명히 말한다.
- 나무랄 일은 주저 없이 나무라며 주의를 준다.
- 개개인에 대하여 어떤 일이 중요한 단계이며, 다음은 어떤 일을 지도하겠다는 프로그램을 생각하고 있다.
- 부하에 대해서 기대하는 수준이 높다.
- 부하가 도달해야 할 결과를 제시하고 방법은 본인에게 맡겨서, 되도록 자력으로 성공하도록 한다.
- 부하가 다소 잘못된 방향으로 나아가도 필요 이상으로 간섭하지 않는다.

• 질문을 하면 조언한다.
• 언제나 자기가 부하에게 모범을 보이도록 힘쓰고 있다.
• 매너리즘에 빠지기 전에 새로운 업무를 부과하여 언제나 자기계발을 하도록 지도하고 있다.
• 유능한 부하가 옮겨가는 것을 두려워하지 않는다.

⁚ 미들 업다운 리더십

미들 매니저의 역할

Company라는 영어단어는 '함께'라는 뜻을 지닌 'Com'과 라틴어로 '빵'을 의미하는 'Pany'가 합쳐져서 만들어진 말이다. 즉 회사는 함께 빵을 먹고 살기 위하여 모인 사람들이 만든 조직이다. 기업(企業)이라는 한자의 뜻도 사람(人)이 모여서(止) 함께 일(業)하는 곳이라는 뜻이다.

이처럼 함께 일해야 성과가 오르는 것이 회사인데, 개성과 취향이 제각각 다른 사람들이 모여 있다 보니 갈등이 생기고 문제가 벌어지는 것은 어찌보면 당연한 일일 수도 있다. 따라서 경영자와 관리자 그리고 생산현상의 작업자를 동참시키는 미들 매니저로서의 리더 역할은 매우 중요하게 되었다.[21)]

'よい品 よい考'

일본 도요타자동차 다카오카 공장에 큼지막하게 걸쳐 있는 글자판이다. 우리말로 옮기자면 '올바른 마음에 좋은 제품이 나온다.'라고나 할까? 형형색색의 자동차가 쏟아져 나오는 첨단 라인에 하얀 모자를 눌러 쓴 작업자들이 곁눈질도 하지 않고 바삐 움직인다. 분명 사람이 아니라 사람 모습의 일벌이다. 초(超)고강도 작업의 참모습을 보여주면서 슬리퍼를 끌고 다니는 우리의 일그러진 모습과는 매우 대조적이다.[22)]

허브 켈러허 사우스웨스트 항공의 전 회장은 '탁월한 리더십'을 발휘하여 '유머경영 혹은 펀(Fun) 경영'을 중시하였다. 그는 유머란 조직의 화합을 위한 촉매제이며 일은 항상 즐거워야 한다고 주장을 하였다. 점잖은 오찬석상에 엘비스 프레슬리 복장으로 나타나기, 청바지 입고 이사회 참석하기, 토끼 분장을 하고 출근길 직원 놀라게 하기 등 그의 펀 경영 사례는 무수히 많다. 경영자의 근엄한 권위는 찾아볼 수 없었다.

켈러허 회장이 펀 경영으로부터 얻으려 한 것은 사람들의 마음이었다. 그는 내면에서부터 '기쁘고 즐거운 마음'으로 일할 수 있는 기업만이 초일류기업으로 성장할 수 있다고 확신했다. 그리고 그는 "자기 자신을 이끌려면 당신의 머리를 사용하고, 다른 사람들을 이끌려면 당신의 가슴을 사용하라!"고 권유하였다.

리더는 부하들을 섬기고 자신의 성공보다는 부하들의 성공에 관심을 기울이는 사람이다. 위대한 리더는 자신의 역할이 다른 사람들을 위해 봉사하는 것이며, 피라미드의 꼭대기에서 군림하는 것이 아니라 맨 아래에서 봉사하는 것임을 잘 알고 있다. 리더의 가장 중요한 덕목 중의 하나는 열정이다. 열정은 곧 고통스러운 과정을 뜻한다. 리더는 자신의 안정·성공과 다수의 행복 사이에서 고통스런 선택에 직면한다.

리더는 부하와의 관계에 대해서 신뢰를 바탕으로 하여야 한다. 신뢰는 어떻게 얻을 수 있나? 그것은 리더 자신이 공동체 이익을 위하여 스스로 희생할 것이라는 믿음을 줄 때만 가능하다. 특히 오늘날과 같은 다양성의 시대에 리더는 여러 의견에 귀를 기울일 수 있는 열린 마음을 가져야 한다. 리더의 권위는 봉사와 희생에서 비롯된다. 봉사와 희생 없이는 권한과 권력을 권위로 치환할 수 없다. 물론 권한과 권력으로 억눌러서 부하를 통솔할 수도 있겠지만, 따라오는 가식적인 시늉만 내게 할 뿐 진정으로 따르게 할 수는 없다. 봉사와 희생으로 획득한 권위만이 부하들을 진정으로 따르게 할 수 있다.

부하들이 권한과 권력에 복종하는 것은 두려움 때문이지만 권위에 복종하는 것은 리더에 대한 존경심 때문이다. 다시 말해서 권한과 권력은 두려움으로부터 비롯되고 권위는 존경심으로부터 비롯된다. 그러므로 진정한 리더십은 권한과 권력이 아니라 권위로부터 시작되는 것이다.[23)]

거미는 그물(거미줄)을 쳐놓고 먹이를 기다리다가 먹이가 걸리면 잡아먹는다. 반면에 꿀벌은 여러 곳을 돌아다니며 먹이를 모은다. 거미는 '수비적'이고 꿀벌은 '공격적'이다. 거미가 '소극적, 정태적'이라면 꿀벌은 '적극적, 동태적'인 것이다.

거미는 큰 노력도 기울이지 않는다. 어제도 오늘도 내일도 대부분

같은 자리에서 똑같은 일만 반복하고 되풀이 한다. 거미줄만 치고 온종일 기다린다. 반면 꿀벌은 집에서 꽃으로, 꽃에서 꽃으로, 꽃에서 집으로 쉴새 없이 날아다닌다. 매일 매 시간 새로운 꽃을 찾아 나선다. 어제도 오늘도 내일도 부지런히 최선을 다한다.

당신은 거미에 가까운가? 꿀벌에 가까운가? 이제는 '거미 관리'로서는 안 된다. '꿀벌 관리'가 되어야 한다. 즉 발로 뛰어야 한다. 앉아서 기다리기만 하고 걸리는 것만 챙기는 리더가 되어서는 안 된다. 가만히 앉아서는 아무것도 할 수 없다. 위에서 지시하는 것만 챙겨서는 안 된다. 부하가 고충을 토로했을 때 비로소 챙기려는 우둔한 리더가 되어서는 아니 될 것이다.[24)]

리더십의 색깔? 디스트리뷰티드 리더십(Distributed leadership)

리더십이란 공동목표를 가장 효과적으로 달성하기 위하여 조직구성원이 자발적이고도 헌신적으로 목표달성에 공헌할 수 있도록 하는 창의적인 활동이다. 훌륭한 리더십은 부하가 적극적으로 일을 할 수 있는 원동력이 된다. 따라서 리더십은 조직의 목적과 부하 개인의 목적을 어떻게 통일된 방향으로 조화시켜 나갈 것인지가 중요한 과제이다.

일반적으로 일본의 위인을 꼽으라고 하면 오다 노부나가(織田信長), 도요토미 히데요시(豊臣秀吉), 도쿠가와 이에야스(德川家康) 등 세 명을 먼저 꼽는다. 일본의 중・근세사의 3대 영웅으로 일컬어지는 위인 세 명이 두견새를 소재로 하이쿠(5・7・5의 3구 17음으로 된 일본 특유의 단시)를 읊었다.

노부나가는 '울지 않는 두견새는 죽여야 한다'고 노래했고, 히데요시는 '울지 않는 두견새는 얼러서 울게 해야 한다'고 하였다. 반면에 이에야스는 '울지 않는 두견새가 울 때까지 기다려야 한다'고 읊었다. 이 이야기는 세 사람의 리더십 색깔을 단적으로 보여준다. 이 중에서도 노부나가는 일본 전국 아즈치 시대의 무장으로 일본 열도의 거의 절반을 지배하는 데 성공한 인물이다. 노부나가의 부대는 추진력·집중력·돌파력이 매우 뛰어나서 일단 목표가 세워지면 '한다면 한다'는 정신으로 목표를 달성하고야 마는 조직이었다.

울지 않는 앵무새는 칼로 내리쳐야 한다는 노부나가의 리더십은 중세 이후의 낡은 가치관을 타파하고, 난세의 혼란에 종지부를 찍을 수 있는 '파괴와 창조'에 필요한 리더십이었다. 반면에 전국 통일의 기반이 다져진 후 통치기반을 안정화하고 영구화하기 위한 제도와 시스템 도입이 필요한 시기에는 이에야스의 '기다릴 줄 아는 리더십'이 빛을 발했다고 할 수 있다.

각각의 리더십 색깔은 세대 상황에 비추어 유난히 눈부시게 빛나기도 하고 바래기도 한다. 마찬가지로 분명하고 독특한 빛을 띤 리더십은 역사의 흐름을 바꾸어 놓고 독특한 한 시대의 역사를 빚어내기도 한다. 노부나가, 히데요시, 이에야스의 리더십은 어느 시대에 던져지더라도 나름대로의 빛을 발할 수 있는 분명한 자기만의 색깔과 힘을 갖고 있었다고 해도 과언이 아닐 것이다.[25)]

노나카 이쿠지로(히토쓰바시대) 교수는 도요타를 위시한 일본의 초일류기업의 생산현장 시스템을 "암묵지(暗默知)와 형식지(形式知)가

소용돌이치는 상호작용"이라고 묘사하고, '지식창조'라는 이론으로 개념화했다. 여기서 암묵지란 표현하기 힘든 주관적・직관적 지식, 형식지는 표현할 수 있는 체계적・논리적 지식을 말한다.

작업자는 현장의 직접 체험을 통해 감각적인 지식을 갖게 된다. 이것을 암묵지라고 한다. 표현하기 힘든 직관이지만 대화하면 개념화가 가능하다. 이것을 매뉴얼로 만들 수 있는 단계에서 암묵지는 형식지로 탈바꿈하고, 여기서 끝나는 것이 아니다. 매뉴얼을 통해 형식지가 현장에서 실천의 과정을 통하여 다시 작업자에게 암묵지가 형성된다.

이러한 프로세스가 소용돌이처럼 반복되면서 지식은 거듭 창조된다. 경영자와 근로자의 사이에서 이것을 주도하는 존재가 바로 미들매니저이다. 영미식 경영에서는 미들매니저를 조직의 계층 한 가운데에서 혁신을 방해하는 계층으로 간주하지만 일본식 경영에서는 반대이다.

일본에서는 그러한 전통을 '디스트리뷰티드 리더십(Distributed leadership)'이라고 부른다. 리더십이 카리스마에 집중되는 것이 아니라 아래 미들 매니저에게 폭넓게 분산되는 형태이다. 독재적인 '톱다운(Top-down)' 방식도 아니고, 민주적인 '보텀업(Bottom-up)' 방식도 아니다. 메이지(明治)유신의 사무라이야말로 혁신적인 미들 매니저였다고 할 수 있다. 해외 열강의 지식을 배우고, '서구를 따라 잡겠다'는 목표를 설정하고 목표 달성을 실현한 것이 미들매니저인 사무라이였다.[26)]

∷ 초일류 리더십의 개발

리더십의 유형

리더란 부하에게 영향을 주거나 영향을 주려고 노력하는 조직구성원이며 다음과 같은 개념을 지니고 있다.

첫째, 조직과 집단을 전제로 하여 존재가치를 지닌다. 둘째, 역할수행에 있어서 조직구성원의 성격을 가져야 한다. 셋째, 조직의 구성원이며 조직의 기준·목표·요구 등을 설정하는 사람이다. 넷째, 부하로부터 존경을 받아야 한다.

리더십이란 일반적으로 구성원 개개인의 능력과 욕망을 공통 목적에 통합하는 지도자의 능력이라고 정리할 수 있으며, 일방적으로 정해진 업무의 강제적 이행을 추구하는 헤드십과는 구별된다. 리더십은 다음의 기능이 필요하다.

- 리더십은 인간적인 관계이어야 한다.
- 리더십은 동기부여가 되어야 한다.
- 리더십은 목적과 방향을 가져야 한다.
- 리더십은 조직을 통해 행사되어야 한다.
- 리더십은 책임과 권한을 수반하여야 한다.
- 리더십은 환경의 변화에 대응하여야 한다.

리더십이란?

리더십은 매니지먼트와 다르다. 매니지먼트가 현재의 문제에 대하여 반응하는 것이라면, 리더십은 미래를 준비하는 것이다. 리더십은 여러 제약 속에서 선택하고 변화를 이끌어가는 것이다. 또한 리더십은 타고나는 것이 아니라 만들어지는 게 옳다.

-칼리 피오리나〈휴렛팩커드(HP)의 전 회장〉-

리더십의 유형은 리더의 자질요인과 리더가 소속한 조직의 상황요인에 따라 분류할 수 있다.

전제형

전제형은 권한과 조직활동에 대한 모든 결정을 독단적으로 행사한다. 전제형 리더는 원맨쇼형 리더로서 폭군적인 권위로 군림하는 것이 특징이다. 이 유형의 리더십은 하향식이다.

「장 점」

- 업무가 신속히 처리된다.
- 지시 및 명령의 통일이 용이하다.
- 불안정한 조직의 분위기 속에서 효과적이다.
- 위급한 상황에서 효과적이다.
- 자주·자율의 경험과 능력이 부족하고 의존적인 부하들에게 유리하다.

「단 점」

- 인간은 명령에 의한 기계적 행동을 원하지 않는다.
- 리더는 항상 부하를 감시하므로 어려움이 수반된다.
- 자기임무에 대한 의욕과 열의가 떨어진다.
- 부하의 자발적인 협력을 기대하기가 어렵다.
- 리더 중심으로 모든 업무가 이루어지므로 사기가 저하되고 태만해진다.
- 커뮤니케이션의 부족으로 갈등을 조성한다.
- 리더의 유고시 위기를 극복하기가 어렵다.

민주형

민주형 리더십은 리더 개인을 중심으로 하는 것이 아니고 조직을 중심으로 하는 리더십이기 때문에, 리더는 열정적으로 조직의 발전을 위하여 성의를 다 한다. 리더십의 기능은 부하의 능력과 재능에 따라서 상하 모두가 유기적으로 분담하여 훌륭한 단결력이 발휘되므로 가장 이상적인 리더십이다. 부하의 질에 따라 효율성이 문제가 되기도 하나 미래지향적인 리더십은 민주적 리더십으로 발전되어야 할 것이다.

「장 점」

- 부하가 적극성을 가지며 욕구가 충족될 수 있다.
- 최대한으로 일체감의 조성이 가능하다.
- 커뮤니케이션이 촉진되고 강화된다.

• 리더는 집단의 안내자 또는 봉사자가 된다.
• 리더의 권위와 권한을 부하가 인정한다.

「단 점」

• 인원이 많을 경우 지휘가 곤란하다.
• 의사결정에 시간이 많이 걸린다.
• 위급한 상황에 신속하게 대처하기가 곤란하다.
• 불안정한 분위기의 조직에서는 비효과적이다.

자유방임형

자유방임형은 부하를 마음대로 내버려 두는 유형이다. 리더는 자율을 존중하여 이 방식이 가장 민주적이라고 생각한다. 부하가 자율적으로 최선을 다해줄 때는 가장 이상적이라고 할 수 있으나, 잘못하면 무능한 리더로 전락하기 쉽다.

「장 점」

• 부하의 지적 능력 및 지혜를 겸비한 조직에 유효하다.
• 개인의 의사에 일임하는 조직에서 효과적이다.

「단 점」

• 부하가 자유스런 행동을 권리로 착각하게 된다.
• 정당한 명령이나 지시에도 불만을 품는다.
• 규율의 일관성을 유지하기가 어렵다.
• 부하들 간에 자기중심적인 사고가 팽배하고 갈등이 유발된다.
• 조직 내에서 불만이 생기면 능률이 저하된다.

통합형

사람과 업무의 양면을 배려하면서 조직목표를 달성하려고 한다. 집단활동의 결정은 구성원의 집단토의를 통하여 이루어지며, 부하의 질문이나 제안을 받아들이는 노력도 게을리 하지 않는다. 동시에 부하에게 가르치고 조언하는 등 필요한 지원을 하고, 리더는 자기자신의 생각을 덧붙여 나중에 결정한다. 따라서 구성원은 집단의 목표와 진행상황을 정확히 파악할 수 있다.

리더십 개발방안

훌륭한 생산실적을 올리고 있는 리더는 그렇지 못한 리더와 비교해 볼 때 관리·감독적인 업무에 전념하고 있다. 관리·감독적 업무란 바로 리더십 기능이다. 다시 말해서 계획과 숙련이 필요한 작업, 자료의 제공, 부하의 지도를 말한다.

부하와 더불어 생산효율을 높이고 있는 리더는 작업의 준비가 훌륭하고, 일반적으로 업무와 관련된 인간관계의 면에서도 탁월하다. 즉 리더의 역할은 생산성과 연계되는 업무를 실현시키는 다음의 두 가지 역할을 통해서 이루어진다. 그러나 높은 생산성을 올리고 있는 관리감독자가 항상 기술적인 능력과 인간관계 능력을 동시에 겸비하고 있다고는 볼 수 없다. 따라서 관리감독자는 리더십을 개발하고 배양함으로써 훌륭한 리더가 될 수 있다.

- 작업의 준비와 조정 → 직접적으로 생산성에 연결
- 부하의 근로의욕 앙양 → 간접적으로 생산성과 연결

인간에 대한 이해와 행동에 관한 연구를 한다

리더십의 주요소는 인간이다. 인간의 마음을 이해하고 본성을 자극하면 행동으로 나타난다. 그러므로 부하로 하여금 리더가 원하는 방향으로 자발적인 행동을 하게 하려면 인간의 기본심리를 이해하여야 한다.

- 전문서적을 탐독한다.
- 인간관계에서 생긴 문제점의 원인을 분석한다.
- 타인의 사례를 연구한다.
- 자신의 경험을 토의하고 타인의 의견을 경청한다.
- Y이론적 사고로 부하를 지도하고 육성한다.

커뮤니케이션 능력을 배양한다

- 효과적인 의사소통방법을 연구한다.
- 대화요령을 익힌다.
- 상담기법을 습득한다.
- 칭찬과 힐책의 요령을 연구한다.
- 적극적 경청을 실천한다.

팀워크를 창출한다

팀워크란 개인의 이해보다는 팀전체의 이해나 능률을 먼저 생각하는 것이다. 부하에게 다음과 같은 팀워크의 저해요인을 최소화시키는 관리감독이 발휘되어야 한다.

- 조직에 대한 이해의 부족

• 이기주의

• 자아의식의 과잉

• 질투나 시기로 인한 파벌분쟁

• 그릇된 인정

• 사고방식의 차이에 대한 무시

과학적 접근의 태도를 유지한다

• 문제의식과 목적의식을 지속시킨다.

• 정보를 수집, 분석, 정리한다.

• 사실파악을 게을리 하지 않는다.

전문성을 제고시킨다

• 경영상의 요인, 조직상의 요인, 제품지식, 기술, 시장의 변화에 대한 정보와 자료를 조직화한다.

• 자기계발을 실시하여 능력개발을 도모한다.

훌륭한 리더

① 올바른 방향감각과 방향설정을 한다

- 조직의 방침과 일치한다.
- 조직의 시책을 충분히 이해하고 있다.
- 조직의 주변 환경변화에 민감하다.
- 대내외적으로 강력한 책임감을 가지고 있다.
- 책임과 역할을 자각하고 있다.

② 리더로서의 정신자세에 투철하다

- 사명감을 지니며 신념을 가지고 있다.
- 목표에 도전하는 기개를 지니고 있다.
- 침착하면서 감정을 억제할 줄 안다.
- 양심적으로 매사에 임한다.
- 자기의 언동에 성실하다.
- 항상 겸손하다.
- 부단한 자기계발로 자기혁신을 추진한다.

③ 바람직한 결정을 내린다

- 목표를 파악하고 신중히 문제를 처리한다.
- 자기가 내린 결정은 함부로 바꾸지 않는다.

④ 행동을 잘 불러일으킨다

- 부하에 대하여 깊은 관심과 이해를 갖도록 노력한다.
- 인식, 공정, 향상, 안정을 구하는 욕구에 부응한다.
- 개인차이와 감정에 상응해서 사람을 접촉한다.
- 동료들의 협조를 잘 얻어낸다.
- 상사에게 건의를 잘 받아주도록 노력한다.

⑤ 사태를 잘 수습한다

- 치밀한 계획에서부터 완벽한 마무리를 지향한다.
- 예측하지 못한 사태를 예견하고 조치를 신속히 취한다.
- 자기를 억제한다.

⑥ 자진해서 책임을 진다

- 책임을 회피하거나 전가하지 않는다.
- 자발적으로 어려운 책임을 인수하고 일을 맡는다.

⑦ 사람을 공정히 대한다

- 정직하고 지킬 수 없는 약속은 하지 않는다.
- 부하에게 거만하지 않는다.
- 타인을 희생시켜서 자기의 명성을 높이려 하지 않는다.
- 상사에게 보좌를 잘 한다.
- 정보를 잘 전달하고 충실하다.
- 상사의 요망사항이 실행되도록 최선을 다한다.

주(註)

1) 이상문, 「생산관리」, 형설출판사, 1999, pp.69~86
2) 허민구, 「부자기업 Vs 가난한 기업」, 원앤원북스, 2004, pp.108~111.
3) 박재림·한광모, 「일하기 좋은 기업」, 거름, 2003, pp.28~30, pp.122~125, pp.171~185
4) 정광렬, 「이젠 행동으로 합시다」, 도서출판 두남, 1996, p.180
5) 김하경(역), 「회사를 성장시키는 강한 관리자」, 혜문서관, 2005, pp.102~104
6) 마쓰이 겐이치, 「강한 관리자」, 혜문서관, 2005, pp.32~33
7) 한국산업인력공단, 「산업안전보건」, 2002, p.19
8) 주영애 외 3인, 「매너와 이미지 메이킹」, 북카페, 2006, pp.24~25
9) 에버랜드 서비스아카데미, 「에버랜드 서비스 리더십」, 21세기북스, 2001, pp.168~169
10) 박한표, 「글로벌문화와 매너」, 한올출판사, 2005, p.42
11) 김은영, 「이미지 메이킹」, 김영사, 1992, pp.80~81
12) 박한표, 전게서, p.46
13) 공병호, 「이런 간부는 사표를 써라」, 시대의 창, 2004, pp.184~186
14) 곽명단(역), 「일 잘하는 사람들의 시간관리」, 시대의 창, 2001, pp.134~135
15) 조선일보, 2005년 5월 2일자
16) 박재림·한광모, 「일하기 좋은 기업」, 거름, 2003, pp.151~159
17) 윤창근, 「훌륭한 리더 하나가 회사를 살린다」, 한언, 2004, pp.43~44
18) 정채린, 「남다른 인생을 살고 싶은 여자의 현명한 선택」, 도서출판 인디북, 2001, pp.63~66, pp.71~73
19) 전옥표, 「이기는 습관」, 샘앤 파커스, 2007, p.132

20) 김찬배, 「변화와 혁신의 원칙」, 시대의 창, 2001, pp.217~220

21) 전옥표, 전게서, p.113

22) 조선일보, 2006년 8월 14일자

23) 공병호, 전게서, pp.136~137, pp.194~195

24) 윤창근, 전게서, pp.138~139

25) 허민구, 전게서, pp.178~179

26) 조선일보, 2008년 7월 5, 6일자

참고 문헌

〈국내〉

❖ 김세원 · 추광영, 「정보화사회의 도전」, 무역경영사, 1993
❖ 이규행, 「한국인과 제3의 물결」, 한국경제신문사, 1985
❖ 김남현, 「신경영학원론」, 경문사, 1993
❖ 박홍식, 「감독자 훈련」, 갑진출판사, 1984
❖ 김백준, 「일이 재미있어야 인생이 즐겁다」, 21세기북스, 1995
❖ 이순용, 「생산관리」, 법문사, 1987
❖ 이장호, 「상담심리학 입문」, 박영사 1987
❖ 김광경, 「이런 사원들이 문제사원들이다」, 도서출판 한경원, 1995
❖ 정홍모, 「현대감독학 실무론」, 도서출판 넓은들, 1988
❖ 마규하, 「실천적 품질경영」, 효산경영연구소, 1994
❖ 이명환, 「이럴 땐 어떻게」, 21세기북스, 1995
❖ 윤은기, 「시테크;시간창조의 기술」, 유나이티드컨설팅그룹, 1993
❖ 이학종, 「기업변신론」, 법문사, 1994 / 「조직개발론」, 법문사, 1989
❖ 김태길, 「현대인의 직업윤리」, 정음사, 1986
❖ 김정석, 「조직개발」, 갑진출판사, 1986
❖ 최종태, 「인사관리」, 박영사, 1984
❖ 김석회, 「인사관리론」, 이구출판사, 1982
❖ 최광선, 「인간심리」, 기린원, 1990
❖ 박용헌, 「성취인의 심리」, 배영사, 1976
❖ 박동준, 「무계획은 실패를 계획하는 것이다」, 도서출판 성림, 1992
❖ 박달규, 「성공능력 종합개발 텍스트 북」, 한국산업훈련연구소, 1986
❖ 한국산업훈련협의회, 「교육훈련지도 매뉴얼 대계」, 1987
❖ 한국조직발전연구소, 「휴먼터치 리더」, 1990

❖ 한국노동교육원, 「노사관계의 올바른 이해」, 1992
❖ 고희정(역), 「조용한 리더」, 세종서적, 2004
❖ 이경식(역). 「돌파경영 돌파전략」, Human & Books, 2004
❖ 김정민 · 이승형(역), 「변화의 원칙」, (주)새로운 제안, 2006
❖ 김성수(역), 「경쟁의 미래」, 세종서적, 2004
❖ 공병호, 「자기경영노트」, 21세기북스, 2002
❖ 한정은(역), 「성공을 준비하는 비전의 법칙」, 도서출판 꿈나무, 2005
❖ 김홍민(역), 「낭비제거」, 도서출판 두남, 2005
❖ 윤운성 · 최세민(역), 「최강팀 만들기」, 흐름출판, 2006
❖ 이상원(역), 「혁신의 느린 걸음」, 도서출판 푸른숲, 2005
❖ 안종설(역), 「모든 기업은 성장한다」, 아라크네, 2004
❖ 공병호(역), 「맥스웰 몰츠 성공의 법칙」, 비즈니스북스, 2004
❖ 도근우(역), 「변화의 참피언」, (주)북21, 2001
❖ 박재림 · 한광모, 「일하기 좋은 기업」, 거름, 2003
❖ 최미숙(역), 「매너」, 이가서, 2006
❖ 진대제, 「열정을 경영하라」, 김영사, 2007
❖ 김기웅 · 김성수(역), 「기업이 원하는 변화의 기술」, 김영사, 2007
❖ 하남경(역), 「블루 트레인」, 해냄출판사, 2007
❖ 김덕경 · 조인순, 「직장인의 예절」, 2005, 형설출판사
❖ 서성희 · 박혜정, 「매너는 인격이다」, 백산출판사, 2005
❖ 허은아, 「매너가 경쟁력이다」, 아라크네, 2005
❖ 정지은, 「미스경영과 이미지 메이킹」, 도서출판 한스, 2006
❖ 최해진, 「인간행동론」, 도서출판 두남, 2000
❖ 강진주, 「이미지컨설팅 요럴땐 요렇게」, 영진미디어, 2006
❖ 백정석 · 하정필, 「변화에 강한 기업」, 야스미디어, 2004
❖ 이재규(역), 「변화 리더의 조건」, 청림출판, 2001
❖ 최재윤, 「기업경영의 새로운 패러다임」, 예영커뮤니케이션, 2003
❖ 이선희(역), 「턴어라운드 경영」, 바다출판사, 2002
❖ 한국관리능력개발원, 「감독능력향상실무」, 1987

❖ 신경영개발원, 「직장인의 성취혁신」, 1989
❖ 대우정밀공업(주), 「신사고창조과정」, 1995
❖ 삼성중공업, 「조직활성화」, 1996
❖ 한국능률협회컨설팅, 「5S지도 매뉴얼」, 1992
❖ 금성사, 「적응력향상과정」, 1994
❖ 럭키금성경제연구소, 「신경영조류」, 21세기북스, 1994
❖ 삼성경제연구소, 「경쟁력회복을 위한 처방」, 1991
❖ 삼성인력개발원, 「초일류기업으로 가는 길」, 1993
❖ 이한검, "이미지향상을 위한 기업문화정립" 「창조적 기업문화 정립」, 신경영개발원, 1990
❖ 조정기, "기업내 창의력개발과 교육훈련기법에 관한 연구", 「산업교육연구」(제2호), 한국산업교육학회, 1991
❖ 이균형, "창조적 자기혁신과 생애관리", 「산업교육」(제16호), 한국산업교육본부, 1991

〈국외〉

❖ 榎本博明, 「人間關係ち必理學」, 日本實業出版社, 1986
❖ 山田博夫, 「企業內訓練」, 產業能率短期大學, 1979
❖ 產業能率短期大學, 「監督者の現場管理」, 1985
「創造力開發リーダ養成」, 1985
❖ 產業教育センタ, 「監督能力活性化コース」, 1988
❖ 日本能率協會, 「第一線監督者コース」, 1989
「問題發見解決力開發コース」, 1989
❖ 日本生產性本部, 「係長 · 主任基礎コース」, 1986
❖ Michal Mirshak, 「The World Competitiveness Scoreboards」, IMD.WEF, Switzerland, 1993

저자 약력

오 성 환 (吳 性 煥)

1954년 서울에서 태어났으며 건국대학교 경영학과를 졸업하고 한국외국어대학교 세계경영대학원(경영학석사)을 수료하였다. 일찍이 기업경영의 핵심을 인재개발과 육성으로 인식하고 태평양그룹 인재개발원에서 기업연수를 체계적으로 체험하였다. 저자는 스스로 "기업연수를 위하여 이 땅에 태어난 사람!" 이라고 말할 정도로 인재개발에 대한 사명감이 남다르다.

한국생산성본부 사내교육실장, 한국표준협회 주임전문위원, 신경영개발원 인재능력개발실장, 경남사회진흥연수원 부원장, 성진 원격교육연구원 이사, 기업정책연구소 자문위원, 한국산업연구소 감사, 한국인재개발컨설팅 소장을 역임하였다. 근무기간 중 우리나라의 초일류기업과 중소기업의 생산현장에서 현장관리자와 감독자를 대상으로 기업연수 강사 및 컨설턴트로서의 활동을 활발하게 함으로써 생산현장의 혁신 · 생산성향상 · 경쟁력제고에 헌신적으로 기여하였다.

경기대학교 · 충북대학교 · 한세대학교 · 경원전문대학 · 대림대학 · 경민대학에서 강사로 활동하였으며, 한국폴리텍대학 성남캠퍼스와 한국폴리텍여자대학에서 「생산관리」와 「공업경영」을 다년간 강의하였다. 저서로는 「공업경영의 이해」, 「경영학원론」, 「창업경영론」, 「마케팅원론」, 「인터넷마케팅 이해와 활용」, 「사무관리개론」, 「생산운영관리」, 「강한 감독자가 초일류현장을 만든다」, 「현장의 생산관리감독」, 「현장감독자의 변화와 혁신」, 「현장감독자 리더십」 등 20여권을 집필하였다.

1991년에 기업과 조직체의 인재개발 전문연수 및 경영혁신컨설팅 기관인 글로벌인재개발컨설팅을 설립하여 현재 소장으로 재직하고 있다. 한국전통상학회 이사로서 '한국적 경영(韓國籍經營)과 경상학문(經商學問)' 의 뿌리찾기 연구에 매진하고 있다.

홈페이지 : http://www.wdcangel.com
E - mail : osh0054@hanmail.net
연 구 소 : (02)478-2065
H P : 018-397-6902